HANS-ULRICH STÜHLER

Die Diskussion um die Erneuerung der Rechtswissenschaft von 1780-1815

Schriften zur Rechtsgeschichte

Heft 15

Die Diskussion um die Erneuerung der Rechtswissenschaft von 1780-1815

Von

Dr. Hans-Ulrich Stühler

DUNCKER & HUMBLOT / BERLIN

D 21

Alle Rechte vorbehalten
© 1978 Duncker & Humblot, Berlin 41
Gedruckt 1978 bei Berliner Buchdruckerei Union GmbH., Berlin 61
Printed in Germany

ISBN 3 428 04099 6

Vorwort

Die Arbeit hat im Wintersemester 1976/1977 der juristischen Fakultät der Eberhard-Karls-Universität in Tübingen als Dissertation vorgelegen. Sie ist entstanden aus einem Referat über „Savignys Methodenlehre", das ich im Rahmen eines Seminars von Professor Dr. *Josef Esser* im Sommersemester 1973 gehalten habe.

Zu danken habe ich den Herren Professor Dr. Esser und Dr. Walter Wilhelm vom Max-Planck-Institut für europäische Rechtsgeschichte. Herr Prof. Dr. Esser hat die Arbeit angeregt, in häufigen Gesprächen mit mir gefördert und wohlwollend betreut. Herr Dr. Wilhelm hat jedes einzelne Kapitel bis ins Detail mit mir besprochen und viel Zeit für mich aufgewendet.

Zu Dank verpflichtet bin ich auch der Friedrich-Ebert-Stiftung und meinem Vater. Die Friedrich-Ebert-Stiftung hat es mir durch die Gewährung eines Promotionsstipendiums ermöglicht, ohne materielle Sorgen wissenschaftlich arbeiten zu können. Meinen Vater konnte ich immer ansprechen. Er hat in mühevoller Kleinarbeit Seite für Seite dieser Arbeit durchgesehen und war mir gelegentlich bei schwierigen Formulierungen ein geduldiger Helfer.

Tübingen, im Sommer 1977

Hans-Ulrich Stühler

Inhaltsverzeichnis

Abkürzungen

AcP	Archiv für civilistische Praxis
ARSP	Archiv für Rechts- und Sozialphilosophie
HZ	Historische Zeitschrift
JZ	Juristenzeitung
SZ Germ. Abt.	Zeitschrift der Savigny-Stiftung für Rechtsgeschichte — Germanistische Abteilung
SZ Rom. Abt.	— Romanistische Abteilung
ZStW	Zeitschrift für die gesamte Strafrechtswissenschaft

Sehr wichtiges u. ungelöst Thema.
Phil + Gench haben schon verwendet, Zeit u. Wissen
Satzelzeit – prät E...overnehe etc. Grab, Gerben etc.
Von all dem ist ... die Rede.

Dahin-gestellt zu lassen: Methode Gehalt.

4 Richter:
Dann zählt es ...

Kreist um einige weise Begriffe

Hätte vom Thema her wichtige Arbeit zu können.

Abschnitt über Hyp? = Vermch, NR aber blocken, immer

Einleitung

Themen dieser Arbeit sind

1. die Diskussion um die Erneuerung der Rechtswissenschaft, die mit den ersten Kritiken an der demonstrativen Methode Christian Wolffs und seiner juristischen Schüler durch Pütter 1757 beginnt und mit der Gründung der Historischen Rechtsschule durch Savigny 1815 vorerst zu Ende geht, nachzuzeichnen und

2. auf Grund dieses wirtschaftsgeschichtlichen Kontextes zu prüfen, ob das Urteil der h. M. in der Rechtsgeschichte über Savigny, das in ihm den Reformer der modernen Rechtswissenschaft sieht, zu Recht besteht.

Die überwiegende Mehrzahl der deutschen Rechtshistoriker der Gegenwart verehrt Savigny als Begründer der modernen Rechtswissenschaft. Dafür einige Beispiele: Nach Erik Wolf stellte Savigny ein „Programm geisteswissenschaftlicher Erneuerung der Jurisprudenz" auf, in dem er die philologisch-historische Methode mit der philosophisch-systematischen verband[1]. Nach Karl Larenz beginnt die moderne Rechtswissenschaft mit F. C. von Savigny: „Wir können auch sagen, daß Savigny eine Epoche der Rechtswissenschaft eingeleitet hat, in der wir uns auch heute noch befinden ... wir meinen damit die Epoche, in der sich die Rechtswissenschaft als eine historische und philosophische Wissenschaft zugleich und dabei vermöge ihrer Methode, als etwas durchaus eigenes begriff[2]."

Für Wesenberg hat Savigny nicht umsonst den Ruf des bedeutendsten deutschen Juristen erworben[3]. Das Erscheinen von Savignys Schrift „Von Beruf unserer Zeit für Gesetzgebung und Rechtswissenschaft" (1814) ist Anlaß für Kunkel von „einer Wendemarke in der Geschichte der deutschen Rechtswissenschaft, ja der Rechtswissenschaft schlechthin, zu sprechen[4]. Auch für Schönfeld beginnt die moderne Rechts-

---

[1] Erik Wolf, Große Rechtsdenker der deutschen Geistesgeschichte, 4. Aufl., 1963, S. 484.

[2] Karl Larenz, Methodenlehre der Rechtswissenschaft, 3. Aufl., 1975, S. 8 und S. 8 Anm. 4.

[3] Gerhard Wesenberg, Neuere deutsche Privatrechtsgeschichte, 2. Aufl., 1969, S. 142, bearbeitet von Günter Wesener.

[4] Wolfgang Kunkel, Savignys Bedeutung für die deutsche Rechtswissenschaft und das deutsche Recht, JZ 1962, S. 461.

wissenschaft mit Savigny[5]. Gmür beurteilt Savignys Wirken dahingehend, daß er „der Jurisprudenz einen wahren wissenschaftlichen
Rang unter Wahrung ihrer Eigenständigkeit gegenüber der Philosophie
gegeben hat"[6]. Für Laufs zählt Savigny in der Ahnengalerie deutscher
Rechtsgelehrter zu den glänzendsten[7]. Landsberg, der die umfassende
Geschichte der deutschen Rechtswissenschaft geschrieben hat, spricht
schlicht von der „Neubegründung der Jurisprudenz als Wissenschaft"
durch Savigny[8]. Wieacker sieht in Savignys Werken „das Gesamtpro-
gramm einer Erneuerung der Rechtswissenschaft"[9], die „Neubegründung einer methodenbewußten systematischen Rechtswissenschaft"[10].
Er erläutert diese These so: „Methodisch hat Savigny den Gegenstand
der autonomen Rechtswissenschaft konstituiert, indem er mit aller
wünschenswerten Deutlichkeit und Einheitlichkeit von der ‚Methodenlehre' bis zum ‚System' die Rechtswissenschaft zugleich als historische und philosophische Wissenschaft begreift und als ihr eigentliches
Ziel die Vereinigung dieser beiden Elemente erklärt[11]."

Fraglich erscheint mir, ob dieses Urteil der meisten Rechtshistoriker
der Gegenwart noch aufrecht erhalten werden kann. Es kommen
Zweifel auf, wenn man daran denkt, daß die herrschende Lehre in der
Rechtsgeschichte Savignys Urteil über seine Vorgänger und Gegner
ungeprüft übernommen hat und das 18. Jahrhundert mit den Augen
der Historischen Rechtsschule gesehen hat. Das beruht darauf, daß die
meisten Rechtshistoriker immer noch ein ungebrochenes Verhältnis zur
Historischen Rechtsschule haben. Der Stil der bisherigen Diskussion in
der Rechtsgeschichte über Savigny ist weithin geprägt von der Auseinandersetzung, ob er nun der Romantik[12] oder der Klassik[13] zuzuordnen
ist, und ob Herder[14] oder Schelling[15] sein Geschichtsverständnis beeinflußt haben. Bisher wurde jedoch Savignys Rechtstheorie selten und
dann nur ansatzweise im Kontext einer von 1780 bis 1815 andauern-

---

[5] Walter Schönfeld, Grundlegung der Rechtswissenschaft, 1951, S. 491.

[6] Rudolf Gmür, Savigny und die Entstehung der Rechtswissenschaft, 1962,
S. 45 und 46.

[7] Adolf Laufs, Rechtsentwicklung in Deutschland, 1973, S. 156.

[8] Stintzing / Landsberg, Geschichte der deutschen Rechtswissenschaft, III,
2. Halbband, 1910, S. 249.

[9] Franz Wieacker, Privatrechtsgeschichte der Neuzeit, 2. Aufl., 1967, S. 354.

[10] Ebenda, S. 367.

[11] Franz Wieacker, Friedrich Carl von Savigny, in SZ Rom. Abt. 72, S. 31
und 32.

[12] So zuletzt Sten Gagner, Studien zur Ideengeschichte der Gesetzgebung,
1965, S. 34, 38 und 39.

[13] Franz Wieacker, Privatrechtsgeschichte der Neuzeit, S. 359 bis 366.

[14] Ebenda, S. 355.

[15] Sten Gagner, Studien zur Ideengeschichte der Gesetzgebung, S. 32 bis 40.

den Diskussion um die Erneuerung der Rechtswissenschaft dargestellt und danach beurteilt. Daraus könnten sich nun möglicherweise neue Erkenntnisse ergeben für die Frage, ob Savigny wirklich „der Gründungsheros" der deutschen Rechtswissenschaft ist.

Thema der von 1780 bis 1815 andauernden Methodendiskussion in der damaligen Rechtswissenschaft war in Abkehr von der rein deduktiven Methode der Naturrechtler und Systematiker aus der Schule Christian Wolffs die Konstituierung einer erneuerten Rechtswissenschaft, deren Arbeitsweise die Verbindung von philosophischer und historischer Methode ist. Bei dieser Auseinandersetzung Ende des 18. und Anfang des 19. Jahrhunderts ging es nicht nur um die Ablösung der entweder rein systematisch-deduktiven oder historisch-antiquarischen Methode und ihre Ersetzung durch eine Verbindung von philosophischer und historischer Methode durch die Historische Rechtsschule und die historisch-philosophische Richtung um Thibaut und Feuerbach, sondern auch um die Emanzipation der positiven Rechtswissenschaft von der älteren Naturrechtsdoktrin des 18. Jahrhunderts. In den meisten Lehrbüchern der Rechtsgeschichte und Rechtsphilosophie wird, ähnlich wie es Savigny getan hat, die Wissenschaftsgeschichte der Rechtswissenschaft so dargestellt, als ob auf die Naturrechtslehre Christian Wolffs und seiner juristischen Epigonen unmittelbar das Erneuerungsprogramm der Historischen Rechtsschule folgte[16]. Diese wissenschaftsgeschichtliche Darstellung der Entstehung der modernen positiven Rechtswissenschaft ist jedoch unzulänglich, da sie auf einer verkürzten Beschreibung der methodologischen Reformdiskussion beruht und deshalb lückenhaft ist. Anliegen dieser Arbeit ist es nun, die Reformbemühungen in der Zeit von 1780 bis 1815 nachzuzeichnen und so dieses weiße Blatt in der Geschichte der Rechtswissenschaft zu füllen.

Deshalb werden hier alle Juristen — nicht aber Philosophen — zu Wort kommen, die sich in rechtstheoretischen Schriften in der Zeit von 1780 bis 1815 über die Bearbeitungsweise der Rechtswissenschaft geäußert haben. Ihre Lehren werden kurz skizziert und oft wörtlich zitiert, so daß dem Leser das Überprüfen meiner Thesen möglich wird.

Charakteristisch für die Auseinandersetzung um den methodologischen Neuansatz der Rechtswissenschaft ist, daß sie vor allem von Juristen bestritten wurde, die entweder eine „Encyclopädie und Methodologie der Rechtswissenschaft" oder eine „Einführung in das Studium der Rechtsgelehrsamkeit" geschrieben haben. Bei diesen Autoren beschränke ich mich dann nicht nur auf die Bücher, deren Titel schon ihren rechtstheoretischen Inhalt verraten, sondern untersuche auch ihre

---

[16] Eine bemerkenswerte Ausnahme davon ist Thieme, „Die Zeit des späten Naturrechts", SZ Germ. Abt. 57, 202 ff.

anderen rechtshistorischen und rechtsdogmatischen Schriften auf methodologische Aussagen hin.

Wenn man von den beiden Leitgedanken dieser Arbeit ausgeht, nämlich der Darstellung der von 1780 bis 1815 andauernden Diskussion um die Erneuerung der Rechtswissenschaft und der damit in enger Verbindung stehende Frage, ob man das Urteil über Savigny als Gründer der modernen Rechtswissenschaft aufrecht erhalten kann oder revidieren muß, so ergeben sich fünf verschiedene Problemkreise:

1. Ist die Gründung der positiven Rechtswissenschaft der alleinige oder zumindest überwiegende Verdienst von Savignys Reformprogramm?

   Zu dieser Frage sind seine rechtstheoretischen und methodologischen Grundpositionen herauszuarbeiten, nämlich

   a) sein Verständnis von Rechtswissenschaft,

   b) die Methoden der Rechtswissenschaft,

   c) Die Vereinigung von historischer und philosophischer Methode als eine der Grundvoraussetzungen der modernen Rechtswissenschaft,

   d) seine Rechtstheorie, insbesondere der Rechtsbegriff, das Verhältnis von Recht und Ethik und die Absage an das materiale Naturrecht als weitere Voraussetzung der modernen Rechtswissenschaft,

   e) die Lehre von der Gesetzesauslegung,

   f) Savignys juristische Vorläufer nach seiner eigenen Auffassung,

   g) die politischen Ansichten.

2. Wie charakterisiert Savigny die von ihm als Gegner angesehene „Nichthistorische" Rechtsschule?

3. Was waren die programmatischen Aussagen und Forderungen der zur Theoriediskussion beitragenden Juristen? Bei ihrer Darstellung beschränke ich mich auf:

   a) die Kritik an dem Zustand der Rechtswissenschaft Ende des 18. Jahrhunderts,

   b) den Rechtsbegriff,

   c) das Verständnis der Rechtswissenschaft (die Definition der Rechtswissenschaft und das Verhältnis von positivem Recht und Naturrecht),

   d) die Methoden der Rechtswissenschaft,

e) die Lehre von der Gesetzesauslegung und

f) politische Stellungnahme.

4. Worin bestanden die Unterschiede in den verschiedenen Reform-bestrebungen? Hier wird auf das unterschiedliche Verständnis von Philosophie und Geschichte einzugehen sein.

5. In welcher rechtswissenschaftlichen Tradition steht Savignys Rechts-theorie? Ist sie von der ab 1780 stattfindenden Diskussion um die Erneuerung der Rechtswissenschaft beeinflußt worden?

Um das Thema dieser Arbeit einzugrenzen, werden folgende Pro-blemkreise nicht behandelt:

Die philosophiegeschichtlichen oder ideengeschichtlichen Hintergründe der Diskussion um die Begründung der positiven Rechtswissenschaft, Kant und Montesquieu ausgenommen;

die Rechtsquellenlehre,

die Kodifikationsfrage und

das Verhältnis von Theorie und Praxis.

Die methodologischen Aussagen der Autoren werden nicht darauf-hin untersucht, ob sie diese programmatisch verkündeten Methoden auch tatsächlich in ihren rechtsdogmatischen und rechtshistorischen Schriften angewandt haben.

Diese Problemkreise werden nicht behandelt, weil über die philoso-phiegeschichtlichen Hintergründe der Entstehung der positiven Rechts-wissenschaft, die Rechtsquellenlehre und die Kodifikationsfrage schon mehr als genug geschrieben worden ist; die Veränderungen im Natur-rechtsdenken der Zeit von 1780 bis 1815 letztlich für die Naturrechts-diskussion der Gegenwart nur geringe Bedeutung haben, wenn man davon absieht, daß in dieser Zeit der Schritt von dem materialen Naturrecht zum formalen vollzogen wurde, über das Verhältnis von rechtswissenschaftlicher Theorie und gerichtlicher Praxis und über einen möglichen Widerspruch zwischen methodologischem Anspruch und dogmatischer Wirklichkeit in den Schriften der Rechtsgelehrten der damaligen Zeit in diesem Zusammenhang überhaupt noch nichts geschrieben worden ist und der Umfang an Literatur und Entscheidun-gen aus der damaligen Zeit bei weitem meine Arbeitsmöglichkeiten übersteigen würde.

A. Darstellung der Rechtslehre
Friedrich Carl v. Savignys (1779—1861)

I. Das Verständnis von Rechtswissenschaft und die Voraussetzungen der Autonomie der positiven Rechtswissenschaften

Nach dem mehrheitlichen Urteil der Rechtshistoriker der Gegenwart wurde durch Savigny eine neue Epoche der Rechtswissenschaft eingeleitet[1]. Um seine Leistungen im Vergleich mit denen seiner Vorgänger und Zeitgenossen würdigen oder kritisieren zu können, sollen zunächst seine rechtstheoretischen und methodologischen Grundpositionen herausgearbeitet und dargestellt werden[2].

Savigny definiert die Rechtswissenschaft, die er 1802 noch Gesetzgebungswissenschaft nennt, als die Wissenschaft von den erlassenen Gesetzen[3]. Aufgabe der Wissenschaft ist es, die leitenden Grundsätze herauszuarbeiten „und von ihnen ausgehend, den inneren Zusammenhang und die Art der Verwandtschaft aller juristischen Begriffe und Sätze zu erkennen, gehört eben zu den schwersten Aufgaben unserer Wissenschaft, ja es ist eigentlich dasjenige, was unserer Arbeit den wissenschaftlichen Charakter gibt"[4]. Mit Ausnahme dieser beiden Definitionen der Rechtswissenschaft bestimmt er die Rechtswissenschaft nur von ihren Methoden her und nicht von ihrem Gegenstand.

Rechtswissenschaft ist für ihn Zeit seines Lebens eine historische und philosophische Bearbeitung des positiven Rechts zugleich gewesen. „Beide Grundsätze sind zwar verschieden, aber beide wahr und daher zu verbinden, der vollständige Charakter der Rechtswissenschaft beruht auf dieser Verbindung"[5], heißt es in der Marburger Methodenlehre, die von Jacob Grimm 1802 nachgeschrieben wurde. In Savignys

---

[1] Siehe die auf Seite 1 und 2 aufgeführten Autoren.

[2] Dies wird auch von Wieacker, Privatrechtsgeschichte der Neuzeit, 2. Aufl. 1967, S. 367 - 371; SZ Rom. Abt. 72, S. 1 ff. „Friedrich Carl von Savigny"; Wandlungen im Bild der historischen Schule 1965 und von Wilhelm, Zur juristischen Methodenlehre im 19. Jahrhundert, 1958, S. 17 ff. getan.

[3] Marburger Methodenlehre, nachgeschrieben von Jacob Grimm, herausgegeben von Wesenberg 1951.

[4] Savigny, Vom Beruf unserer Zeit für Gesetzgebung und Rechtswissenschaft, 1. Aufl. 1814, S. 22 (fortan als Beruf zitiert).

[5] Savigny, Marburger Methodenlehre, S. 16.

bekanntester Schrift „Vom Beruf unserer Zeit für Gesetzgebung und Rechtswissenschaft" (1814) wird die Arbeit des Juristen wie folgt dargestellt: „Ein zwiefacher Sinn ist den Juristen unentbehrlich: der historische, um das Eigenthümliche jedes Zeitalters und jeder Rechtsform scharf aufzufassen, und der systematische, um jeden Begriff und jeden Satz in lebendiger Verbindungs- und Wechselwirkung mit dem Ganzen anzusehen, d. h. in dem Verhältnis, welches das allein wahre und natürliche ist[6]." Noch deutlicher beschreibt er ein Jahr später seine Methode zur Bearbeitung der Rechtswissenschaft: „Nach der Methode, die ich für die rechte halte, wird in dem Mannigfaltigen, welches die Geschichte darbietet, die höhere Einheit ausgesucht, das Lebensprinzip, woraus diese einzelnen Erscheinungen zu erklären sind ... Dieses gegebene Mannigfaltige aber ist selbst zwiefach, nämlich theils ein gleichzeitiges, theils ein successives, woraus nämlich nothwendig auch eine zwiefache wissenschaftliche Behandlung entstehen muß. Das Zurückführen des gleichzeitig Mannigfaltigen auf die ihm inwohnende Einheit ist das s y s t e m a t i s c h e Verfahren ... Die Behandlung des successiv Mannigfaltigen ist das eigentlich h i s t o r i s c h e Verfahren[7]." Dieser Ansicht ist Savigny auch in seinem Spätwerk, dem „System des heutigen Römischen Rechts" gefolgt[8].

Bis 1800 wurde die Rechtswissenschaft allgemein definiert als die Verbindung von Naturrechtswissenschaft und positiver Rechtswissenschaft, die in wechselseitiger Beziehung zueinander standen. Das Naturrecht ist also integrierter Bestandteil der Rechtswissenschaft. Um 1800 beginnt sich die positive Rechtswissenschaft von der materialen Naturrechtslehre zu emanzipieren. Das Naturrecht verliert seinen Rechtsquellencharakter als Subsidiarrecht. Voraussetzung der Autonomie der positiven Rechtswissenschaft vom Naturrecht waren:

1. die Vereinigung von historischer und philosophischer Methode zur Bearbeitung der positiven Rechtswissenschaft und

2. eine Absage an die materialen und abstrakten Naturrechtslehren des 18. Jahrhunderts.

Diese beiden Bedingungen der Begründung der positiven Rechtswissenschaft wurden von Savigny erfüllt.

---

[6] Savigny, Beruf, S. 48.

[7] Savigny, Zeitschrift für geschichtliche Rechtswissenschaft, I (1815), S. 395 und 396.

[8] Savigny, System des heutigen Römischen Rechts (fortan als System zitiert) I (1840) S. XIV, XXXVI und S. 52. Auf S. 52 bezeichnet Savigny das historische Element als „individuelles, jedem Volk besonders angehöriges", das philosophische als „allgemeines, gegründet auf das Gemeinsame der menschlichen Natur".

Nun zu der Verbindung von historischer und philosophischer Methode. Erst im Rahmen der Darstellung der Rechtstheorie Savignys wird auf das Verhältnis von positiven Recht und Naturrecht eingegangen.

II. Die Methoden der Rechtswissenschaft

1. Die historische Methode

Savignys historische Methode zur Bearbeitung der Rechtswissenschaft enthält Elemente unterschiedlicher Geschichtsverständnisse. Nach Landsberg sind es die empirisch-geschichtliche Auffassung, die evolutionistische und die romantisch-organische[9].

a) Die empirisch-geschichtliche Auffassung

Sie wird von Savigny vor allem in der Marburger Methodenlehre vertreten. Diese Methode läßt sich auf Pütter und Gustav Hugo zurückführen. Für Savigny ist die Gesetzgebungswissenschaft, so nennt er um 1802 die Rechtswissenschaft, historisch, „da alles Wissen von einem objektiv Gegebenen", hier den Gesetzen, historisches Wissen genannt wird[10].

Der historische Charakter der Gesetzgebungswissenschaft läßt sich aufteilen: in historisch im eigentlichen Sinn und in philologisch[11]. Der Ausdruck, die Jurisprudenz sei eine philologische Wissenschaft, ist folgendermaßen zu verstehen: Bei der Auslegung von Gesetzen soll nicht die Willkür des Richters entscheiden, sondern das Gesetz, das von keiner Willkür abhängt. Deshalb hat die Rechtswissenschaft Auslegungsregeln zu entwickeln, an die sich der Richter zu halten hat und die er anwenden muß. Diese Regeln stellt nun die Rechtswissenschaft auf[12].

Die eigentlich historische Bearbeitung der Rechtswissenschaft ergibt sich daraus, daß die Gesetzgebung in einer Zeitreihe gedacht werden muß. „Dies führt uns auf den Begriff einer Rechtsgeschichte, die genau mit der Geschichte des Staates und der Völker zusammenhängt: denn die Gesetzgebung ist eine Handlung des Staates. Der gewöhnliche Begriff der Rechtsgeschichte ist aber zu beschränkt, man bearbeitet darunter einen Teil der Staatsgeschichte, erzählt bloß die vorgenommenen Veränderungen (äußere Rechtsgeschichte). Dies war zwar nützlich, aber

---

[9] Stintzing / Landsberg, Geschichte der deutschen Rechtswissenschaft, Band III, S. 207 ff. des 2. Halbbandes.

[10] Savigny, Marburger Methodenlehre, S. 14.

[11] Ebenda, S. 14.

[12] Ebenda, S. 14 und 15.

nicht genug. Man muß sich das System als stets fortschreitend denken und alles damit in Verbindung setzen (innere Rechtsgeschichte), nicht bloß einzelne Rechtsfragen bearbeiten[13]." Savigny fordert also die Trennung von innerer Rechtsgeschichte (Dogmengeschichte) und äußerer Rechtsgeschichte (Quellengeschichte). In der Marburger Methodenlehre findet man ausschließlich Elemente einer empirischen Geschichtsauffassung. Sie ist weder pragmatisch[14], noch antiquarisch[15], noch genetisch ("organisch").

b) Die evolutionistische Auffassung

Nach Landsberg enthält Savignys historische Methode auch evolutionistische und deterministische Merkmale, die man vor allem in dem programmatischen Aufsatz „Über den Zweck dieser Zeitschrift" im ersten Band der Zeitschrift für geschichtliche Rechtswissenschaft findet[16]. Elemente einer streng evolutionistischen und deterministischen Geschichtstheorie könnte man in den folgenden Aussagen erkennen: „Jeder Mensch ist nothwendig zugleich zu denken als Glied einer Familie, eines Volkes, eines Staates; jedes Zeitalter eines Volkes als Fortsetzung und Entwicklung aller vergangenen Zeiten ... Dann also muß jedes Zeitalter etwas Gegebenes anerkennen, welches jedoch nothwendig und frei ist, nothwendig insofern es nicht von der besonderen Willkühr ausgegangen ist, sondern vielmehr hervorgebracht ist von der höheren Natur des Volkes als eines stets werdenden und sich entwickelnden Ganzen[17]." Diese Sätze könnten dahingehend verstanden werden, daß Savigny jede Freiheit leugne und behaupte, der Mensch sei eingespannt in ein Netz von Naturgesetzen und unbedingt beherrscht von einer Kette von Einflüssen. Dies wäre eine deterministische Anschauung, die jede Spontaneität und individuelle Wirksamkeit leugne und im schärfsten Gegensatz zu seiner organologischen Geschichtsauffassung stehen würde.

Die Aussage, der historisch überlieferte Rechtsstoff sei mit innerer Notwendigkeit der Gegenwart vorgegeben, ist nur scheinbar evolu-

---

[13] Ebenda, S. 14 und 15.

[14] So aber Wieacker, Diskussionsbeitrag — S. 143 — in „Philosophie und Rechtswissenschaft", 1969: Das Geschichtsverständnis Savignys ist 1802 nicht als pragmatisch zu bezeichnen, da es 1. kein normatives Element enthält, und 2. Savigny den Terminus pragmatisch nicht für seine Geschichtsauffassung in Anspruch nimmt.

[15] So Blühdorn, Diskussionsbeitrag — S. 144 — in „Philosophie und Rechtswissenschaft". Gegen die Ansicht Blühdorns spricht, daß Savigny die Anhänger der antiquarischen oder eleganten Jurisprudenz in der Marburger Methodenlehre (s. 17 und 33) kritisierte.

[16] Stintzing / Landsberg, Bd. III, 2. Halbband, S. 208.

[17] Savigny, Zeitschrift für geschichtliche Rechtswissenschaft, Bd. 1, S. 3 und 4.

tionistisch im Sinne der sich im späteren 19. Jahrhundert ausbreitenden positivistischen und biologischen Evolutionslehren. Diese sind naturgesetzlich — kausal gedacht, während Savigny organologisch denkt und versucht, eine intuitive Totalanschauung zu erreichen. Savigny vertritt zwar auch einen Entwicklungsgedanken, nämlich den des Historismus, aber dieser ist genetisch, nicht kausal, mechanisch oder deterministisch[18].

c) Die „organische" Methode

Die „organische" Geschichtsmethode findet man als programmatische Forderung im „Beruf", im Einleitungsaufsatz des ersten Bandes der Zeitschrift für geschichtliche Rechtswissenschaft und im „System"[19]. Die Marburger Methodenlehre von 1802 enthält noch keine Spur von ihr. Für Savigny ergibt sich der „organische" Charakter des Rechts daraus, daß der Stoff des Rechts durch die gesamte Vergangenheit der Nation gegeben ist, „doch nicht durch Willkühr, so daß er zufällig dieser oder ein anderer seyn könnte, sondern aus dem innersten Wesen der Nation selbst und ihrer Geschichte hervorgegangen"[20]. Im „Beruf" heißt es: „Aber dieser organische Zusammenhang des Rechts mit dem Wesen und Character des Volkes berührt sich auch im Fortgang der Zeiten, und auch hierin ist es der Sprache zu vergleichen. So wie für diese, giebt es auch für das Recht keinen Augenblick eines absoluten Stillstandes, es ist derselben Bewegung und Entwicklung unterworfen, wie jede andere Richtung des Volkes[21]." Das Recht ist also lebendig und gleichzeitig abhängig von der Geschichte der Nation. Deshalb bestreitet Savigny die Ansicht Feuerbachs, daß das, was der Geschichte angehört, schon dem Leben abgestorben ist.

„Diese Ansicht der Geschichte ist sehr befremdend. Ist es denn möglich, die Gegenwart eines organischen Zustandes anders zu begreifen, als in seiner Verbindung mit seiner Vergangenheit, d. h. anders als auf genetische Weise[22]?" Das Neuartige an Savignys Geschichtsauffassung ist der organologische Entwicklungsgedanke, der die neue Rechtsform unmittelbar an die alte anknüpft und mit ihr in einem „lebendigen Zusammenhang steht"[23]. Savigny stand bei dem Versuch, die Rechtswissenschaft durch die Bearbeitung von historischer

---

[18] Zwilgmeyer, Die Rechtslehre Savignys, 1929, S. 30.

[19] Savigny, Beruf, S. 11; Zeitschrift für geschichtliche Rechtswissenschaft I (1815), S. 5 und 395 und System I Seite XIV.

[20] Savigny, Zeitschrift für geschichtliche Rechtswissenschaft, I, S. 5.

[21] Savigny, Beruf, S. 11.

[22] Savigny, Zeitschrift für geschichtliche Rechtswissenschaft, Bd. 3 (1817), S. 13.

[23] Savigny, Beruf, S. 32.

und systematischer Methode zu reformieren, vor dem Problem, wie man des historischen Materials Herr werden könne. Gelänge dies nicht, so würde man sich der Herrschaft des toten, unverstandenen Buchstabens des Rechts aussetzen: „Denn wie die Sache jetzt steht, besitzen und beherrschen wir diesen Stoff nicht, sondern werden von ihm bestimmt und getrieben[24]." Erstes Mittel der Rechtsform ist daher für Savigny die genetische Methode der Rechtsgeschichte[25].

Die Rechtsquellen werden erst durch die strenge historische Methode brauchbar und tadellos[26]. Nur durch sie kann der gegenwärtige Zustand des Rechts allmählich von demjenigen gereinigt werden, „was durch bloße Unkunde und Dumpfheit literarisch schlechter Zeiten, ohne alles wahrhaft praktische Bedürfniß hervorgebracht worden ist"[27]. Das Bestreben der „organischen" Methode geht dahin, „jeden gegebenen Stoff bis zu seiner Wurzel zu verfolgen, und so sein organisches Princip zu entdecken, wodurch sich von selbst das, was noch Leben hat, von demjenigen absondern muß, was schon abgestorben ist und nur noch der Geschichte angehört"[28].

Die Rechtsinstitute des usus modernus, die sich teilweise bis in das römische Recht zurückverfolgen lassen, finden ihre Legitimation in ihrer Geschichtlichkeit. Gegen die Kritik mancher Juristen, seine genetische Methode würde zu einer Herrschaft des Vergangenen über die Gegenwart führen, wehrt sich Savigny im „System": „Die geschichtliche Ansicht der Rechtswissenschaft wird völlig verkannt und entstellt, wenn sie häufig so aufgefaßt wird, als werde in ihr die aus der Vergangenheit hervorgerufene Rechtsbildung als ein Höchstes aufgestellt, welchem die unveränderte Herrschaft über Gegenwart

---

[24] Ebenda, S. 112. Zur Säuberung des vorhandenen Rechtsstoffes durch die historische Methode äußert sich Savigny auch im System I, S. XV: „In besonderer Anwendung auf das Römische Recht geht die geschichtliche Ansicht nicht, wie von vielen behauptet wird, darauf aus, denselben eine ungebührliche Herrschaft über uns zuzuwenden; vielmehr will sie zunächst in der ganzen Masse unseres Rechtszustandes dasjenige auffinden und feststellen, was in der That Römischen Ursprungs ist, damit wir nicht bewußtlos davon beherrscht werden: dann aber strebt sie, in dem Umkreis dieser Römischen Elemente unsres Rechtsbewußtseins dasjenige auszuscheiden, was davon in der That abgestorben ist, und nur durch unser Mißverständnis ein störendes Scheinleben fortführt, damit für die Entwicklung und heilsame Einwirkung der noch lebendigen Theile jener Römischen Elemente um so freyerer Raum gewonnen werde."
[25] Savigny, Beruf, S. 120. „Die erste Bedingung dazu ist freylich eine gründliche Rechtsgeschichte und, was aus dieser folgt, die völlige Gewöhnung, jeden Begriff und jeden Satz sogleich von seinem geschichtlichen Standpunkte aus anzusehen."
[26] Ebenda, S. 117.
[27] Ebenda, S. 119.
[28] Ebenda, S. 118 und 119.

und Zukunft erhalten werden müsse. Vielmehr besteht das Wesen derselben in der gleichmäßigen Anerkennung des Werthes und der Selbständigkeit jedes Zeitalters; und sie legt nur darauf das höchste Gewicht, daß der lebendige Zusammenhang erkannt werde, welcher die Gegenwart an die Vergangenheit knüpft, und ohne dessen Kenntniß wir von dem Rechtszustand der Gegenwart nur die äußere Erscheinung wahrnehmen, nicht das innere Wesen begreifen[29]." Savigny schwächt die Bedeutung der genetischen Methode in seinem Spätwerk ab.

Er legt jetzt nicht mehr soviel Bedeutung auf die Abhängigkeit des gegenwärtigen Rechts von dem historischen. Vielmehr hat jedes Zeitalter nun eine gewisse Selbständigkeit in der Schaffung neuer Rechtsregeln und Rechtsinstitute. Dies hängt damit zusammen, daß Savigny dem deutschen Juristen im Jahre 1840 zutraut — im Gegensatz zu 1814 — dogmatisch, d. h. systematisch zu arbeiten. Der historischen Arbeit mußte die systematische folgen.

Die genetische Methode Savignys hat einen latenten positivistischen Kern. Die historische Dauer eines Rechtsinstitutes ist Legitimationsgrund seiner Existenz. Die Geschichte, nicht die Vernunft, entscheidet über Recht und Unrecht. Das, was einmal war und heute noch weiter besteht, ist gut, existiert zu Recht. Die organologische Methode behauptet, ohne Philosophie auskommen zu können. Implizit liegt ihr allerdings die fatale Theorie einer positivistischen Faktenanerkennung im Sinne der Normativität des Faktischen zugrunde. Das „organische" Prinzip der Lebensgesetze ist nur sehr vage formuliert, dann jedoch in negativer Abgrenzung zu den Lehren der Aufklärung. Geschichte ohne explizit deutlich gemachte kritische und normative Geschichtstheorie blieb erkenntnistheoretisch hoffnungslos verloren im Strome des historischen Geschehens und ist letztlich nur konservativ und von fatalistischem Geist.

d) Savignys Geschichtsbegriff

Seinen Geschichtsbegriff hat er immer nur sehr vage dargestellt und ihn als Mittel der Kritik an den rationalistischen Grundsätzen der Aufklärung angewandt. So klagt Savigny: „Sinn und Gefühl für die Größe und Eigenthümlichkeit anderer Zeiten, so wie für die naturgemäße Entwicklung der Völker und Verfassungen, also alles, was die Geschichte heilsam und fruchtbar machen muß, war verloren; an die Stelle getreten war eine gränzenlose Erwartung von der gegenwärtigen Zeit, die man keineswegs zu etwas geringerem berufen glaubte, als zur wirklichen Darstellung einer absoluten Vollkommenheit[30]." Nur

---

[29] Savigny, System I, S. XIV und XV.
[30] Savigny, Beruf, S. 4 und 5.

durch „die Geschichte kann der lebendige Zusammenhang mit den ursprünglichen Zuständen der Völker erhalten werden, und der Verlust dieses Zusammenhangs muß jedem Volk den besten Theil seines jetzigen Lebens entziehen"[31]. Nach Savigny enthält die Gegenwart immer ein Stück Vergangenheit. Deshalb gibt es „kein vollkommen einzelnes und abgesondertes menschliches Daseyn". So ist „jedes Zeitalter eines Volkes als die Fortsetzung und Entwicklung aller vergangenen Zeiten" zu denken. Kein „Zeitalter bringt für sich und willkürlich seine Welt hervor, sondern es thut dieses in unauflöslicher Gemeinschaft mit der ganzen Vergangenheit. Dann muß also jedes Zeitalter etwas Gegebenes anerkennen ...". Dieses Verwerfen eines Gegebenen ist der Strenge nach ganz unmöglich, es beherrscht uns unvermeidlich, und wir können uns darüber täuschen, aber nichts ändern[32].

Savigny bedient sich seines „organischen" Geschichtsverständnisses zur Bekämpfung der Ideen der Aufklärung und der Französischen Revolution[33]. Der geschichtliche Sinn ist für ihn „der einzige Schutz gegen eine Art der Selbsttäuschung, die sich im einzelnen Menschen, wie in ganzen Völkern und Zeitaltern, immer wiederholt, indem wir nämlich dasjenige, was uns eigen ist, für allgemein menschlich halten"[34]. Die Geschichtlichkeit allen Rechts ist für Savigny nicht nur ein Argument gegen die Kodifikationen der Aufklärungszeit, sondern auch gegen das statische Naturrechtsdenken der naturrechtlich-systematischen Richtung in Deutschland. Es ist hingegen kein Argument gegen das relative oder „soziologisch" induktiv aufgefundene Naturrecht eines Pütter oder Reitemeier. Savignys Geschichtsauffassung steht im Zusammenhang mit dem Beginn des Historismus in der deutschen Geschichtswissenschaft. Der Historismus weist zwei Grundprinzipien auf, die auch in der Historischen Rechtsschule vorhanden sind:

---

[31] Ebenda, S. 117.

[32] Savigny, Zeitschrift für geschichtliche Rechtswissenschaft, Bd. 1 (1815), S. 3 und 4.

[33] Savigny, Zeitschrift für geschichtliche Rechtswissenschaft, Bd. 3 (1817), S. 21: „Mehr als ein halbes Jahrhundert hat eine trostlose Aufklärung den politischen wie den religiösen Glauben wankend gemacht. Nachdem sie lange Zeit durch Milde und Freundlichkeit alle Herzen gewonnen hat, hat sie dann, in ihrem inneren Wesen stets dieselbe, in der Französischen Revolution und Bonapartes Despotismus sich etwas herb erwiesen: diese Revolution und die Folgen dieses Despotismus hat Deutschland größentheils auch äußerlich, weit mehr aber auf geistige Weise mit durchlebt. Und so stehen wir jetzt in allgemeiner Ungewißheit: bürgerliche und kirchliche Verfassung sind aus allen Fugen gewichen, und auch die ordnende Sitte der Privatverhältnisse hat dem allgemeinen Schwanken nicht entgehen können." Bei dieser Darstellung der Zustände in Preußen war die Restauration wohl für Savigny ein Geschenk Gottes.

[34] Savigny, Beruf, S. 115.

Erstens wird die generalisierende Betrachtung geschichtlich menschlicher Kräfte ersetzt durch eine individualisierende Betrachtung und zweitens wurde durch den Entwicklungsgedanken die bis dahin herrschende Betrachtungsweise überwunden, die man Pragmatismus nennt[35].

An die Stelle von „Sozialgeschichte" traten Kultur-, Ideen- und Personengeschichte. Bei Savigny findet sich sowohl die individualisierende Betrachtungsweise, die auf die Mannigfaltigkeit des historischen Stoffs abstellt, als auch der Entwicklungsgedanke, der den „lebendigen Zusammenhang" zwischen Vergangenheit und Gegenwart herstellt.

Savignys Geschichtsbegriff ist geistes- und kulturgeschichtlich orientiert[36]. Auf die Grundfrage nach dem Verhältnis von Recht und gesellschaftlicher Wirklichkeit gibt er keine Antwort[37]. Savigny erklärt das Recht nicht als Produkt der tatsächlich wirkenden Kräfte innerhalb der gesellschaftlichen Entwicklung, vielmehr ist das Recht ein Teil der Gesamtkultur[38]. Der eigentliche Sitz des Rechts ist das gemeinsame Bewußtsein des Volkes, der Volksgeist.

Die Forderung Savignys, eine Entwicklungsgeschichte der Rechtsinstitute zu schreiben, also Dogmengeschichte zu betreiben, wurde von ihm und von der ganzen Historischen Rechtsschule nicht erfüllt. Savignys wichtigstes rechtshistorisches Werk „Die Geschichte des Römischen Rechts im Mittelalter" enthält keine innere, sondern nur äußere Rechtsgeschichte (Quellengeschichte)[39].

2. Die systematische Methode

In seinen methodologischen Ausführungen legt Savigny verschiedenes Gewicht auf den Systemgedanken. Eine Rechtswissenschaft, die sich überwiegend an der Idee eines formalen Systems orientiert, findet man in der Marburger Methodenlehre von 1802 und später im „System". 1814 hingegen im „Beruf" hatte Savigny zu dem systematischen Sinn der deutschen Juristen noch wenig Vertrauen gehabt[40].

a) Die systematische Methode in der Marburger Methodenlehre

Die Gesetzgebungswissenschaft ist nach Savigny nicht nur eine historische Wissenschaft; sie ist auch eine philosophische, d. h. systematische[41]. Eine systematische Bearbeitung „würde nur von sehr ge-

---

[35] Meinecke, Zur Entstehung des Historismus, 1949, S. 2 u. 5.

[36] Wieacker, Privatrechtsgeschichte der Neuzeit, S. 385.

[37] Wilhelm, Zur juristischen Methodenlehre im 19. Jahrhundert, 1958, S. 35.

[38] Wieacker, Privatrechtsgeschichte der Neuzeit, S. 385.

[39] Siehe dazu Wilhelm, Zur juristischen Methodenlehre im 19. Jahrhundert, S. 30 und 31.

[40] Ebenda, S. 45.

ringem Wert sein, wenn sie ein bloßes Fachwerk, ein bequemes Aggregat der Materien lieferte, sie wäre dann bloße Erleichterung des Ge-
dächtnisses, soll sie wahres Verdienst haben, so muß ihr innerer Zusammenhang eine Einheit produzieren"[42]. Deshalb muß es „einen allgemeinen Inhalt, eine allgemeine Aufgabe für die Rechtswissenschaft,
ja für die ganze Gesetzgebung geben, der nichts Zufälligem unterworfen ist"[43].

Savigny spricht sich hiermit gegen ein klassifikatorisches System aus,
dessen Ordnungskriterien nur in äußeren Anhaltspunkten bestehen,
und bekennt sich zu einem operationalen System. Er stellt auf allgemein faßbare, aber doch positivrechtliche Inhalte ab, nicht dagegen
auf naturrechtlich antizipierte Grundsätze. Systematik ist daher die
gegebene wissenschaftliche Methode, somit „grenzt Jurisprudenz an
Philosophie, die durch eine vollständige Deduktion den ganzen Umfang
der allgemeinen Aufgabe angeben muß, die Jurisprudenz ist also eine
philosophische Wissenschaft"[44].

Der Inhalt des Rechtssystems wird von der Gesetzgebung in Form
der Rechtssätze gebildet. Nachdem sie mit Hilfe der historischen Methode ermittelt worden sind, sind sie im Rechtssystem einzuordnen.
Savigny beschreibt dieses Verfahren: „Um sie teils einzeln, teils im
Zusammenhang zu erkennen, bedürfen wir eines logischen Mediums
der Form, d. h. der logischen Bedingung der Erkenntnis alles Inhalts
der Gesetzgebung. Alles Formelle hat nun entweder die Bestimmung
einzelner Rechtsätze zu entwickeln — gewöhnlich nennt man das
Definitionen und Distinktionen — oder die Verbindung mehrerer und
ihren Zusammenhang anzuordnen. Dies nennt man gewöhnlich das
eigentliche System[45]." Das System ist die „Form" des historisch überlieferten „Rechtsstoffs". Die systematische Methode entwickelt also die
Bestimmung einzelner Rechtsbegriffe und ordnet die Rechtssätze zu
einem formalen System. Bei der Anordnung der Rechtssätze kommt es
besonders auf die Darstellung des inneren Zusammenhangs der Rechtssätze selbst an. Sie betrifft erstens das Verhältnis der einzelnen Rechte
untereinander, indem sie bestimmt, was getrennt und verbunden werden muß. Zweitens kommt es darauf an, daß in jedem einzelnen Teil

---

[41] Savigny, Marburger Methodenlehre, S. 45.

[42] Ebenda, S. 16.

[43] Ebenda, S. 16.

[44] Savigny, Marburger Methodenlehre, S. 16; siehe auch S. 48: „Alles
System führt auf Philosophie hin. Die Darstellung eines bloß historischen
Systems führt auf eine Einheit, auf ein Ideal, worauf sie sich gründet, hin.
Und dies ist Philosophie."

[45] Ebenda, S. 37. Die Wortwahl und die Überlegungen lassen auf einen
Einfluß durch Kant schließen, so Kantorowicz SZ Röm. Abt. 48, S. 468.

des Systems das Verhältnis zwischen Regel und Ausnahme dargestellt wird[46].

Eine der wichtigen Erkenntnisse der Marburger Methodenlehre ist, daß Savigny die philosophische Bearbeitung des positiven Rechts als systematische und nicht als naturrechtliche versteht, wie es die meisten Juristen vor ihm getan haben. Savignys Marburger Methodenlehre enthält das Bekenntnis zu einer positiven Rechtswissenschaft, in dem sie allein die gegebenen Gesetze unter Ausschluß aller Naturrechtssätze als empirischen Stoff zu ihrem Gegenstand macht, und in dem sie diesen Stoff zu einem Ganzen der Erkenntnis im System gestaltet und darin sich an dem Philosophieverständnis des deutschen Idealismus orientiert[47].

b) Der Systemgedanke im „System des heutigen Römischen Rechts"

Ähnlich wie in der Marburger Methodenlehre umschreibt Savigny die systematische Methode 37 Jahre später im ersten Band des „System des heutigen Römischen Rechts": „Ich setze das Wesen der systematischen Methode in die Erkenntniß und Darstellung des inneren Zusammenhangs oder der Verwandtschaft, wodurch die einzelnen Rechtsbegriffe und Rechtsregeln zu einer großen Einheit verbunden werden[48]." Die „Form" des aus den Rechtsquellen „herauszuarbeitenden Rechtsstoffs" wird durch die systematische Methode hervorgebracht[49]. Durch die dem Stoff gegebene wissenschaftliche „Form", welche seine inwohnende Einheit zu enthüllen und zu vollenden strebt, entsteht „ein neues organisches Leben, welches bildend auf den Stoff selbst zurückwirkt, so daß auch aus der Wissenschaft als solcher eine neue Art der Rechtserzeugung unaufhaltsam hervorgeht"[50]. Das Rechtssystem als Fortsetzung des Volksgeistes erzeugt also Recht. Savigny warnt wiederum davor, schon in der bloßen Anordnung eine Widerspiegelung des inneren Zusammenhangs des Rechts zu sehen, ein Aggregat von Rechtssätzen als Rechtssystem anzuerkennen[51]. Das System wird von

---

[46] Savigny, Marburger Methodenlehre, S. 39.

[47] Das ist das Urteil Wieackers in „Privatrechtsgeschichte der Neuzeit", S. 370. Ähnlich Wilhelm, Savignys überpositive Systematik in „Philosophie und Rechtswissenschaft", 1969, S. 125.

[48] Savigny, System I, S. XXXVI und XXXVII. Savigny fährt fort: „Solche Verwandtschaften sind nun erstlich oft verborgen, und ihre Entdeckung wird dann unsre Einsicht bereichern. Sie sind ferner sehr mannichfaltig, und je mehr es uns gelingt, bey einem Rechtsinstitut dessen Verwandtschaft nach verschiedenen Seiten hin zu entdecken und zu verfolgen, desto vollständiger wird unsere Einsicht werden."

[49] Ebenda, S. XXXVI.

[50] Ebenda, S. 46 und 47.

[51] Ebenda, S. XXXVII.

den Rechtsinstituten gebildet, die wiederum nur „in dem großen Zusammenhang dieses Systems, in welchem wieder dieselbe organische Natur erscheint, vollständig begriffen werden können"[52]. Hier besteht ein Unterschied bei der Bildung des Rechtssystems zwischen der Marburger Methodenlehre und dem „System". In der Ersteren baut sich das Rechtssystem aus Rechtssätzen auf, in dem Letzteren sind die Rechtsinstitute die zentralen Bestandteile des Rechtssystems.

Neben dem Rechtsinstitut ist das Rechtsverhältnis der entscheidende Grundbegriff für das System. „So unermeßlich nun der Abstand zwischen einem beschränkten einzelnen Rechtsverhältniß und dem System des positiven Rechts einer Nation seyn mag, so liegt doch die Verschiedenheit nur in den Dimensionen, dem Wesen nach sind sie nicht verschieden, und auch das Verfahren des Geistes, welches zur Erkenntniß des einen und des anderen führt, ist wesentlich dasselbe[53]."

aa) Das Rechtsverhältnis

Savigny definiert das Rechtsverhältnis als eine Erscheinungsform des subjektiven Rechts. „Von dem nunmehr gewonnenen Standpunkt aus erscheint uns jedes einzelne Rechtsverhältnis als eine Beziehung zwischen Person und Person, durch eine Rechtsregel bestimmt. Diese Bestimmung durch eine Rechtsregel besteht aber darin, daß dem individuellen Willen ein Gebiet angewiesen ist, in welchem er unabhängig von jedem Willen zu herrschen hat[54]."

Worin besteht nun das Wesen der Rechtsverhältnisse? Es ergibt sich für ihn nicht schon aus der menschlichen Natur; denn die Rechtswissenschaft kennt nach Savigny nur erworbene Rechte, keine Rechte an der eigenen Person, auch Urrechte genannt[55]. „Nur die Möglichkeit und das Bedürfniß solcher Rechtsverhältnisse, das heißt der Keim derselben, findet sich gleichmäßig in der Natur jedes Menschen, führt also eine innere Nothwendigkeit mit sich[56]." Das ist für Savigny die Grundbasis der Rechtsgleichheit im Privatrecht.

Das Rechtsverhältnis hat eine „organische" Natur. „Diese offenbart sich theils in dem Zusammenhang seiner sich gegenseitig tragenden und bedingenden Bestandteile, theils in der fortschreitenden Entwick-

---

[52] Ebenda, S. 10.

[53] Ebenda, S. 10 und 11.

[54] Ebenda, S. 333. Savigny entwickelt das subjektive Recht „aus der einer Person zustehenden Macht, d. h.: Ein Gebiet, worin ihr Wille herrscht. Diese Macht nennen wir ein Recht dieser Personen, gleichbedeutend mit Befugnis. Manche nennen es das Recht im subjectiven Sinn." (Ebenda, S. 7.)

[55] Savigny, System, III, S. 1 und System I, S. 335.

[56] Savigny, System III, S. 1.

3 Stühler

lung, die wir in demselben wahrnehmen, in der Art seines Entstehens und Vergehens[57].“ In der „organischen“ Natur jedes Rechtsverhältnisses lassen sich zwei verschiedene Elemente unterscheiden: „Erstlich ein Stoff, das heißt jene Beziehung an sich, und zweytens die rechtliche Bestimmung dieses Stoffes. Das erste Stück können wir als das materielle Element der Rechtsverhältnisse, oder als die bloße Thatsache in denselben bezeichnen, das zweyte als ihr formelles Element, das heißt als dasjenige, wodurch die thatsächliche Beziehung zur Rechtsform erhoben wird[58].“

Nicht nur die positive Rechtswissenschaft als Ganzes wird durch die Verbindung von „Rechtsstoff“ (allen Rechtssätzen) und „Rechtsform“ (dem Rechtssystem) gebildet, sondern auch das kleinste Element des Rechtssystems, das Rechtsverhältnis, besteht aus einem materiellen Teil, dem „Stoff“, und einem formellen Teil, der „Rechtsform“. Es entsteht nun die Frage, wie aus den beiden Elementen, dem formellen und dem materiellen, die „organische“ Natur des Rechtsverhältnisses entstehen kann. Es ist zwar verständlich, daß Savigny die tatsächliche Beziehung oder — weitergefaßt — das soziale Leben auf Grund seines romantisch-konservativen Gesellschaftsverständnisses „organisch“ nennt. Aber es ist kaum zu verstehen, wie die rechtliche Begriffsfassung „organisch“ sein kann. In der Marburger Methodenlehre hat Savigny die Entwicklung von Definitionen noch der systematischen Methode zugeordnet und ihnen keine organologische Natur zugeschrieben. Im „System“ soll jedoch das Wesen des Rechtsverhältnisses „organisch“ sein, obwohl es ein formelles Teilstück enthält. Dieser Widerspruch könnte sich dadurch auflösen: Nicht nur die positive Rechtswissenschaft insgesamt enthält die Verbindung von Philosophie und Geschichte als integrierte Bestandteile, sondern auch in jedem einzelnen Rechtsverhältnis zeigt sich deren Verbindung.

bb) Das Rechtsinstitut

Jede Rechtsregel findet ihre tiefere Anschauung in der organischen Natur des Rechtsinstituts[59]. Nur in dem großen Zusammenhang des Systems kann es vollständig begriffen werden[60]. Seine „organische“ Natur erschöpft sich nicht in jener abstrakten Form. „Demnach muß

---

[57] Savigny, System I, S. 7 und 8. Auch an anderer Stelle spricht Savigny von der organischen Natur der Rechtsverhältnisse: „In der reichen lebendigen Wirklichkeit bilden alle Rechtsverhältnisse Ein organisches Ganzes.“ (Ebenda, S. XXXVII.)

[58] Ebenda, S. 333.

[59] Ebenda, S. 9.

[60] Ebenda, S. 10.

dem Gesetzgeber die vollständigste Anschauung des organischen Rechtsinstituts vorschweben, wenn das Gesetz seinem Zweck entsprechen soll, und er muß durch einen künstlichen Prozeß aus dieser Totalanschauung die abstracte Vorschrift des Gesetzes bilden: eben so muß derjenige, der das Gesetz anwenden soll, durch einen umgekehrten Prozeß den organischen Zusammenhang hinzufügen, aus welchem das Gesetz gleichsam einen Durchschnitt darstellt[61]."

Der Begriff des Rechtsinstituts bei Savigny ist schillernd und bietet manche Verständnisschwierigkeiten. Im Gegensatz zum Rechtsverhältnis unterscheidet er beim Rechtsinstitut nicht ausdrücklich ein formelles und ein materielles Element. Vielmehr ist das Wesen des Rechtsinstituts „organisch". Als Rechtsinstitute werden von ihm Eigentum und Ehe, aber auch der Forderungsübergang und die condictio indebiti aufgezählt. Savigny stellt also tatsächliche Einrichtungen und Beziehungen des gesellschaftlichen Lebens technisch juristischen Allgemeinbestimmungen gleich[62]. Da die Rechtsinstitute nicht nur Abbildungen der gesellschaftlichen Wirklichkeit sind, sondern auch juristische Allgemeinbegriffe, können wir sie „zuerst gesondert construiren und hinterher willkührlich combiniren"[63]. Mit dieser „konstruktiven" Methode ist der erste Schritt zur Begriffsjurisprudenz getan, obwohl Savigny selbst wohl noch nicht zu ihr zu zählen ist.

Das Rechtsinstitut steht seinem innersten Wesen nach in einem „organischen" Zusammenhang mit dem Wesen des Menschen[64]. Merkwürdig aber ist, was die condictio indebiti mit dem Wesen des Menschen zu tun hat? Dieser Widerspruch löst sich dann auf, wenn man einmal das Rechtsinstitut aus der Rechtsentstehungslehre Savignys begreift, nach der das im Volksbewußtsein lebende Institut der Ursprung der Rechtsregeln ist; zum anderen, vom Standpunkt der juristischdogmatischen Aufgabe aus, dient das Institut als technisches Mittel sowohl zur begrifflichen Auffassung eines rechtlichen Sachverhaltes wie zur wissenschaftlichen Systembildung[65].

cc) Schlußbemerkung zum Systemgedanken

Insgesamt gesehen bedeutete das systematische Verfahren die freie Nachschöpfung der natürlichen Ordnung des Rechts durch die Wissenschaft. Es sollte die dem Recht immanente Ordnung hervorbringen und

---

[61] Ebenda, S. 44.

[62] Wilhelm, Savignys überpositive Systematik, S. 133.

[63] Savigny, System, I, S. 10.

[64] Ebenda, S. 387.

[65] Wilhelm, Savignys überpositives System, S. 129 und Wieacker, Privatrechtsgeschichte der Neuzeit, S. 398.

ein möglichst getreues Spiegelbild der wirklichen Rechtsverhältnisse liefern[66]. Savigny stützt sich im „System" auf ein materiales Rechtssystem und nicht auf ein formales, wie es sich aus seinem Verständnis der „organischen Natur" der Rechtsverhältnisse und Rechtsinstitute ergibt. Savignys Systematik relativiert das geltende Recht auf die historische Existenzform eines möglichen, denkbaren Rechts und zielt damit auf eine Rechtsfortbildung durch das Medium des Systems. Zwar benutzt Savigny nirgendwo den Terminus technicus Deduktion für die systematische Methode, aber er identifiziert sie mit der lebendigen Konstruktion von Rechtsverhältnissen und Rechtsinstituten[67].

Das „System des heutigen Römischen Rechts" ist nach Wieacker der Aufbau einer allgemeinen Rechtstheorie, die das Naturrecht des 18. Jahrhunderts ersetzen soll[68]. Es ist ausdrücklich als allgemeiner Teil angelegt und verbindet die historische und die systematische Methode zu einer positiven Rechtswissenschaft, die so dem Wissenschaftsideal der damaligen Zeit, der Philosophie, ebenbürtig wird.

3. Die Vereinigung der historischen und systematischen Methode als Grundvoraussetzung der modernen positiven Rechtswissenschaft

Savigny geht in allen seinen methodologischen Ausführungen davon aus, daß die Rechtswissenschaft eine historische und philosophische (systematische) Bearbeitung benötigt.

„Die Gesetzgebungswissenschaft ist historisch und philosophisch. Beide Grundsätze sind zwar verschieden, aber beide wahr und daher zu verbinden, der vollständige Charakter der Jurisprudenz beruht auf dieser Verbindung[69]." Auf diese Weise aber verlieren Geschichte und Philosophie ihre Selbständigkeit und werden zu bloß dienenden Organen der rechtswissenschaftlichen, genauer der rechtsdogmatischen Erfahrung und Erkenntnis[70]. Damit hat Savigny den Gegenstand der autonomen positiven Rechtswissenschaft konstituiert.

Da Savignys Verfahren der rechtswissenschaftlichen Arbeit am Recht abhängig ist von der Quellenforschung — jedes bestehende Rechtsinstitut muß seine Geschichte haben als Legitimationsgrundlage — ist die philologische Textkritik Teil der historischen Methode. Deshalb

---

[66] Wilhelm, Zur juristischen Methodenlehre im 19. Jahrhundert, 1958, S. 60. Wilhelm zieht folgendes Resümee: Nicht formale Klassifikation, sondern „organische" Gliederung des Rechts war das systematische Prinzip der Historischen Rechtsschule (S. 60).

[67] Savigny, System I, S. 8 und 10.

[68] Wieacker, Privatrechtsgeschichte der Neuzeit, S. 397.

[69] Savigny, Marburger Methodenlehre, S. 16.

[70] Wieacker, SZ Rom. Abt. 72, S. 31 und 32.

weist Savigny auch auf die Verbindung von Exegese und Systembildung hin: „Die Behandlung der Jurisprudenz muß also die Bedingung einer interpretativen und philosophischen Bearbeitung an sich tragen. Exegese und System sind aber erst einzeln genau zu bearbeiten und nicht zu früh zu trennen[71]." Die Verbindung von historischer und systematischer Methode zeigt sich auch in Savignys Systemidee. Das Recht ist nicht statisch, sondern paßt sich den Rechtsformen verschiedener Zeitepochen an. „Man muß das System im Ganzen nehmen und es sich als fortschreitend denken, d. h. als Geschichte des Systems der Jurisprudenz...[72]." Savignys positive Rechtswissenschaft verdient den Namen positiv, weil der zu bearbeitende „Rechtsstoff" historisch, empirisch, unter Ausschluß des materialen Naturrechts des 18. Jahrhunderts vorgegeben ist. Die Identität der Positivität und Geschichtlichkeit des Rechts spricht Savigny 1806 in einer Rezension von Gustav Hugos Rechtsgeschichte sehr deutlich aus: „Bei dem vorliegenden Werke liegt eine höhere Idee zum Grunde, nach welcher die ganze Rechtswissenschaft selbst nichts Anderes ist, als Rechtsgeschichte, so daß eine abgesonderte Bearbeitung der Rechtsgeschichte nur durch die verschiedene Vertheilung von Licht und Schatten unterschieden seyn kann." Savigny schließt die Rezension mit den Worten: „Diese Ansicht ist die würdigste, die für unsere Wissenschaft gefaßt werden kann[73]." Dieser Satz bedeutet jedoch nicht, daß Savigny die Rechtswissenschaft mit Rechtsgeschichte gleichsetzt. Rechtswissenschaft, als geschichtliche Wissenschaft verstanden, hat nur den Sinn, daß der Gegenstand der Rechtswissenschaft durch die Geschichtlichkeit des gegenwärtig geltenden (positiven) Rechts bestimmt ist. Das Zitat aus der Rezension von Hugos Rechtsgeschichte läßt hingegen nicht den Schluß zu, daß rechtsgeschichtliche Erkenntnis die rechtsdogmatische Arbeit des Juristen ersetzen könne[74]. In der geschichtlichen Rechtsauffassung Savignys ist keine Theorie der Rechtsgeschichte als der eigentlichen Rechtswissenschaft zu sehen, sondern eine rechtsphilosophische Begründungs- und Entstehungstheorie des Rechts[75]. Deshalb ist es nur folgerichtig, das aus Volksgeist und aus geschichtlicher Entwicklung sich bildende Recht einmal in dieser Entstehung und Fortbildung zu verfolgen (Rechtsgeschichte), zum anderen in seinem gegenwärtigen Stand einheitlich aufzufassen und darzustellen (Systematik und Dogmatik).

---

[71] Savigny, Marburger Methodenlehre, S. 16.

[72] Ebenda, S. 32.

[73] Savigny, Vermischte Schriften, Bd. 5, 1850, S. 2 u. 3.

[74] Wieacker, Wandlungen im Bilde der Historischen Rechtsschule, 1965, S. 11 und 12.

[75] Böckenförde, Die Historische Rechtsschule und das Problem der Geschichtlichkeit des Rechts, S. 10, wieder abgedruckt in „Staat, Gesellschaft, Freiheit — Studien zur Staatstheorie und zum Verfassungsrecht", 1976.

Obwohl Savigny von einer organologischen Rechtslehre ausgeht und dabei die historische Methode und die systematische als gleichwertig ansieht, siegt in der späten Historischen Rechtsschule der Formalismus, nämlich die systematische Ableitung der Begriffsjurisprudenz, über die rechtsgeschichtliche Arbeitsweise, die von Savigny neben der Dogmatik als Bestandteil der Rechtswissenschaft angesehen wurde. Es gibt zwei Gründe für den Sieg der systematischen Methode über die historische, obwohl beide durch das Zauberwort „organisch" miteinander vereint sind: Einmal ist historische Methode der systematischen von vornherein in der wissenschaftlichen Praxis unterlegen gewesen, da Savigny in seinen dogmatischen und historischen Werken nie innere Rechtsgeschichte, sondern nur äußere Rechtsgeschichte (Quellengeschichte) betrieb. Der andere Grund liegt darin, daß die systematische Methode der Rechtsfortbildung in sich widersprüchlich war. Zwar lassen sich die begrifflichen Abbilder sozialer Einrichtungen und Verhältnisse nach einer „organischen" Gesellschafts- und Rechtsauffassung als „organische Gebilde" denken, jedoch ist es schlechterdings unmöglich, die große Anzahl der technisch-juristischen Begriffe selbst als von „organischer" Natur oder als Leitbilder anzusehen. Eine organologische Methode setzt indessen notwendig ein Objekt „organischer" Natur voraus. Der Terminus technicus „organisch" bei der Rechtsfortbildung verhüllt im Grunde ein logisch-deduktives Verfahren, da in jenen Allgemeinbestimmungen schlechterdings nichts Organisches enthalten war, das eine „organische" Auffassung hätte entdecken können[76].

III. Savignys Rechtstheorie

1. Der Rechtsbegriff

Ihn behandelt Savigny in der Marburger Methodenlehre und im „System". In der Marburger Methodenlehre bestimmt er so das Recht: Die Notwendigkeit des Staates und damit des Rechts beruht darauf, „daß etwas zwischen die einzelnen hingestellt werde, das die Herrschaft der Willkür einzelner gegenseitig beschränke"[77]. 1803 identifiziert Savigny das Recht noch mit dem positiven Gesetz, das Ausdruck der Unabhängigkeit und Neutralität ist. Der Rechtsbegriff, den Savigny 1840 im „System" entwickelt, unterscheidet sich nur geringfügig von dem der Marburger Methodenlehre. Er schreibt: „Der Mensch steht inmitten der äußeren Welt, und das wichtigste Element in dieser Umgebung ist ihm die Berührung mit denen, die ihm gleich sind durch

---

[76] Das ist das Urteil Wilhelms in Juristische Methodenlehre im 19. Jahrhundert, S. 68 und 69.

[77] Savigny, Marburger Methodenlehre, S. 14.

ihre Natur und Bestimmung. Sollen nun in solcher Berührung freye Wesen neben einander bestehen sich gleichzeitig fördernd, nicht hemmend, in ihrer Entwicklung, so ist dieses nur möglich durch die Anerkennung einer unsichtbaren Gränze, innerhalb welcher das Daseyn, und die Wirksamkeit jedes Einzelnen einen sicheren freyen Raum gewinne. Die Regel, wodurch jene Gränze und durch sie dieser freye Raum bestimmt wird, ist das Recht[78]." Savigny definiert also das Recht als Freiheitsraum, der durch die Rechtsnormen geschützt wird. Er wendet sich gegen diejenigen Juristen und Philosophen, die das Recht entweder von dem Begriff des Unrechts her bestimmen — „Unrecht ist ihnen die Störung der Freyheit durch fremde Freyheit, die der menschlichen Entwicklung hinderlich ist, und daher als ein Übel abgewehrt werden muß. Die Abwehr dieses Übels ist ihnen das Recht" — oder die das Recht sich durch gegenseitige Übereinkunft entstanden denken (Vertragstheorie) — „in dem jeder ein Stück seiner Freyheit aufgebe", um sich den Rest an Freiheit bewahren[79]. Savignys Rechtsbegriff enthält einen Verzicht auf das Merkmal des Zwangs als Kriterium des Rechts, wie es damals oft verwandt worden ist. Das „System des heutigen Römischen Rechts" weist in vielen Punkten eine Übereinstimmung mit Kants Rechtslehre auf[80]. So bestimmt beispielsweise Savigny das Recht im Anschluß an Kant formal. Recht ist für Kant der Inbegriff der Bedingungen, unter denen die Willkür des einen mit der Willkür des anderen nach einem allgemeinen Gesetze der Freiheit zusammen vereinigt werden kann[81]. Unter Willkür versteht Kant den von der Sittlichkeit unabhängigen Willen, der den Neigungen der Menschen folgt[82]. Der Begriff des Rechts betrifft nach Kant erstens nur das äußere Verhältnis einer Person gegen eine andere, sofern ihre Handlungen Einfluß aufeinander haben. Zweitens bedeutet er das Verhältnis auf die Willkür des anderen, nicht aber auf dessen Wünsche und Bedürfnisse, und drittens kommt es in diesem wechselseitigen Verhältnis der Willkür auch gar nicht auf die Materie (den materiellen Inhalt oder Zweck) an, sondern auf die Form im Verhältnis der beiderseitigen Willkür, sofern diese Form als frei betrachtet werden kann, und ob die Handlung eines von beiden sich mit der Freiheit des anderen nach einem allgemeinen Gesetz zusammen vereinigt werden kann[83].

---

[78] Savigny, System I, S. 331 und 332.

[79] Ebenda, S. 332.

[80] Darauf weisen Kiefner, Der Einfluß Kants auf Theorie und Praxis des Zivilrechts im 19. Jahrhundert in „Philosophie und Rechtswissenschaft", S. 5 ff. und Wieacker in SZ Rom. Abt. 72, S. 30, hin.

[81] Kant, Metaphysische Anfangsgründe der Rechtslehre, Akademie-Ausgabe Bd. IV, S. 230.

[82] Ebenda, S. 213.

[83] Ebenda, S. 230.

Das Sittengesetz ist für Kant allgemein, da es nicht nur gegenseitig, sondern allseitig gedacht werden muß, also alle vernünftigen Wesen erfaßt. Kants Rechtsbegriff entstammt seiner Ethik der sittlichen Autonomie, die im kategorischen Imperativ an die sittliche Persönlichkeit des Menschen die Forderung stellt, so zu handeln, daß die Maxime seines Handelns als allgemeine Regel für alle gelten kann[84]. Kants Bestimmung des Rechts als allgemeine Vereinbarungsregel für die Freiheit des menschlichen Handelns soll autonomes sittliches Handeln ermöglichen.

Auch für Savigny ist die sittliche Bestimmung der menschlichen Natur Aufgabe allen Rechts[85]. Im Gegensatz zu Kant spricht Savigny nur von einer Regel, die die Grenze der Freiheit bestimmt, ohne auszuführen, wie diese Grenze der Freiheit konkret aussieht. Ein allgemeines Gesetz kennt Savigny nicht, er bezieht sich nirgendwo auf den kategorischen Imperativ.

2. Recht und Sittlichkeit

Savignys Bestimmung des Verhältnisses von Recht und Ethik ist echt kantisch[86]. Zwischen Recht und Sittlichkeit ist sowohl eine Verwandtschaft als auch eine Verschiedenheit gegeben. Die Verwandtschaft besteht darin, daß das Recht der Sittlichkeit dient, „aber nicht indem es ihr Gebot vollzieht, sondern indem es die freie Entfaltung ihrer, jedem einzelnen Willen inwohnenden Kraft sichert". Die Verschiedenheit zwischen Recht und Sittlichkeit ergibt sich aus der Unabhängigkeit des Rechts. „Sein Daseyn aber ist ein selbständiges[87]." Savigny beschreibt das Verhältnis von Recht und Ethik: „Durch diese Anerkennung eines allgemeinen Zieles (der sittlichen Bestimmung der menschlichen Natur) wird keineswegs das Recht in ein weiteres Gebiet aufgelöst und seines selbständigen Daseyns beraubt: es erscheint vielmehr als ein ganz eigenthümliches Element in der Reihe der Bedingungen jener allgemeinen Aufgabe, in seinem Gebiet herrscht es unumschränkt, und es erhält nur seine höhere Wahrheit durch jene Verknüpfung mit dem Ganzen[88]."

Aus der Eigenständigkeit des Rechts gegenüber der Ethik folgt, daß es in seinem Gebiete unumschränkt herrscht und nur der „sittlichen Bestimmung der menschlichen Natur" zu dienen hat. Durch die Auto-

---

[84] Ebenda, S. 225.
[85] Savigny, System I, S. 53.
[86] Wieacker, SZ Rom. Abt. 72, S. 30 und Kiefner, Der Einfluß Kants auf Theorie und Praxis des Zivilrechts im 19. Jahrhundert, S. 8.
[87] Savigny, System I, S. 332.
[88] Ebenda, S. 54.

nomie des Rechts und der Absage an materiale Werte, zumindest im
Kerngebiet des Privatrechts, nämlich im Schuldrecht, ist Savigny Wegbereiter des wirtschaftlichen Liberalismus. So schreibt er: „Dagegen
wird in den Vermögensverhältnissen die Herrschaft des Rechtsgesetzes
vollständig durchgeführt, und zwar ohne Rücksicht auf die sittliche
oder unsittliche Ausübung eines Rechts ... Es bleibt also dennoch wahr,
daß dem Vermögensrecht, als einem privatrechtlichen Institut, kein
sittlicher Bestandteil zuzuschreiben ist[89]."

Die Trennung von Recht und Sittlichkeit läßt sich auf Kant und noch
weiter auf Thomasius zurückführen. Kant unterscheidet sittliche und
juridische Gesetzgebung. Diejenige Gesetzgebung, welche eine Handlung zur Pflicht und diese Pflicht zugleich zur Triebfeder (Bestimmungs-
grund der menschlichen Willkür) macht, ist *ethisch*. „Diejenige Gesetzgebung aber, welche das Letztere nicht im Gesetz mit einschließt,
mithin auch eine andere Triebfeder als die Idee der Pflicht selbst zuläßt,
ist *juridisch*[90]." So gelangt Kant zu den Begriffen der *Legalität* (Gesetzmäßigkeit) und *Moralität* (Sittlichkeit). Legalität ist die bloße Übereinstimmung einer Handlung mit dem Gesetze ohne Rücksicht auf die
Triebfeder derselben. Moralität hingegen ist die Übereinstimmung einer
Handlung mit dem Gesetze aus der Idee der Pflicht als Triebfeder des
Handelns[91]. Das Recht enthält nach Kant überwiegend äußere Pflichten,
die Ethik nur innere. Hieraus ist zu ersehen, daß alle Pflichten bloß
darum, weil sie Pflichten sind, mit zur Ethik gehören; aber ihre Gesetzgebung ist darum nicht allemal in der Ethik enthalten. Es gibt auch
Rechtspflichten außerhalb der ethischen. Zum Recht gehört die Befugnis
zum Zwingen, nicht jedoch zur Ethik.

Neben dem Rechtsbegriff, der Bestimmung des Verhältnisses von
Recht und Ethik läßt sich auch bei Savignys Systembegriff eine Beeinflussung durch Kant nachweisen. Kant versteht unter einem System
„die Einheit der mannigfaltigen Erkenntnisse unter einer Idee"[92].
„Diese Idee postuliert demnach vollständige Einheit der Verstandeserkenntnis, wodurch diese nicht bloß ein zufälliges Aggregat, sondern
ein nach notwendigen Gesetzen zusammenhängendes System wird[93]."
Ähnlich wie Kant wehrt sich Savigny dagegen, ein „Aggregat" mit
einem „System" gleichzusetzen. Aufgabe eines wahren Systems ist es
nämlich, einen inneren Zusammenhang, eine Einheit herzustellen[94].

---

[89] Ebenda, S. 371.
[90] Kant, Metaphysik der Sitten, S. 219.
[91] Ebenda, S. 220: „Die ethische Gesetzgebung ist diejenige, welche nicht
äußerlich sein kann, die juridische ist, welche auch äußerlich sein kann."
[92] Kant, Kritik der reinen Vernunft, Ausgabe der Philosophischen Biblio-
thek, S. 617.
[93] Ebenda, S. 550.
[94] Savigny, Marburger Methodenlehre, S. 45.

Schließlich baut Savigny sein „System" auf einem Grundbegriff der kantischen Philosophie, dem der moralischen Persönlichkeit, deren Wesen die Freiheit ausmacht, auf[95].

Obwohl Savigny in seinem „System" viele Gedanken aus Kants Rechtslehre übernimmt, ist es zweifelhaft, ob man den Gründer der Historischen Rechtsschule als Kantianer bezeichnen kann:

1. In seinen Jugendbriefen kritisiert er die kantische Philosophie[96].
2. Savigny zählt sich selbst nicht zu den Kantianern im Gegensatz zu vielen Juristen seiner Zeit, ich denke an Hugo, Hufeland, Schmalz, Gros, Tafinger, Feuerbach.
3. Savignys Rechtslehre liegt kein System apriorischer Erkenntnis aus bloßen Begriffen zugrunde, wie es bei Kants „Metaphysische Anfangsgründe der Rechtslehre" der Fall ist.

3. Die Absage an das materiale Naturrecht

Eine weitere Bedingung der Konstituierung der positiven Rechtswissenschaft ist ihre Emanzipation von der materialen Naturrechtslehre des 18. Jahrhunderts.

Savigny ist nicht immer, zumindest in seinen programmatischen Schriften, Gegner der Naturrechtslehre gewesen. So bedient er sich als Student des Naturrechts, um Argumente gegen die Französische Revolution vorbringen zu können. Er schreibt Ende 1798 oder Anfang 1799 an seinen Jugendfreund Constantin von Neurath: „Jener Plan . . . führt mich ganz natürlich auf etwas, was damit nothwendig verbunden werden muß — das Studium des Naturrechts. Ich will von dem allgemeinen Interesse desselben als der Grundlage der Jurisprudenz nichts sagen, sondern nur ein paar Worte von dem besonderen Interesse für die jetzige Zeit. Jetzt wo den alten Formen allgemeine Zerstörung droht, ist es nöthiger als je, einen Standpunkt zu suchen, der unabhängig ist vom positiven und conventionellen in uns gegründet ist[97]." Das Naturrecht ist hier also noch Grundlage des positiven Rechts. Es handelt sich aber wohl eher um ein Naturrecht mit konservativem Gehalt; denn auch die Anhänger der Französischen Revolution gingen von dem Naturrecht aus. Bei ihnen ist es aber das Naturrecht der Aufklärung, deren Hauptbestandteil die Idee der Menschenrechte war, und nicht um ein konservatives, auf dem gesellschaftlichen Status quo beharrendes und ihn verteidigendes Naturrecht.

---

[95] Siehe dazu ausführlicher Kiefner, Der Einfluß Kants auf Theorie und Praxis des Zivilrechts im 19. Jahrhundert, S. 13.

[96] Stoll, I, S. 95, 148, 161.

[97] Ebenda, S. 70.

Doch bald darauf ändert sich Savignys Einstellung zum Naturrecht, unabhängig von dessen Inhalt. Als junger Dozent bei den Vorbereitungen zu seinen Vorlesungen über das Kriminalrecht, dem damaligen Ausdruck für Strafrecht, will er nicht von dem Naturrecht ausgehen und das positive Recht, so wie es damals üblich war, daran anknüpfen[98]. In der Marburger Methodenlehre begründet er dies: „Es ist aber schon Herabwürdigung einer philosophischen Wissenschaft" — das Naturrecht ist für ihn nur noch Teil der praktischen Philosophie — „sie als bloße Vorkenntnis einer historischen (d. h. positiven) Wissenschaft zu betrachten. Aber auch bloß als Vorkenntnis ist Philosophie dem Juristen durchaus nicht notwendig. Jurisprudenz an sich kann ebensogut ohne Naturrecht als mit solchem studiert werden. Dies fließt schon daraus, daß in Zeiten, wo gar keine Philosophie studiert wurde, oder wenigstens so, daß man sie jetzt nicht mehr für Philosophie halten würde, die Jurisprudenz doch in einem blühenden Zustand sein konnte[99]." Das Naturrecht ist also weder Voraussetzung noch integrierter Bestandteil der Rechtswissenschaft. Die positive Rechtswissenschaft ist autonom. Das Naturrecht steht außerhalb der Rechtswissenschaft, es ist Teil der praktischen Philosophie. Grund für diese Absage an das Naturrecht ist: „Die juristischen Naturrechte stellen römische Rechtswahrheiten nur abstrakter auf und glauben sie dann durch Philosophie (Naturrecht) gefunden zu haben[100]." Das positive Recht jedoch genügt sich selbst.

Im „Beruf" (1814) kritisiert Savigny das Naturrecht der Aufklärung scharf. Dabei unterscheidet er nicht zwischen einem „absoluten" und einem „relativen" Naturrecht, wie es damals häufig getan wurde. Das „relative" Naturrecht ist als allgemeines Recht einer bestimmten Zeitepoche, Produkt sozialer und kultureller Verhältnisse. Vielmehr begreift Savigny das Naturrecht oder Vernunftrecht seiner Gegner insgesamt als eine ideale Gesetzgebung, die für alle Zeiten und Fälle gültig ist, „die wir nur zu entdecken brauchen, um das positive Recht für immer zu vollenden"[101].

Savigny kritisiert die Juristen, die das römische Recht für niedergeschriebenes Vernunftrecht halten. Für ihn ist das römische Recht nicht identisch mit dem Naturrecht. So spottet er: Auch wenn „man ehemals aus den Institutionen mit Weglassung einiger hervorstehenden Eigenthümlichkeiten ein Naturrecht gemacht hatte, was man für unmittelbaren Ausspruch der Vernunft hielt: jetzt ist niemand, der nicht über

---

[98] Ebenda, S. 144.
[99] Savigny, Marburger Methodenlehre, S. 50.
[100] Ebenda, S. 49. Savigny bestreitet außerdem, daß das Naturrecht Subsidiarquelle des positiven Rechts ist (ebenda, S. 49).
[101] Savigny, Beruf, S. 7.

dieses Verfahren Mitleid empfände"[102]. Aber es gibt immer noch Juristen, „die ihre juristischen Begriffe und Meynungen blos deshalb für rein vernünftig halten, weil sie deren Abstammung nicht kennen"[103]. Dieses unhistorische Verständnis von Recht hält nach seiner Ansicht solange an, bis „wir uns nicht unsres individuellen Zusammenhangs mit dem großen Ganzen der Welt und ihrer Geschichte bewußt werden"[104]. Für Savigny ist das entscheidende Argument gegen das Naturrecht der Wolffianer die Geschichtlichkeit allen Rechts. Deshalb ist „die Erfindung eines gemeinsamen Rechts für alle Völker eben so nichtig..., wie die einer allgemeinen Sprache, durch welche die wirklich lebenden Sprachen ersetzt werden sollten"[105]. Auch im „System", wo sich Savigny jeglicher Polemik enthält und auf Ausgleich mit seinen ehemaligen Gegnern bedacht ist, leugnet er das Bestehen eines Naturrechts. Die Ansicht, es gebe ein „über alles positive Recht schwebendes Normalrecht... entzieht dem Recht alles Leben überhaupt"[106].

Savigny hat keine ausführliche und philosophisch tiefergehende Auseinandersetzung mit dem abstrakten Naturrecht geführt. Er hatte sich bei seiner Kritik vor allem auf Kant und Gustav Hugo stützen können. Kant hatte die anthropologischen Prämissen des materialen Naturrechts der Wolffianer, die empirisch gewonnen wurden und dann als Erkenntnisse a priori angesehen wurden, aufgedeckt und vernichtend kritisiert[107]. Obwohl Savigny in seiner Rechtslehre scheinbar endgültig von dem abstrakten Naturrecht Abschied nimmt, erkennt er neben einem individuellen (historischen) Element, ein allgemeines Element an, „gegründet auf das Gemeinsame der menschlichen Natur". Wissenschaftlicher Arbeitsbereich für dieses allgemeine Element ist die Rechtsphilosophie[108] und nicht die Rechtsdogmatik oder Rechtsgeschichte. Das allgemeine Element erscheint am reinsten und unmittelbarsten, „insofern darin die sittliche Natur des Rechts im Allgemeinen wirksam ist: also die Anerkennung der überall gleichen sittlichen Würde und Freyheit des Menschen, die Umgebung dieser Freyheit durch Rechtsinstitute, mit Allem was aus der Natur und Bestimmung dieser Institute durch practische Consequenz hervorgeht"[109]. Der Gegensatz zwischen dem allgemeinen und individuellen Element des Volksrechts löst sich auf in

---

102 Ebenda, S. 115.
103 Ebenda, S. 115.
104 Ebenda, S. 115.
105 Savigny, Zeitschrift für geschichtliche Rechtswissenschaft, Band 1 (1815), S. 396.
106 Savigny, System I, S. 52.
107 Wieacker, Privatrechtsgeschichte der Neuzeit, S. 352.
108 Savigny, System I, S. 52.
109 Ebenda, S. 55.

der Lehre Savignys von der Rechtsentstehung. Die Ansicht, „welche das individuelle Volk als Erzeuger und Träger des positiven Rechts anerkennt", steht nicht im Widerspruch zu derjenigen Meinung, die dem gemeinsamen Menschengeist jene Erzeugung zuschreibt. „Was in dem einzelnen Volke wirkt, ist nur der allgemeine Menschengeist, der sich ihm auf individuelle Weise offenbart[110]."

Neben der Konstituierung des Gegenstandes der positiven Rechtswissenschaft durch die Verbindung von historischer und systematischer Methode ist die Absage an das materiale Naturrecht Voraussetzung der Autonomie der positiven Rechtswissenschaft. Savigny erfüllt diese beiden Grundvoraussetzungen der modernen Rechtswissenschaft in seinen rechtstheoretischen Schriften.

Folge der Emanzipation des positiven Rechts vom Naturrecht ist bei ihm:

1. Das Recht ist gegenüber der Ethik selbständig.

2. Das Naturrecht ist keine eigenständige Rechtsquelle, es gilt daher nicht mehr subsidär.

3. Die Naturrechtslehre ist nicht mehr integrierter Bestandteil der Rechtswissenschaft. Sie gehört zur praktischen Philosophie.

4. Das Naturrecht dient nicht der kritischen Kontrolle über das positive Recht.

5. Naturrechtliche Grundsätze werden nicht in das positive Recht transformiert. Allgemeine Grundsätze des positiven Rechts werden fortan durch Induktion gewonnen.

Obwohl die Historische Rechtsschule sich für die Überwinderin des abstrakten Naturrechts hielt, hat sie die Axiome, das System und die Begriffsbildung des älteren Vernunftrechts übernommen[111]. So schreibt Bergbohm über Savigny als den angeblich schärfsten Kritiker des Naturrechts: „Ihr großer Gegner, angeblicher Besieger Savigny steht selber noch in ihrem Bann bis ans Herz hinan[112]." Savignys Verhältnis zur Naturrechtslehre ist also ambivalent. Zwar kritisiert er in seinen programmatischen Schriften die Vernunftrechtswissenschaft des 18. Jahrhunderts, dennoch verwendet er deren Grundbegriffe in seinem „System des heutigen Römischen Rechts".

---

[110] Ebenda, S. 20 und 21.
[111] Wieacker, Privatrechtsgeschichte der Neuzeit, S. 373.
[112] Bergbohm, Jurisprudenz und Rechtsphilosophie, 1892, S. 120.

IV. Die Lehre von der Gesetzesinterpretation

Die Methodenlehre Savignys hat auch für die Gegenwart eine aktuelle Bedeutung. So fordert beispielsweise Ernst Forsthoff eine Rückkehr zu ihr; denn die Auslegung mit geisteswissenschaftlichen Mitteln der Sinnermittlung zerstört den rechtsstaatlichen Charakter des Grundgesetzes[113]. Er fährt fort: „Die klassische Darstellung der Gesetzesinterpretation findet sich immer noch im ersten Band des ‚Systems des heutigen Römischen Rechts' (1840) von Savigny[114]."

Savigny hat sich zweimal über juristische Hermeneutik geäußert: in der „Marburger Methodenlehre" von 1802 und im „System" von 1840.

1. Die Marburger Methodenlehre

Savigny beschreibt in ihr die Tätigkeit des Juristen, der Gesetze auslegt, wie folgt: „Jedes Gesetz soll einen Gedanken so aussprechen, daß er als Regel gelten könne. Wer ein Gesetz also interpretiert, muß den im Gesetz liegenden Gedanken nachdenken, den Inhalt des Gesetzes nachfinden. Interpretation ist also vorerst: Rekonstruktion des Inhalts des Gesetzes. Der Interpret muß sich auf den Standpunkt des Gesetzgebers setzen und so künstlich dessen Ausspruch entstehen lassen. Diese Interpretation ist nun nicht anders möglich als durch eine dreifache Zusammenstellung der Behandlung. Die Interpretation muß demnach einen dreifachen Bestandteil haben, einen logischen, grammatischen und historischen[115]."

Der *logische Bestandteil* der Interpretation besteht in einer Darstellung des Gesetzes in seinem Entstehen und gibt das Verhältnis der Teile unter sich an. „Er ist also die genetische Darstellung des Gedankens im Gesetz[116]." Die logische Methode wird heute meist systematische genannt[117].

Der *grammatische Bestandteil* behandelt die Regeln der Sprache, die nötig sind, um den im Gesetz ausgesprochenen Gedanken zu verstehen[118]. Er ist notwendige Bedingung der historischen Auslegungsmethode.

Die *historische Auslegung* hat folgende Aufgabe zum Ziel: „Das Gesetz wird in einer bestimmten Zeit einem bestimmten Volke gegeben;

---

113 Forsthoff, Zur Problematik der Verfassungsauslegung, 1961, S. 1 f.
114 Ebenda, S. 39.
115 Savigny, Marburger Methodenlehre, S. 18 und 19.
116 Ebenda, S. 19.
117 Engisch, Einführung in das juristische Denken, 4. Auflage, 1968, S. 77.
118 Savigny, Marburger Methodenlehre, S. 19.

man muß also diese historische Bestimmung wissen, um den Gedanken des Gesetzes wissen zu können. Die Darstellung desselben ist nur durch historische Darstellung des Moments möglich, worin das Gesetz fällt[119]." Die historische Auslegung ermittelt also die politisch-sozialen und kulturellen Verhältnisse, um das Regelungsziel des Gesetzes zu erkennen.

Es ist schwierig, Savignys „Marburger Methoenlehre" der subjektiven oder objektiven Auslegungstheorie zuzuordnen. Einmal spricht er davon, daß „der Interpret sich auf den Standpunkt des Gesetzgebers setzen" muß[120], das andere Mal muß sich der Interpret auf den Standpunkt des Gesetzes stellen[121]. Allerdings schränkt Savigny den letzten Satz dahingehend ein: „dem Standpunkt des Gesetzes" ist nur dann zu folgen, wenn „dieser Standpunkt aus dem Gesetz selbst erkennbar ist"[122]. Savigny fährt fort: „Gewöhnlich sagt man, es komme bei der Interpretation alles auf die Absicht des Gesetzgebers an, allein dies ist nur halbwahr, es kommt nur auf die Absicht des Gesetzes an, insofern dieses daraus erhellt ist[123]." Der objektiven Theorie ist also zu folgen, wenn sie sich aus dem Gesetz unmittelbar ergibt, ansonsten ist auf die Absicht des Gesetzgeber abzustellen. Savignys Methode der Gesetzesauslegung ist schon in der „Marburger Methodenlehre" von rigoroser Strenge und läßt keine Rechtsfortbildung zu[124]. So verneint Savigny die Möglichkeit der extensiven oder restriktiven Auslegung des Gesetzeswortlauts mit dem Argument: „Diese Operation ist schon so willkürlich, daß von einer wahren Interpretation gar nicht die Rede sein kann, denn das, was hier der Richter dem Gesetz hinzutun muß, kann durch dasselbe nicht objektiv geworden sein[125]." Er lehnt zwar die restriktive und extensive Auslegung ab, bejaht aber das Verfahren der Analogiebildung, obwohl dieses sehr nahe an die vorhin getadelte Operation grenzt, wie Savigny zugibt. Allein bei der extensiven und restriktiven Auslegung wird von außen etwas hinzugegeben, bei der Analogiebildung „aber die Gesetzgebung aus sich selbst ergänzt"[126].

---

[119] Ebenda, S. 19.
[120] Ebenda, S. 18 und 19.
[121] Ebenda, S. 19.
[122] Ebenda, S. 19.
[123] Ebenda, S. 19.
[124] Kriele, Theorie der Rechtsgewinnung 1967, S. 68.
[125] Savigny, Marburger Methodenlehre, S. 40 und S. 41. Savigny beschreibt das Verfahren der extensiven und restriktiven Auslegung so: „Man geht durch Aufsuchung eines bestimmten Grundes des Gesetzes aus und ergänzt und verständigt daher das Gesetz. Die im Gesetz ausgesprochene Regel sieht man als Schlußsatz an, den Grund des Gesetzes als Obersatz, und durch diesen modifiziert man nun den Schlußsatz, so daß dieser entweder weiter bestimmt werden muß — interpretatio extensiva — oder enger — interpretatio restriktiva."
[126] Ebenda, S. 42.

2. Die Methodenlehre im „System des heutigen Römischen Rechts"

Savigny unterscheidet hier strikt zwischen der Auslegung einzelner Gesetze und der Auslegung der Rechtsquellen im Ganzen. Die Auslegung einzelner Gesetze trennt er in zwei verschiedene Kategorien von Gesetzen, „dem Gesetz im gesunden Zustand" und „dem mangelhaften Gesetz"[127].

a) Die Auslegung von Gesetzen im „gesunden Zustand"

Savigny bezeichnet die Auslegung als eine freie Geistestätigkeit, als Kunst[128]. „Weil die Auslegung eine Kunst ist, läßt sie sich eben so wenig als irgend eine andere, durch Regeln mittheilen oder erwerben. Allein wir können durch die Betrachtung vorzüglicher Muster ergründen, worin die Trefflichkeit derselben liegt; dadurch aber werden wir unseren Sinn schärfen für das, worauf es bey der Auslegung ankommt, und unser Streben auf die rechten Punkte richten lernen. Dieses ... ist es, was wir hier, wie in jeder Kunst durch die Theorie zu gewinnen hoffen dürfen[129]."

Savignys Methodenlehre ist nicht Produkt des Rationalismus, sondern eines schöpferischen, „organischen" Weltverständnisses. Nach diesen einleitenden Sätzen über das „Wesen" der Gesetzesauslegung nennt Savigny ihr Ziel: „Jedes Gesetz ist dazu bestimmt, die Natur eines Rechtsverhältnisses festzustellen, also irgend einen Gedanken (sei er einfach oder zusammengesetzt) auszusprechen, wodurch das Dasein jenes Rechtsverhältnisses gegen Irrthum und Willkühr gesichert werde. Soll dieser Zweck erreicht werden, so müssen Die, welche mit dem Rechtsverhältniß in Berührung kommen, jenen Gedanken rein und vollständig auffassen. Dieses geschieht, indem sie sich in Gedanken auf den Standpunct des Gesetzgebers versetzen und dessen Thätigkeit künstlich in sich wiederholen, also das Gesetz in ihrem Denken von Neuem entstehen lassen. Das ist das Geschäft der Auslegung, die wir daher bestimmen können, als die Reconstruktion des dem Gesetze inwohnenden Gedankens[130]." Savigny bestimmt also die Auslegung von Gesetzen im „System" wie dreißig Jahre zuvor in der „Marburger Methodenlehre". Jedoch umfaßt sein Methodenkanon jetzt nicht mehr drei Elemente (logisch, grammatisch und historisch), sondern vier Elemente: ein grammatisches, ein logisches, ein historisches und ein systematisches[131].

---

127 Savigny, System I, S. 222.
128 Ebenda, S. 207.
129 Ebenda, S. 211.
130 Ebenda, S. 213 und 214.
131 Ebenda, S. 213.

„Das *grammatische Element* der Auslegung hat zum Gegenstand das Wort, welches den Übergang aus dem Denken des Gesetzgebers in unser Denken vermittelt. Es besteht daher in der Darlegung der vom Gesetzgeber angewendeten Sprachgesetze[132]."

„Das *logische Element* geht auf die Gliederung des Gedankens, also auf das logische Verhältniß zurück, in welchem die einzelnen Theile desselben zu einander stehen[133]." Hierunter versteht man heute die Ermittlung von Sinn und Zusammenhang der Begriffe. Savigny will dadurch den Blick vom einzelnen Satz auf den ihm umgebenden Kontext lenken[134].

„Das *historische Element* hat zum Gegenstand den zur Zeit des gegebenen Gesetzes für das vorliegende Rechtsverhältniß durch Rechtsregeln bestimmten Zustand. In diesen Zustand sollte das Gesetz auf bestimmte Weise eingreifen und die Art dieses Eingreifens, das was dem Recht durch dieses Gesetz neu eingefügt worden ist, soll jenes Element zur Anschauung bringen[135]." Die historische Auslegung in diesem Sinne bedeutet also in erster Linie Vergleich der Rechtszustände vor und nach Erlaß des auszulegenden Gesetzes mit dem Ziel, aus diesem Vergleich Anhaltspunkte zur Sinnerklärung zu finden. Sie ist weder Auslegung aus der Entstehungsgeschichte, noch Ermittlung des Willens des Gesetzgebers, noch Ermittlung der politischen, ökonomischen Gründe, die den Gesetzgeber veranlaßt haben, einzugreifen[136].

„Das *systematische Element* endlich bezieht sich auf den inneren Zusammenhang, welcher alle Rechtsinstitute und Rechtsregeln zu einer großen Einheit verknüpft. Dieser Zusammenhang, so gut als der historische, hat dem Gesetzgeber gleichfalls vorgeschwebt, und wir werden also seinen Gedanken nur dann vollständig erkennen, wenn wir uns klarmachen, in welchem Verhältniß dieses Gesetz zu dem ganzen Rechtssystem steht, und wie es in das System wirksam eingreifen soll[137]."

Der Erfolg jeder Auslegung hängt für Savigny von zwei Faktoren ab:

„erstlich, daß wir uns die geistige Thätigkeit, woraus der vor uns liegende einzelne Ausdruck von Gedanken hervorgegangen ist, lebendig vergegenwärtigen;

zweytens, daß wir die Anschauung des historisch-dogmatischen Ganzen, woraus dieses Einzelne allein Licht erhalten kann, in hinlänglicher Be-

---

[132] Ebenda, S. 213 und 214.
[133] Ebenda, S. 214.
[134] Kriele, Theorie der Rechtsgewinnung, S. 82.
[135] Savigny, System I, S. 214.
[136] Kriele, Theorie der Rechtsgewinnung, S. 83.
[137] Savigny, System I, S. 214.

reitschaft haben, um die Beziehungen desselben in dem vorliegenden Text sogleich wahrzunehmen[138]."

Savigny stellt keine starre Reihenfolge der jeweils anzuwendenden Interpretationsmethode auf: „Mit diesen vier Elementen ist die Einsicht in den Inhalt des Gesetzes vollendet. Es sind also nicht vier Arten der Auslegung, unter denen man nach Geschmack und Belieben wählen könnte, sondern es sind verschiedene Thätigkeiten, die vereinigt wirken müssen, wenn die Auslegung gelingen soll. Nur freylich wird bald die eine, bald die andere wichtiger seyn und sichtbarer hervortreten...[139]." Mit dieser gewandten, aber auch verschleiernden Formulierung verdeckt Savigny nur das Problem der jeweiligen Methodenwahl[140]. Er stellt keine Reihenfolgen der Methoden bei der Gesetzesauslegung auf und müßte deshalb eigentlich damit rechnen, daß die verschiedenen Methoden zu widersprechenden Ergebnissen führen. Dieses Problem sieht Savigny nicht oder will es nicht sehen.

b) Der Grund des Gesetzes und die Auslegung „mangelhafter Gesetze"

Savigny unterscheidet strikt den „Inhalt" des Gesetzes vom „Grund des Gesetzes". Den Inhalt des Gesetzes erfährt der Interpret, indem er sich den Standpunkt des Gesetzgebers zu eigen macht und dessen Tätigkeit in sich künstlich wiederholt, also das Gesetz in seinem Denken von Neuem entstehen läßt[141]. Hingegen liegt der Grund des Gesetzes, wie verwandt er auch dem Inhalt ist, streng genommen außerhalb des Verfahrens der Gesetzesauslegung[142]. Savigny wendet deshalb den Grund des Gesetzes bei der Gesetzesauslegung im „System" ähnlich wie in der „Marburger Methodenlehre" nur sehr zurückhaltend an. Unbedenklich ist seine Anwendung nur, wenn er im Gesetz selbst ausgesprochen wird. Savigny differenziert: Einmal gilt als „Grund die schon vorhandene höhere Rechtsregel, deren consequente Durchführung das gegenwärtige Gesetz herbeigeführt hat". Das andere Mal „gilt als Grund die Wirkung, die durch das Gesetz hervorgebracht werden soll, so daß der Grund von diesem Standpunkt aus, auch als Zweck oder Absicht des Gesetzes bezeichnet wird"[143]. Der Gesetzesgrund im letzteren Sinne hat also „eine objective aus dem Denken des Gesetzgebers heraustretende Natur"[144]. Insoweit stehen die Gesetzesgründe daher in

---

138 Ebenda, S. 215.
139 Ebenda, S. 215.
140 Engisch, Einführung in das juristische Denken, S. 82.
141 Savigny, System I, S. 213.
142 Ebenda, S. 217.
143 Ebenda, S. 217.
144 Ebenda, S. 220.

einem scharfen Gegensatz zu denjenigen Tatsachen, welche bloß ein subjektives Verhältnis zu dem Denken des Gesetzgebers haben. „Solchen subjectiven Beziehungen müssen wir selbst den beschränkten Gebrauch gänzlich absprechen, welcher den Gesetzesgründen so eben eingeräumt worden ist[145]." Savigny trennt also den Grund des Gesetzes, die ratio legis, von den Absichten des historischen Gesetzgebers.

Er befürwortet eine eingeschränkt anzuwendende objektive Auslegungstheorie[146].

c) Die Auslegung „mangelhafter Gesetze"

aa) Allgemeines

Nach Savigny genügen die vorstehenden Methoden der Auslegung — grammatisch, logisch, historisch und systematisch — nicht bei „mangelhaften Gesetzen". Diese liegen vor

a) bei *unbestimmtem Ausdruck* (heute würde man von Generalklauseln sprechen), „der also überhaupt keinen vollendeten Ausdruck führt" und

b) bei *unrichtigem Ausdruck*, „indem der von ihm unmittelbar bezeichnete Gedanke von dem wirklichen Gedanken des Gesetzes verschieden ist"[147].

Zur Auslegung „mangelhafter" Gesetze empfiehlt Savigny drei Hilfsmittel:

Das erste besteht in dem *inneren Zusammenhang* der Gesetzgebung. Er kann auf zweierlei Weise als Hilfsmittel der Auslegung bei mangelhaften Gesetzen benutzt werden: „Erstlich insofern der mangelhafte Theil eines Gesetzes aus einem anderen Theil desselben Gesetzes erklärt wird, welches die sicherste unter allen Erklärungsweisen ist: zweytens durch Erklärung des mangelhaften Gesetzes aus anderen Gesetzen[148]."

Das zweite ist der *Grund des Gesetzes*. Er kann gleichfalls ein Hilfsmittel zur Auslegung des mangelhaften Gesetzes sein, „jedoch nicht so

---

[145] Ebenda, S. 220 und 221.
[146] Nach Larenz ist Savigny weder der objektiven noch der subjektiven Theorie zuzuordnen, da er weder den psychologisch zu verstehenden „Willen" des historischen Gesetzgebers, noch er den der objektiven Auslegungstheorie Bindings, Wachs und Kohlers zugrundeliegenden rationalistischen Gesetzesbegriff kennt. (Larenz, Methodenlehre der Rechtswissenschaft, 3. Auflage 1975, S. 16 Anm. 4.) Die h. L. sieht hingegen in Savigny einen Vertreter der subjektiven Theorie, siehe Engisch, Einführung in das juristische Denken, S. 88.
[147] Savigny, System I, S. 222.
[148] Ebenda, S. 223.

bedingt, als der Zusammenhang der Gesetzgebung. Vielmehr wird seine Anwendbarkeit abhängen von dem Grade der Gewißheit, womit wir ihn erkennen, und von dem Grade seiner Verwandtschaft zu dem Inhalt"[149].

Das dritte aber, der *innere Wert des Resultats*, ist unter allen Hilfsmitteln das gefährlichste, „indem dadurch am leichtesten der Ausleger die Grenzen seines Geschäfts überschreiten und in das Gebiet des Gesetzgebers hinüber greifen wird. Daher kann dieses Hülfsmittel lediglich bei der Unbestimmtheit des Ausdrucks angewendet werden, nicht zur Ausgleichung des Ausdrucks mit dem Gedanken"[150].

bb) Die Auslegung eines unbestimmten Ausdrucks

Die Entstehung eines unbestimmten Ausdrucks kann, so Savigny, „gegründet seyn in einem unklaren Gedanken, oder in einer unvollkommenen Herrschaft über den Ausdruck, oder auch in beiden Umständen zugleich"[151]. Er fährt fort: „Für den Ausleger ist diese Entstehung gleichgültig, denn für ihn ist das Bedürfniß der Abhülfe stets gleich dringend und unabweislich, da das Gesetz in dieser Gestalt zur Feststellung einer Rechtsregel untauglich ist[152]." Hilfsmittel für die Konkretisierung des unbestimmten Ausdrucks sind die voranstehend angegebenen drei Methoden. „Zuerst also ist wo möglich die Unbestimmtheit aufzuheben durch den Zusammenhang der Gesetzgebung, und wo dieses Mittel ausreicht, wird jedes andere als weniger sicher, und zugleich als überflüssig ausgeschlossen[153]." Zweitens kommt zu diesem Zweck der Grund des Gesetzes in Betracht[154]. „Drittens endlich kann die Unbestimmtheit aufgehoben werden durch die Vergleichung des innern Werthes desjenigen Inhalts, der durch die eine und die andere an sich mögliche Erklärung dem Gesetze zugeschrieben wird[155]."

cc) Die Berichtigung eines unrichtigen Ausdrucks

Von einem unrichtigen Ausdruck wird heute nur bei Vorliegen eines redaktionellen Versehens des Gesetzgebers gesprochen. Für Savigny besteht der zweite denkbare Mangel eines Gesetzes „in der Unrichtigkeit des Ausdrucks, indem dieser zwar unmittelbar einen bestimmten

---

149 Ebenda, S. 224.
150 Ebenda, S. 225.
151 Ebenda, S. 227.
152 Ebenda, S. 227.
153 Ebenda, S. 228.
154 Ebenda, S. 228.
155 Ebenda, S. 229.

und anwendbaren Gedanken bezeichnet, aber einen solchen, der von
dem wirklichen Gedanken des Gesetzes verschieden ist. Bey diesem
inneren Widerspruch der Elemente des Gesetzes entsteht die Frage,
welchen derselben wir den Vorzug geben sollen. Da nun der Ausdruck
bloßes Mittel ist, der Gedanke aber der Zweck, so ist es unbedenklich,
daß der Gedanke vorgezogen, der Ausdruck also nach ihm berichtigt
werden muß"[156].

Die Berichtigung des unrichtigen Ausdrucks geschieht entweder durch
eine *ausdehnende Auslegung,* wenn der Ausdruck weniger enthält als
der Gedanke, oder durch eine *einschränkende,* wenn der Ausdruck mehr
als der Gedanke enthält[157].

Hier bejaht also Savigny die extensive und restriktive Auslegung
im Gegensatz zu seiner „Marburger Methodenlehre", wo er diese Art
von Auslegung für ein willkürliches Verfahren hält, das dem Richter
die Aufgabe des Gesetzgebers zuweisen würde[158].

Das Problem bei der extensiven oder restriktiven Auslegung besteht
nun darin, den wahren Gedanken des Gesetzes zu finden. Zur Lösung
dieses Problems empfiehlt Savigny, die beiden Auslegungsmethoden
„aus dem inneren Zusammenhang der Gesetzgebung" und — mit Einschränkung — den „Grund des Gesetzes" anzuwenden[159]. Hingegen darf
das dritte oben angegebene Hilfsmittel, der innere Wert des Resultats,
auf die Erkenntnis und Verbesserung des unrichtigen Ausdrucks niemals angewendet werden, denn so lautet Savignys Begründung: „Es ist
einleuchtend, daß darin nicht eine Ausgleichung des Ausdrucks mit dem
Gedanken, sondern eine versuchte Verbesserung des Gedankens selbst
enthalten seyn würde. Dieses kann als Fortbildung des Rechts heilsam
sein, von einer Auslegung kann es nur den Namen an sich tragen[160]."

3. Die Auslegung der Rechtsquellen im Ganzen

Savigny trennt scharf zwischen der Auslegung einzelner Gesetze und
der Auslegung der Rechtsquellen im Ganzen. Wenn die Rechtsquellen
— hierzu zählt er die Gesetze, das Gewohnheitsrecht und das wissenschaftliche Recht — zusammengenommen zur Entscheidung einer Rechtsfrage nicht ausreichen, fordert er die Ausfüllung dieser Lücke nicht mit
Mitteln des Naturrechts, wie viele Juristen des 18. Jahrhunderts es
taten, sondern mit Hilfe der Ergänzung des positiven Rechts aus sich

---

[156] Ebenda, S. 230.
[157] Ebenda, S. 231.
[158] Savigny, Marburger Methodenlehre, S. 39 und 40.
[159] Savigny, System I, S. 232 und 233.
[160] Ebenda, S. 240.

selbst. Das Verhältnis der durch dieses Verfahren gefundenen Rechtssätze zu dem gegebenen positiven Recht nennt er die *Analogie*. Mit ihr ist die wahrgenommene Lücke auszufüllen[161].

Für Savigny beruht jede Anwendung der Analogie „auf der inneren Consequenz des Rechts: nur ist diese nicht immer eine bloß logische Consequenz, sondern zugleich eine organische, die aus der Gesammtanschauung der praktischen Natur der Rechtsverhältnisse und ihrer Urbilder hervorgeht"[162]. In der Marburger Methodenlehre spricht Savigny noch nicht von der Ableitung von Rechtsinstituten und Rechtsverhältnissen, sondern nur von allgemeinen Regeln als Basis des Analogieverfahrens[163].

Die Rechtsfindung durch Analogie kann sowohl vorkommen als Anstoß zur Fortbildung des Rechts, wo sie mit größter Freiheit geübt werden kann, als auch als eine Art reiner Auslegung, etwa indem einem Richter zuerst das neue Rechtsverhältnis oder die neue Rechtsfrage zur Entscheidung vorgelegt wird[164]. Der Analogiebegriff Savignys ist schwammig und unklar. Savigny verweist nur auf die innere Verwandtschaft der Rechtssätze. Wann aber diese „Verwandtschaft" vorliegen soll, verschweigt er. Mit dem Analogieverfahren eröffnet er der Rechtsfortbildung ein weites Feld.

4. Abschlußbemerkung zur Methodenlehre

Savigny unterscheidet strikt die Auslegung von einzelnen Gesetzen und die Auslegung der Rechtsquellen im Ganzen. Seine Methode der Gesetzesauslegung ist von rigoroser Strenge und läßt keine Rechtsfortbildung zu. Für die Auslegung der Rechtsquellen im Ganzen gelten andere Gesichtspunkte. Hier beginnt eine „organische" Rechtsfortbildung. Er hält es für selbstverständlich, jedem Richter die Auslegung von Gesetzen freizugeben, wodurch er sich wohltuend von den Autoren des ALR unterscheidet; die Rechtsfortbildung hingegen, die „nur aus Auslegung und eigentlicher Fortbildung des Rechts oft sehr zweifelhaft Mißverständnis für Auslegung gehalten" werden kann, ist ihm in der

---

[161] Ebenda, S. 291: Die Rechtsfindung durch Analogie kommt in zwei Stufen vor. Erstens, wenn „ein neues bisher unbekanntes Rechtsverhältniß erscheint, für welches daher ein Rechtsinstitut, als Urbild, in dem bisher ausgebildeten positiven Recht nicht enthalten ist. Hier wird ein solches urbildliches Rechtsinstitut, nach dem Gesetz innerer Verwandtschaft mit schon bekannten, neu gestaltet werden. Zweitens, und viel häufiger, kommt die Rechtsfindung durch Analogie vor, wenn in einem schon bekannten Rechtsinstitut eine einzelne Rechtsfrage neu entsteht. Diese wird zu beantworten seyn nach der inneren Verwandtschaft der diesem Institut angehörenden Rechtssätze."

[162] Ebenda, S. 292.

[163] Savigny, Marburger Methodenlehre, S. 41 und 42.

[164] Savigny, System I, S. 291 und 292.

Regel zu versagen. „Da jedoch im Einzelnen die Grenze zwischen reiner Auslegung und eigentlicher Fortbildung des Rechts oft sehr zweifelhaft sein kann", fordert Savigny, „daß irgend eine hochstehende Gewalt vorhanden sey, in welcher beide Befugnisse vereinigt angetroffen werden ...“[165]. Diese Aufgabe, die Rechtsfortbildung durchzuführen, könnte einem obersten Gericht unbedenklich anvertraut werden[166].

Grund dieser knappen, rigorosen Methodenlehre könnte folgendes sein: Savigny benutzte seine Methodenlehre als Kampfmittel gegen die Kodifikationsidee. Denn nach seiner Meinung schloß eine Kodifikation eine Rechtsfortbildung aus. Man denke nur an das Auslegungsverbot im ALR. Damit glaubte Savigny ein wirksames Argument gefunden zu haben, das auch seine progressiv eingestellten liberalen Gegner ansprach[167].

V. Savignys Vorläufer in seiner Sicht

Es wird an dieser Stelle nicht untersucht, wer objektiv zu den Wegbereitern der Historischen Rechtsschule gehört. Diese Frage soll erst in dem abschließenden Kapitel über den wissenschaftsgeschichtlichen Kontext, in dem Savigny stand, beantwortet werden. Hier interessiert nur, wen Savigny subjektiv als Vorläufer seiner organologischen Rechtslehre ansieht, auf wen er sich in seinen Büchern und Briefen bezieht.

Es sind drei Personen, die Savigny im „Beruf" als Wegbereiter der Historischen Rechtsschule ansieht, nämlich Möser, Rehberg und Gustav Hugo.

An Möser lobt Savigny dessen historischen Sinn. „Hohe Ehre gebührt auch hierin dem Andenken Mösers, der mit großartigem Sinn überall die Geschichte zu deuten suchte, oft auch in Beziehung auf bürgerliches Recht; daß dieses Beyspiel den Juristen größtentheils unbemerkt geblieben ist, war zu erwarten, da er nicht zünftig war und weder Vorlesungen gehalten, noch Lehrbücher geschrieben hat[168]."

Rehbergs Kritik am Code Napoleon übernimmt Savigny im „Beruf" und verteidigt sie gegen eine kritische Rezension Thibauts[169]. Rehbergs Schrift „Über den Code Napoleon" von 1814 leitete den Kodifikationsstreit zwischen Thibaut und Savigny ein.

Das größte Lob aber läßt er Gustav Hugo zuteil werden. Über dessen Römische Rechtsgeschichte schreibt er 1806: „Bei dem vorliegenden

---

[165] Ebenda, S. 329 und 330.
[166] Ebenda, S. 330.
[167] Kriele, Theorie der Rechtsgewinnung, S. 72 und 73.
[168] Savigny, Beruf, S. 15.
[169] Ebenda, S. 44, 55, 57 und 112.

Werke liegt eine höhere Idee zum Grunde, nach welcher die ganze Rechtswissenschaft selbst nichts anderes ist, als Rechtsgeschichte... Diese Ansicht, die würdigste, die für unsere Wissenschaft gefaßt werden kann, liegt bei unserem Werke nicht bloß gedacht zum Grunde, sondern (was weit mehr werth ist) sie ist durch das ganze Werk in so lebendiger Ausführung verbreitet... Durch das ganze Werk erscheint ein Geist, der sich in dem Studium der besten Historiker aller Nationen gebildet hat[170]." Deshalb ist Hugo für Savigny auch der Stifter der Historischen Rechtsschule in Deutschland[171]. In Briefen an Heise[172] und Bang[173] bezeichnet sich Savigny als Schüler Hugos. In seiner Laudatio „Der zehente Mai 1788" zum fünfzigjährigen Doktorjubiläum feiert er Hugo als großen Reformer und Lehrer der Rechtswissenschaft: „Das Meiste und Beste von Dem, was Hugo als Reform in unserer Wissenschaft wollte, hat er vollständig erreicht... Dasjenige also, was bei Seinem ersten Auftreten als Neuerung erschien, und hier bei Vielen Anstoß erregte, ist seitdem unvermerkt Gemeingut geworden... Zwar bin ich nicht unter seinen Zuhörern gewesen. Seine Schriften aber haben auf mich gewirkt, belehrend, anregend zu eigenem Denken und Forschen wie keine anderen[174]."

VI. Die politischen Ansichten

Savigny hat nie einer politischen Partei angehört, er lehnte vielmehr alles Parteiwesen ab[175]. Dennoch war er alles andere als ein Dilettant oder ein unpolitischer Kopf[176]. In der rechtshistorischen Literatur streitet man sich darüber, ob man ihn als Konservativen oder sogar als

---

[170] Savigny, Vermischte Schriften, Bd. 5 (1850), S. 2 u. 3. Lobend geht Savigny auf Hugos Römische Rechtsgeschichte auch in der „Marburger Methodenlehre" ein: „Nur Hugos Rechtsgeschichte ist ein gutes Muster" (ebenda, S. 33).

[171] Brief an K. A. D. Unterholzner vom 15. November 1810, abgedruckt in „Savigny und Unterholzner, vierundzwanzig Briefe von F. K. von Savigny" aus dem Nachlaß K. A. D. Unterholzners, herausgegeben von Alfred Vahlen, 1941.

[172] Stoll I, S. 510, Brief vom 8. September 1810. Savigny spricht in dem Brief von seiner Berufung nach Berlin: „Von drey Männern habe ich mir Collegenschaft gewünscht, von Hugo, Haubold und Ihnen. Von Hugo wegen seines Namens, seiner Methode, zu welcher wir uns beide als Schüler bekennen und seines originellen, geistreichen Wesens."

[173] Stoll II, S. 445, Brief vom 20. Dezember 1831: „So ist für mich entscheidend gewesen das Jugendfeuer, womit Weis seine Bücherliebhaberey trieb; dann das Wesen von einigen Sachen Hugos, nicht was ich daraus gelernt habe, sondern durch die Art und Behandlung."

[174] Savigny, Vermischte Schriften, Bd. 4 (1850), S. 206 und 207.

[175] Das berichtet Bethmann-Hollweg, ein Schüler Savignys, in Zeitschrift für Rechtsgeschichte, Bd. VI, S. 70.

[176] Hattenhauer, Einleitung zu Thibaut und Savigny, 1973, S. 46.

Reaktionär bezeichnen muß[177]. Feststeht auf jeden Fall, daß er ein Gegner der Französischen Revolution und des Liberalismus war. 1799 schreibt er an seinen Jugendfreund Constantin von Neurath: „Sieh doch hin nach Paris, von wo die Herrschaft der Philosophie ausgehen sollte, und merke auf die Handlungen der schreyendsten Ungerechtigkeit[178]." Savigny drückt in demselben Brief die Hoffnung aus, daß der Geist der gewaltsamen Revolution erloschen ist, der einen so hohen Preis an Blut gekostet hat[179]. Er spricht von der Trostlosigkeit der Aufklärung, „die den politischen wie den religiösen Glauben wankend gemacht hat"[180]. Die Französische Revolution war ein Fluch für ihn[181]. Ihr Produkt, den Code Napoleon, das erste Gesetzbuch einer bürgerlichen Gesellschaft, vergleicht Savigny mit einem Krebsgeschwür[182]. Seine Angst vor Revolutionen zeigt sich deutlich in einem Brief an Eichhorn aus dem Jahre 1830: „Man muß auf den Untergang aller Verhältnisse, die uns erfreulich sind und Sicherheit gewähren, gefaßt sein, und alles, was sich erhält, als ein Geschenk betrachten. Daß unser ruhiges Deutschland der Schauplatz von Unruhen geworden ist, während noch Italien still bleibt, gereicht mir zur nationalen Beschämung ... Aus mehreren Dörfern, gegen welche ich Weide-servituten habe, sind Deputierte zu meinem Geschäftsführer gekommen und haben Verzichtleistung auf meine Rechte gefordert mit der Drohung, sonst mein Gut zu demolieren[183]."

Savigny lehnt die Ideen des Liberalismus, wie beispielsweise die Lehre vom Gesellschaftsvertrag[184] und von der repräsentativen Demokratie[185] ab. Die Letztere ist für ihn eine leere Fiktion[186]. Bei den Mitgliedern der Ständeversammlungen in Süddeutschland überwiegt nach dem Urteil Savignys „Krähwinkeley und leeres unpraktisches Ge-

---

[177] Siehe dazu Wilhelm, Juristische Methodenlehre im 19. Jahrhundert, S. 40 und 41 und Wieacker, SZ Rom. Abt. 72, S. 15.

[178] Stoll I, S. 70.

[179] Ebenda, S. 70.

[180] Savigny, Zeitschrift für geschichtl. Rechtswissenschaft, III (1817), S. 21.

[181] Savigny, Beruf, S. 57.

[182] Ebenda, S. 2.

[183] Abgedruckt in Stintzing / Landsberg III, 2. Halbband, Anmerkungsband, S. 109.

[184] Savigny, System I, S. 29. Savigny schreibt: „Ferner ist es eine höchst verbreitete Ansicht, nach welcher die Staaten durch Willkühr der Einzelnen, also durch Vertrag, entstanden seyn sollen, welche Ansicht in ihrer Entwicklung auf eben so verderbliche als verkehrte Folgen geführt hat."

[185] Ebenda, S. 31.

[186] Ebenda, S. 31.

schwätz ohne Würde"[187]. Die Gedanken des Liberalismus enthalten nur ein trauriges, trostloses ABC[188].

Illiberales, ja antisemitisches Verhalten zeigt Savigny bei der Frage der Judenemanzipation, die er mit der folgenden Begründung ablehnt: „Die Juden sind und bleiben uns ihrem Wesen nach Fremdlinge, und dieses zu verkennen, konnte uns nur die unglückseligste Verwirrung politischer Begriffe verleiten; nicht zu gedenken, daß diese bürgerliche und politische Gleichstellung, so menschenfreundlich sie gemeynt sein mag, dem Erfolg nach nichts weniger als wohlthätig ist, indem sie nur dazu dienen kann, die unglückselige Nationalexistenz der Juden zu erhalten und wo möglich noch auszubreiten[189]."

Trotz seiner Feindschaft dem Liberalismus gegenüber, kann man Savigny schwerlich in der damaligen politischen Landschaft als Reaktionär bezeichnen. Im Atheismusstreit um Fichte 1798/1799 ergreift er Partei für die individuelle Freiheit des Philosophen[190]. Um Revolutionen zu verhindern, tritt Savigny für gemäßigte Reformen ein, die von dem „innern Heiligthum des Geistes ausgehen" müssen[191].

Auch in der restaurativen Phase der preußischen Geschichte — nach den Karlsbader Beschlüssen — gehörte Savigny nicht den Ultras um das Berliner Wochenblatt an[192]. Er wendet sich vielmehr im „System" gegen Haller, der mit seinem Buch „Restauration der Staatswissenschaften" die ideologische Rechtfertigung für Unterdrückung, Zensur und Bespitzelung in Preußen von 1819 - 1840 lieferte. „Ganz verwerflich aber, ja abentheuerlich ist es, wenn man versucht hat, solche störende und sittliche Kraft prüfende Anomalien als die wahre Entstehung der Staaten darzustellen, und darin die einzig mögliche Rettung zu suchen vor der gefährlichen Lehre, welche die Staaten durch den willkührlichen Vertrag ihrer einzelnen Mitglieder entstehen läßt. Bey diesem Rettungsversuch ist es schwer zu sagen, welches von beiden bedenklicher ist, die Krankheit oder das Heilmittel[193]."

Einen gemäßigt liberalen Standpunkt bezieht Savigny in den Fragen der Universitätsreform[194] und der Reform der Preußischen Städteordnung von 1832[195]. Savigny verteidigt die kommunale Selbstverwaltung

---

187 Stoll II, S. 421.

188 Ebenda, S. 421.

189 Savigny, Zeitschrift für geschichtliche Rechtswissenschaft, III, S. 23 und 24.

190 Stoll I, S. 84.

191 Ebenda, S. 70.

192 Stintzing / Landsberg, III, 2. Halbband, S. 242.

193 Savigny, System I, S. 32.

194 Savigny, Vermischte Schriften, Bd. 4, S. 255 ff.

195 Savigny, Vermischte Schriften, Bd. 5, S. 183 ff.

gegen den Widerstand vieler Konservativer. Er setzt sich vielmehr für
ihre Beibehaltung und Ausdehnung mit folgenden Argumenten ein:
„Gerade in dem Communalwesen aber ist es, wo jene demokratischen
Elemente mehr, als anderswo, naturgemäß und heilsam ihre Wirksamkeit äußern werden[196].“ „Auch die Einführung freier Städteverfassungen
kann in dieser besonderen Lage des Augenblicks keinen Gegengrund
finden; vielmehr möchte eine immer vollständigere Entwicklung ihres
Princips räthlich gefunden werden[197].“ Allerdings darf die Selbstverwaltung der Städte und Gemeinden nicht dazu führen, „den niederen
Classen einen größeren Einfluß zu verschaffen"; denn „ein solcher Einfluß wird... gewiß nicht zum Vortheil des Ganzen gereichen"[198]. Das
Interesse der niederen Klassen „wird zuverlässig durch Andere besser,
als durch sie selbst besorgt, und jeder Zuwachs an Einfluß, den sie
erhalten, wird gewiß nicht von ihnen genutzt, sondern von Solchen,
denen sie bewußtlos als Werkzeug dienen"[199]. Mit diesen Sätzen liefert
Savigny eine antizipierte Begründung für das spätere Drei-Klassen-
Wahlrecht in Preußen.

In der Zeit der Demagogenverfolgung, der Zensur und der Bespitzelung in Preußen fordert Savigny vorsichtig Wissenschafts- und Lehr-
freiheit. Die Überwachung von Vorlesungen berührte auch seine Interessen als Hochschullehrer. Deshalb schreibt er: „Den Lehrern ist die
Wahl der einzelnen Lehrgegenstände, so wie die Einrichtung ihrer
Vorlesungen mit fast unbeschränkter Freiheit überlassen, und eben so
den Schülern die Wahl der Lehrer und der Vorlesungen, die sie be-
suchen wollen. Durch diese Freiheit kommt die Ehre in das Lehrver-
hältniss, und Wetteifer, und durch sie wird jeder Verbesserung der
Wissenschaft in Form oder Inhalt der unmittelbare Einfluß auf den
Unterricht der Universitäten gesichert[200].“

Savignys konservatives politisches Glaubensbekenntnis zeigt sich bei
seiner Bestimmung des Begriffs der politischen Freiheit: „Was zur
geistigen Entwicklung des Menschen gehört, kann nur in voller Freyheit gedeihen, und was dieser Freyheit entgegenwirkt, ist despotisch
oder unrecht; es kann augenblicklich einer Regierung durch die erhöhte
Willkür der Gewalt schmeicheln, aber es rächt sich schwer durch Er-
tötung der geistigen Kraft des Volkes, auf welcher zuletzt die Stärke
der Regierung beruht[201].“

196 Ebenda, S. 208.
197 Ebenda, S. 218.
198 Ebenda, S. 218.
199 Ebenda, S. 218.
200 Savigny, Vermischte Schriften, Bd. 4, S. 286.
201 Savigny, Zeitschrift für geschichtliche Rechtswissenschaft I, S. 386.

B. Savignys Charakteristik
der „Nichthistorischen" Rechtsschule

Ausgangspunkt des rechtswissenschaftlichen Denkens Savignys ist, daß die Rechtswissenschaft im 18. Jahrhundert in einer Krise steckt. So schreibt er in einer Laudatio zu Hugos fünfzigjährigem Doktorjubiläum: „Daß zu jener Zeit die Rechtswissenschaft nicht wenig herunter gekommen war in Vergleichung mit früheren Zeiten, konnte leicht verkannt werden... Denn auch wer Nichts von juristischen Dingen verstand, konnte doch wahrnehmen, daß die Rechtswissenschaft, im Verhältniß zu anderen Gebieten geistiger Thätigkeit, ungleich geringeres Ansehen, als früher, genoß; gerade dieses aber ist das sicherste Kennzeichen, daß Lehrer und Schriftsteller das ihnen zur Bewahrung und Vermehrung anvertraute Gut versäumt haben müssen[1]." An anderer Stelle wehrt sich Savigny gegen die Behauptung Gönners, die dieser in seinem polemischen Buch „Über Gesetzgebung und Rechtswissenschaft in unserer Zeit" (1815) verbreitet hatte, das 18. Jahrhundert wäre reich an großen Juristen gewesen, wie z. B. Crell, Nettelbladt und Claproth. Dagegen wendet sich Savigny mit der Frage: „Waren aber in der That viele deutsche Juristen so sehr große Männer, wie kommt es doch, daß gerade in dieser Zeit die Jurisprudenz selbst im Verhältniß zu anderen Wissenschaften so sehr in der allgemeinen Meynung heruntergekommen war, und fast in Knechtsgestalt einher trat, anstatt daß sie in früheren besseren Zeiten in so hoher Achtung gestanden hätte[2]?" Savigny fährt fort: „Ich kenne aber in der That keinen unter den Jetztlebenden, der sich jemals mit den großen Juristen des sechzehnten Jahrhunderts, wie z. B. Cujaccius, den beyden Pithon, Augustinus usw. hätte vergleichen wollen[3]." Interessant ist, daß Savigny hier bei seiner Kritik an dem Zustand der Jurisprudenz des 18. Jahrhunderts personengeschichtlich vorgeht und nicht methodenkritisch. Erst große Juristen machen also in seinen Augen die wahre Rechtswissenschaft.

In dem Einleitungsaufsatz des 1. Bandes der Zeitschrift für geschichtliche Rechtswissenschaft führt Savigny die verschiedenen Ansichten und Methoden der Bearbeitung der Rechtswissenschaft auf zwei Hauptrichtungen zurück, denen er den Namen geschichtliche und ungeschicht-

---

[1] Savigny, Vermischte Schriften, Bd. 4, „Der zehente Mai 1788", S. 196.
[2] Savigny, Zeitschrift für geschichtliche Rechtswissenschaft I, S. 393.
[3] Ebenda, S. 392.

liche Schule gibt. Unter der „Nichthistorischen Rechtsschule", deren Ideen er ablehnt und bekämpft, faßt er die Naturrechtler, Systematiker und Anhänger der pragmatischen Geschichtsschreibung mit Ausnahme von Gustav Hugo zusammen.

Auf Savignys Verhältnis zum Naturrecht bin ich schon eingegangen (Seite 42). Nun wäre seine Kritik an den bisherigen Versuchen juristischer Systembildung und an der pragmatischen Geschichtstheorie nachzuzeichnen.

In der „Marburger Methodenlehre" unterscheidet Savigny zwei fehlerhafte Verfahren der juristischen Systematik. Diese bleiben entweder unter dem wahren System stehen oder erheben sich darüber[4]. Die erste Art der mangelhaften Systembildung, auf die Savigny hinweist, ist diejenige, die unter dem wahren System stehen bleibt, „d. h. die Mannigfaltigkeit, daß was in einem System vereinigt werden soll", besitzt, der aber die Vereinigung nicht gelingt[5]. Diese Juristen werden von der Menge des historischen „Rechtsstoffs" überwältigt und können daher ihn nicht systematisch verarbeiten. Ihnen gelingt es nicht, den inneren Zusammenhang der Rechtssätze, Rechtsverhältnisse und Rechtsinstitute herzustellen. Sie bilden nur ein klassifikatorisches System. Zweitens wendet sich Savigny gegen die dogmatischen Versuche, „die sich über das wahre System erheben, d. h. die mehr oder weniger eine Einheit zu bewirken streben, in der aber das Mannigfaltige fehlt"[6]. Er fügt hinzu: „Man nennt solche Juristen gewöhnlich philosophische Juristen, weil sie sich zuviel von der Willkür leiten lassen, eine Art von Revolution gegen die Gesetzgebung" begehen[7]. Die zweite Fehlerquelle juristischer Systematik ist also das Fehlen des historisch überlieferten Rechts, das dann zu einem System geordnet werden muß. An die Stelle des historischen, d. h. positiven Rechts traten philosophische Spekulationen, ein Verfahren, das für Savigny zu sehr der von ihm abgelehnten Naturrechtslehre ähnlich ist.

Savigny verwirft die pragmatische Geschichtsschreibung; an ihre Stelle setzt er die genetische Methode. Die Merkmale der pragmatisch-historischen Methode sind der Bezug auf die Kausalkette, die Anerkennung der Individuen als der einzig wahren, d. h. empirisch nachweisbaren Ursachen, und die Betrachtung dieser Individuen nicht aus dem Gesichtspunkt von bewußt in ihnen wirksamen Kräften, sondern von Absicht, Plan, kurz von verstandesmäßigen Tätigkeiten, welche vornehmlich im eigenen Interesse gegründet ist. Die pragmatische Ge-

---

[4] Savigny, Marburger Methodenlehre, S. 35.
[5] Ebenda, S. 35 und 36.
[6] Ebenda, S. 36 und 37.
[7] Ebenda, S. 37.

schichtsschreibung will dem lebenden Menschen von Nutzen sein. Sie will ihn belehren über die Beweggründe der handelnden Personen, der Parteien und der religiösen Massen[8]. Die pragmatische Geschichtstheorie enthält ein normatives Element. Die Geschichte ist, wie Savigny mit abwertendem Unterton sagt, eine „moralisch-politische Beispielssammlung"[9]. Man kann daher aus ihr lernen.

Savigny kritisiert an der pragmatischen Geschichtsschreibung ihr aufklärerisches Erbe, ihren Glauben an die Herrschaft der Vernunft im Menschen und ihre allseitigen Reformbemühungen[10]. Pragmatisches Geschichtsdenken ist für ihn in Wirklichkeit kein historisches Denken. Dieses vollzieht sich nur mit Hilfe der genetischen Methode.

Der Unterschied zwischen geschichtlicher und ungeschichtlicher Richtung in der Rechtswissenschaft zeigt sich für Savigny bei der Frage der Gesetzgebung, der Tätigkeit des Richters und der wissenschaftlichen Behandlung des positiven Rechts[11].

Savigny charakterisiert die ungeschichtliche Schule im Kontrast zu der geschichtlichen: „Die geschichtliche Schule nimmt an, der Stoff des Rechts sey durch die gesamte Vergangenheit der Nation gegeben, doch nicht durch Willkühr, so daß er zufällig dieser oder ein anderer seyn könnte, sondern aus dem innersten Wesen der Nation selbst und ihrer Geschichte hervorgegangen. Die besonnene Thätigkeit jedes Zeitalters aber müsse darauf gerichtet werden, diesen mit innerer Nothwendigkeit gegebenen Stoff zu durchschauen, zu verjüngen und frisch zu erhalten[12]." Die ungeschichtliche Schule hingegen nimmt an, „das Recht werde in jedem Augenblick durch die mit der gesetzgebenden Gewalt versehenen Personen mit Willkühr hervorgebracht, ganz unabhängig von dem Rechte der vorhergehenden Zeit und nur nach bester Überzeugung, wie sie der gegenwärtige Augenblick gerade mit sich bringe"[13]. Savigny wirft der unhistorischen Schule vor, sie würde auf die Anwendung der historischen Methode in der Rechtswissenschaft letztlich verzichten, da Geschichte für sie nicht integrierter Bestandteil, sondern nur Hilfswissenschaft der positiven Rechtswissenschaft sei[14].

Geistesgeschichtlicher Hintergrund der „Nichthistorischen" Rechtsschule ist, daß sie bei der allgemeinen Frage nach dem Verhältnis von

---

8 Dilthey, Gesammelte Schriften, Bd. 3, 1927, Das achtzehnte Jahrhundert und die geschichtliche Welt, S. 265 und 266.

9 Savigny, Zeitschrift für geschichtliche Rechtswissenschaft I, S. 3.

10 Ebenda, S. 3.

11 Ebenda, S. 6 und 7.

12 Ebenda, S. 6.

13 Ebenda, S. 6.

14 Ebenda, S. 3.

Vergangenheit und Gegenwart auf die Eigenständigkeit des Verstandes und damit eng verbunden der menschlichen Entscheidungsfreiheit vertraut und auf deren Selbständigkeit der Geschichte gegenüber baut. Die Aufklärung hatte nämlich ausdrücklich gelehrt, „daß jedes Zeitalter sein Daseyn, seine Welt frey und willkührlich hervorbringe, gut und glücklich, oder schlicht und unglücklich, je nach dem Maaße seiner Einsichtung und Kraft"[15].

Nach der Lehre der Historischen Rechtsschule gibt es jedoch „kein vollkommen einzelnes und abgesondertes Daseyn, vielmehr, was als einzeln angesehen worden, ist von anderer Seite betrachtet, Glied eines höheren Ganzen". Nicht jedes Volk „bringt für sich und willkührlich seine Welt hervor, sondern es thut dieses in unauflöslicher Gemeinschaft mit der ganzen Vergangenheit. Dann muß also jedes Zeitalter etwas Gegebenes anerkennen"[16].

Aufgabe der sich anschließenden Kapitel ist es, die Methodendiskussion vor der Gründung der Historischen Rechtsschule zu verfolgen und zu prüfen, ob es

1. eine ungeschichtliche Schule in der von Savigny beschriebenen Art und Weise gegeben hat und

2. ob die alleinige Inanspruchnahme der Bezeichnung „geschichtlich" für die Historische Rechtsschule durch Savigny rechtens war.

---

[15] Ebenda, S. 3.
[16] Ebenda, S. 3.

C. Die programmatischen Aussagen und Forderungen, der an der Diskussion um die Reform der Rechtswissenschaft teilnehmenden Juristen (1780—1815)

Savigny faßt die Juristen des ausgehenden 18. und des beginnenden 19. Jahrhundert, die sich nicht der Historischen Rechtsschule anschlossen, unter dem Namen „ungeschichtliche Rechtsschule" zusammen[1]. Diese Bezeichnung ist jedoch m. E. zu undifferenziert. Es lassen sich an Hand der unterschiedlichen methodologischen Bestrebungen vier verschiedene Strömungen in der Jurisprudenz von 1780 - 1815 erkennen:

1. Die elegante oder antiquarische Jurisprudenz. Ihre Tätigkeit besteht nur in Quellenforschung, Textkritik und äußerer Rechtsgeschichte.

2. Die naturrechtlich-systematische Richtung der Traditionalisten. Ihre konstitutiven Merkmale sind:
   a) die systematisch-deduktive Methode als wichtigste Methode zur Bearbeitung der Rechtswissenschaft,
   b) ein materiales Naturrechtsverständnis,
   c) die Abhängigkeit der positiven Rechtswissenschaft vom Naturrecht,
   d) das Beharren auf dem methodologischen Status quo der Rechtswissenschaft Ende des Jahrhunderts, der Reformunwille,
   e) Philosophie und Geschichte sind Hilfswissenschaften der positiven Rechtswissenschaft und nicht deren integrierte Bestandteile.

3. Die Göttinger Rechtsschule.
   Ihre Unterscheidungskriterien sind:
   a) biographischer Art; Reitemeier, Hufeland und Hugo waren Schüler Pütters,
   b) die positive Rechtswissenschaft wird überwiegend mit Hilfe durch Induktion gewonnener Hypothesen und allgemeiner Grundsätze dogmatisch bearbeitet,
   c) die Kritik an der demonstrativen Methode der Wolffianer,
   d) die Autonomie der positiven Rechtswissenschaft von der materialen Naturrechtslehre wird angestrebt und auch teilweise erreicht.

4. Die historisch-philosophischen Juristen.
   Sie haben die folgenden konstitutiven Merkmale:
   a) die Verbindung von historischer und philosophischer Methode zur Bearbeitung des positiven Rechts,
   b) die Autonomie der positiven Rechtswissenschaft vom Naturrecht,
   c) Philosophie und Geschichte werden zu integrierten Bestandteilen der positiven Rechtswissenschaft und verlieren ihren Status als Hilfswissenschaften der Rechtswissenschaft.

---

[1] Savigny, Zeitschrift für geschichtliche Rechtswissenschaft I (1815), S. 2.

Die Rechtswissenschaft an den Universitäten, nicht die gemeinrechtliche Praxis, von Mitte des 18. Jahrhunderts etwa bis zum Auftauchen der ersten rechtstheoretischen Reformbestrebungen um 1780, wird von der Auseinandersetzung zwischen zwei Rechtsschulen geprägt, nämlich der eleganten oder antiquarischen Jurisprudenz und der naturrechtlich-systematischen Richtung.

Deshalb erscheint es geboten, mit der Darstellung der eleganten Jurisprudenz und der naturrechtlich-systematischen Strömung, die Aufzeichnung der Methodendiskussion in der Rechtswissenschaft von 1780 bis 1815, zu beginnen.

I. Die elegante Jurisprudenz

Unter ihr versteht man die Wissenschaft der römischen Rechtsaltertümer, welche ihre Tätigkeit selbst als nutzlos für die Erkenntnis des geltenden Rechts, der Rechtsdogmatik, ansieht[1]. Es besteht ein großer Gegensatz zwischen Quellenarbeit und den Bedürfnissen der damaligen Gerichtspraxis. Ihre Liebe gehört allein der Quellengeschichte, der äußeren Rechtsgeschichte; an Rechtspolitik oder Rechtsphilosophie ist die antiquarische Jurisprudenz nicht interessiert.

Die elegante Jurisprudenz war ursprünglich im Frankreich des Cujacius und Donellus und nachmals auf den holländischen Universitäten zu Hause. In Deutschland wurde sie erst durch Johann Gottlieb Heineccius (1681 - 1741) heimisch[2].

1. Johann Anton Ludwig Seidensticker
(1760 - 1817)

Seidensticker ist in seinen jüngeren Jahren der einzige Anhänger der eleganten Jurisprudenz, der die antiquarische Geschichtsmethode nach 1780 noch programmatisch vertritt. Das läßt darauf schließen, daß die elegante Jurisprudenz ihren Höhepunkt schon überschritten hatte, obwohl ihrer Methode in der praktischen rechtshistorischen Arbeit noch viele folgten, wie z. B. Haubold, Schrader, Cramer, Spangenberg, Kindlinger und Bodmann[1*].

---

[1] Stintzing / Landsberg, Geschichte der deutschen Rechtswissenschaft III, 1. Halbband, S. 163 und 164. Thieme SZ Germ. Abt. 56, S. 210 charakterisiert die elegante Jurisprudenz folgendermaßen: „Soweit es sich um rechtshistorische Arbeiten handelt, wird dieses bezeichnet durch Freude am Vergangenen als solchem, ohne genügendes kritisches und namentlich ohne Auswahlprinzip."

[2] Wieacker, Privatrechtsgeschichte der Neuzeit, S. 222.

[1*] Diese Juristen zählt Landsberg zur historisch-antiquarischen Gruppe Anfang des 19. Jahrhunderts, Stintzing / Landsberg, III, 2. Halbband, S. 49 ff.

Obwohl Seidensticker Anhänger der eleganten Jurisprudenz ist, verzichtet er dennoch nicht auf Systembildung des Rechts.

a) Die Methoden der Rechtswissenschaft

aa) Die historische Methode

In einem Bericht über die im Jahre 1796 erschienenen juristischen Bücher kommt Seidensticker zu dem Ergebnis: „Ein forschender treu historisch-antiquarischer Geist weht in den wissenschaftlichen Schriften unseres Jahres selten und sparsam[2]." Er stellt fest, daß man viel lieber philosophiert als historische Quellenarbeit betreibt, und sieht darin einen evidenten Nachteil für die Jurisprudenz[3]. Es wird zu häufig deduziert und man arbeitet zuviel mit der Formel von der Natur der Sache[4]. Seidensticker kritisiert die Anhänger der naturrechtlich-systematischen Richtung, die den Wert der historischen Arbeit gering einschätzen, sie deshalb vernachlässigen und die Autonomie der positiven Rechtswissenschaft vom Naturrecht verkennen. „Unser Verdacht geht bloß gegen diejenigen, welche durch den Mißbrauch, den sie mit dem Philosophiren und Systematisiren treiben, es an den Tag legen, daß sie die Jurisprudenz ihren positiven und historischen Gründen nach weder kennen noch schätzen welche alle Augenblicke über die Schranken des Positiven hinaus philosophiren, und den positiven Stoff nach gewissen äußern Verhältnissen, und nach irgend einer Platonischen Idee über das beste Rechtsgebäude systematisiren; welche beflissen sind, das Quellenstudium als entbehrlich darzustellen, und die Jugend da philosophiren zu lassen, wo es darauf ankommt, sie den Weg der Geschichte und der Interpration zu führen[5]." Seidensticker sucht nach Schriften, „von deren Verfassern man sagen kann, daß sie in selbst gemachten Forschungen ihren Gegenstand bis auf die Quellen zurückgeführt, daß sie die coäven Ansichten desselben, so wie sie einem jeden Zeitalter eigen waren, gewonnen, daß ihr geistiges Ich, selbst bis auf die Sprache hinaus verlängert, und daß auf diesem Gebiet neue Data an das Licht gebracht, neue Combinationen gemacht, oder wohl gar neue Theorien aufgestellt haben"[6]. Seidensticker stimmt einem anderen, mir unbekannten Anhänger der eleganten oder antiquarischen Jurisprudenz zu, der feststellt: „In einer Wissenschaft, deren vorzüglichste Grundlagen aus Thatsachen besteht, ist das historische Studium über die Entstehung und Fortschritte der einzelnen Rechtsinstitute bis zu

---

[2] J. A. L. Seidensticker, Geist der juristischen Literatur aus dem Jahre 1796, Göttingen 1797, S. 74.

[3] Ebenda, S. 75.

[4] Ebenda, S. 20 und 74.

[5] Ebenda, S. 124.

[6] Ebenda, S. 74 und 75.

ihrer vollendeten Ausbildung schlechterdings unentbehrlich. Man muß daher den Genius des Zeitalters anklagen, der dem Juristen die Fackel der Geschichte aus den Händen riß, und statt geprüfter aus Quellen geschöpfter Thatsachen, was freylich etwas mehr Anstrengung gekostet haben würde, ihm größtentheils willkührliche Ideen gibt, die immer in der Form der von Zeit zu Zeit herrschenden philosophischen Methode mit abwechselndem Erfolg herum getrieben werden[7]."

Mit seiner Liebe zur antiquarischen Quellenforschung ist Seidensticker Vorläufer der praktischen historischen Forschungstätigkeit der Historischen Rechtsschule. Er wendet an anderer Stelle gegen Thibaut, den historisch-philosophisch orientierten Juristen, ein, als er die Probleme der Gesetzesauslegung behandelt: „Mit dem Buchstaben des Gesetzes kann man sich nicht begnügen. Wir müssen uns zu allgemeinen Grundsätzen erheben; aber nur zu solchen, welche aus den positiven Quellen sich abstrahiren lassen. Wir müssen uns einer Philosophie in die Arme werfen; aber nur einer historischen, das heißt einer solchen, welche die Legislation bey ihren rechtlichen Bestimmungen vor Augen hatte, welche folglich auch aus den positiven Quellen entwickelt werden muß, und welche selbst ein Teil des Positiven ist[8]."

Seidensticker spricht sich gegen die pragmatische Geschichtstheorie aus und fordert ein Geschichtsverständnis, das die Philosophie nicht mehr zu ihrer Forschungstätigkeit als Selektionsmaßstab des historischen Suchens benötigt. Es ist eine Geschichtstheorie, die ihren Gegenstand, ihre Probleme und Fragestellung scheinbar aus sich selbst entwickelt und löst.

bb) Die systematische Methode

Seidensticker verneint die Möglichkeit, ein System von einem einzigen Grundsatz ausgehend, zu entwickeln, wie es die Systematiker aus der Wolffschen Schule getan haben. Vielmehr fordert er die strenge Entwicklung eines Rechtssystems aus mehreren Prinzipien. Jedoch sind diese Prinzipien positiv und nicht naturrechtlich vorgegeben. Sie müssen daher mit Hilfe der historisch antiquarischen Methode aus den Quellen ermittelt werden. Seidensticker fügt hinzu: „Sie müssen sich auch auffinden lassen, um dadurch den todten Buchstaben des Gesetzes beleben, und einer wissenschaftlichen Verarbeitung fähig machen zu können[9]." „Systematisch wird die Jurisprudenz dann behandelt, wenn man sie nach Differenzen oder Theilungsgründen ordnet und darstellt, welche bald von dem Rechtsbegriffe, bald von den legislatorischen Zwecken,

---

[7] Ebenda, S. 75 und 76.
[8] Ebenda, S. 82 und 83.
[9] Ebenda, S. 94.

Motiven und Maximen, bald auch nur von der Verwandtschaft nach Object und Subject, hergenommen sind[10]." Für die Anwendung der systematischen Methode ist Voraussetzung, daß man mit der Reihenfolge und Ordnung der Quellen vertraut ist[11]. Die Bildung eines Rechtssystems kann daher nur an Hand von übergeordneten Gesichtspunkten geschehen, die Möglichkeit eines axiomatisch-deduktiven Systemmodells verneint Seidensticker. Vielmehr bekennt er sich zu einem klassifikatorischem System, da ein ideales, wissenschaftliches System wegen des realen Stoffs im positiven Recht nicht möglich ist[12].

b) Würdigung

Mit diesen frühen Äußerungen erweist sich Seidensticker als einer der letzten eleganten Juristen, die ihre Methode noch programmatisch vertraten. Er ist nicht nur in Bezug auf seine Quellenforschung als Vorläufer der frühen Historischen Rechtsschule anzusehen. Auch in der Ablehnung jeglichen Naturrechts ähnelt er ihr. Die Naturrechtslehre gehört nach Seidenstickers Ansicht nicht zur Jurisprudenz, sondern ist ein Teil der praktischen Philosophie und damit nur noch Hilfswissenschaft der Rechtswissenschaft[13]. Durch die Absage an das Naturrecht und der damit angestrebten Autonomie der positiven Rechtswissenschaft ist Seidensticker einer der Wegbereiter der modernen Rechtswissenschaft.

Von dem Programm der Historischen Rechtsschule Savignys unterscheidet er sich dadurch, daß ihm die innere Rechtsgeschichte, die genetische Methode in der Geschichtswissenschaft und das organologische Rechtsdenken fremd sind. Er kennt nur die antiquarisch-historische Methode und die äußere Rechtsgeschichte.

II. Die naturrechtlich-systematische Richtung

Sie besteht größtenteils aus Juristen, die die positive Rechtswissenschaft und das Naturrecht systematisch — deduktiv, genauer gesagt mit Hilfe der demonstrativen Methode Christian Wolffs, bearbeiten wollen, oder aus Juristen, die sich ausschließlich den Problemen des Naturrechts widmen und reformunwillig sind. Die Rechtsschule der Traditionalisten herrschte Mitte des 18. Jahrhunderts uneingeschränkt. Auch Ende des 18. und Anfang des 19. Jahrhundert gab es noch ge-

---

[10] J. A. L. Seidensticker, Entwurf eines Systems des Pandectenrechts zu Vorlesungen, Jena, 1807, Vorrede, S. IV.

[11] Ebenda, Vorrede, S. IV.

[12] Ebenda, Vorrede, S. VI.

[13] J. A. L. Seidensticker, Geist der juristischen Literatur von dem Jahre 1796, S. 17 und 18.

nügend Rechtsgelehrte, die sich zu ihr bekannten. Die naturrechtlich-systematische Richtung läßt sich auf den Philosophen und Mathematiker Christian Wolff (1679 - 1754) zurückführen. Dieser bildete an Hand der demonstrativen Methode ein statisches System des positiven Rechts und des Naturrechts. Landsberg beschreibt die Anwendung der demonstrativen Methode Christian Wolffs auf das positive Recht: Zuerst sind die Bestimmungen des Rechts in klare Propositionen aufzulösen, so daß in jeder Proposition von einem Subjekt (das ist die Rechtslage, der tatsächliche Fall) etwas Bestimmtes (das ist die Rechtsbestimmung oder Rechtsbehandlung, die hier Platz greift) ausgesagt wird. Sodann sind die Gründe dieser Propositionen zu suchen und als Prinzipien der Übereinstimmung oder Abweichung mit oder von dem Naturrecht (welches als feststehend vorausgesetzt werden muß) zu formulieren. Erst dann sind aus diesen Materialien möglichst „fruchtbare" (das heißt zu möglichst zahlreichen Folgesätzen beweiskräftige) Definitionen zu abstrahieren. Und nun endlich sind alle diese Sätze in logische Ordnung zu bringen wie man aus den einzelnen Propositionen ihre Gründe, aus diesen die Prinzipien und Definitionen gefunden hat, so sind jetzt rückwärts aus letzteren durch Kettenschlüsse, die einzelnen Propositionen herzuleiten. Auf diese Weise liegt schließlich ein fertiges System vor, welches den Nutzen bietet, daß über das positive Recht keinerlei Zweifel mehr bestehen kann, da ja alles philosophisch klar dargelegt ist[1]. Die demonstrative Methode hat Christian Wolff aus der Mathematik entlehnt. Wissenschaftsgeschichtlich ist sie von dem französischen Philosophen René Descartes entwickelt worden[2]. Das Naturrecht Christian Wolffs ist völlig ahistorisch. Er bestreitet sogar der geschichtlichen Erkenntnis ihren Wissenschaftscharakter[3]. Sein Naturrecht hat einen konservativen Gehalt und dient letztlich zu nichts anderem als zur Legitimation des bestehenden positiven Rechts. Durch die Aus-

---

[1] Stintzing / Landsberg III, 1. Halbband, S. 199 und 200; Thieme SZ Germ. Abt. 56, S. 222 beschreibt das Verfahren der demonstrativen Methode etwas anders als Landsberg: „Wie man etwa in der euklidischen Geometrie aus Axiomen Folgesätze ableitet, so deduziert nun auch der Jurist vermöge analytischer Urteile aus einer oder mehreren vorgegebenen Grundnormen eine größere oder geringere Zahl von Rechtsregeln. Im Wege von Syllogismen wird die ganze Rechtsordnung enthüllt als eine gedachte Pyramide von einzelnen, im Verhältnis gegenseitiger Abhängigkeit stehenden Aussagesätzen und Begriffen, denen gegenüber Gebots- und Verbotsnormen als bloße Folgerung stark zurücktreten."
Die Geschichte der reinen Systematiker in der Nachfolge Christian Wolffs, sowie eine kritische Darstellung der Methode Christian Wolffs muß erst noch geschrieben werden. Landsberg und Thieme sind die beiden einzigen Autoren, die auf die demonstrative Methode näher, aber wohl doch noch nicht ausführlich genug eingehen.
[2] Manfred Zahn in Handbuch philosophischer Grundbegriffe Bd. 5, 1974, Stichwort „System" S. 1464.
[3] Zitiert bei Thieme, SZ Germ. Abt. 56, S. 227.

dehnung des Naturrechts auf alle Regelungsbereiche des positiven Rechts nähern sich positives Recht und Naturrecht inhaltlich immer mehr an, so daß die positive Rechtswissenschaft auf das Naturrecht zurückgreifen kann, wenn Lücken im positiven Recht bestehen.

Methodologisch beruht das Verhältnis des positiven Rechts zum Naturrecht auf Zirkelschlüssen. Die klaren Definitionen des Naturrechts werden in das positive Recht hineingedeutet, aus dem sie vorher abstrahiert worden waren.

Dieser Ansicht über das Verhältnis vom Naturrecht zum positiven Recht und über die Anwendung der deduktiven (demonstrativen) Methode schlossen sich in dem Zeitraum von 1780 bis 1815 die folgenden Juristen an:

1. August Friedrich Schott
(1744 - 1792)

Er schrieb eine damals viel beachtete Enzyklopädie und Methodologie, die 6 Auflagen innerhalb von 22 Jahren hatte. Er verstand unter Enzyklopädie, „die Kenntniß der verschiedenen Theile, woraus eine Hauptwissenschaft zusammengesetzt ist, sowohl nach der allgemeinen Beschaffenheit eines jeden (Theils) insbesondere, als auch vorzüglich nach ihrer Verbindung miteinander"[1]. Methodologie ist hingegen „die Kenntniß, wie und in welcher Ordnung eine Wissenschaft zu treiben ist"[2]. Die Enzyklopädie ist also eine Form der Wissenschaftstheorie, die Methodologie eine Anweisung, ein Programm, ein Studienplan, die Jurisprudenz zu erlernen.

a) Das Verständnis von Rechtswissenschaft

„Die Rechtsgelehrtheit oder Rechtswissenschaft ist diejenige Wissenschaft, welche die aus Gesetzen entspringenden Zwangsakte und Zwangspflichten in zusammenhängenden Grundsätzen lehrt[3]."

Schott unterscheidet die wirklichen und eigentlichen Hauptteile der Rechtswissenschaft von den mit der Rechtswissenschaft in Verbindung stehenden Vorbereitungs- und Erläuterungswissenschaften[4].

Er unterteilt die Rechtswissenschaft in eine Naturrechtswissenschaft und eine Wissenschaft vom positiven Recht. Er unterscheidet göttliche

---

[1] Schott, Entwurf einer juristischen Encyclopädie und Methodologie zum Gebrauch akademischer Vorlesungen, 6. Aufl. 1794 hrsg. von Johann Fr. Kees, § 3.

[2] Ebenda, § 4.

[3] Ebenda, § 1.

[4] Ebenda, § 8.

und menschliche Gesetze[5]. Die göttlichen Gesetze ergeben sich aus dem
Naturrecht oder aus der göttlichen Offenbarung, die in der Heiligen
Schrift niedergeschrieben worden ist[6]. Menschliche Gesetze sind hin-
gegen immer positives Recht und können niemals ein natürliches sein[7].

Unter dem Naturrecht versteht Schott den Inbegriff der bloßen
Zwangsrechte oder Zwangspflichten, welche Gott den Menschen durch
die bloße Vernunft vorgeschrieben hat, und die daher sowohl allgemein
als auch unabänderlich sind[8]. Erkenntnismittel des Naturrechts ist die
gesunde Vernunft. Sie zeigt, daß „wenn auch gar keine positiven göttlichen und menschlichen Gesetze in der Welt wären, es doch Gottes
Wille seyn müßte, daß die Menschen äußerlich ruhig und gerecht gegen
einander leben sollen, das ist, daß keiner den anderen im Seinigen
(dem Eigentum) stören möge, weil sonst die Menschen den ihren von
Gott bestimmten Hauptzweck, einander in ihrer Erhaltung hindern
und selbst aufreiben würden. Sie zeigt uns ferner, daß es aus eben
diesem Grunde Gottes Wille seyn muß, daß die Menschen befugt seyn
sollen, zu ihrer Erhaltung gegen alle solche Beleidigungen Zwangsmittel zu gebrauchen. Alle Grundsätze nun, welche die Rechte und
Verbindlichkeiten dieses äußerlichen Ruhestandes des Menschen gegen
einander bestimmen, und auf bloße Vernunftschlüsse gebaut sind, gehören in das Naturrecht[9]."

b) Die Methoden der Rechtwissenschaft

aa) Die Aufgabe der Rechtsgeschichte

Die Rechtsgeschichte ist ein Teil der positiven Rechtswissenschaft.
Sie „zeigt den Ursprung, Fortgang und die Veränderung der Gesetze
und übrigen Quellen der Rechtsgelahrtheit"[10] an.

Der Nutzen der Rechtsgeschichte liegt für Schott in vier Punkten:

1. Man lernt die Quellen des Rechts, die man bearbeiten soll, kennen.

2. Man lernt die neuen Gesetze aus den älteren Gesetzen zu erklären.

3. Man lernt die ratio legis des Gesetzes und die historischen Umstände, als das Gesetz erlassen wurde, kennen.

---

[5] Ebenda, § 8.
[6] Ebenda, § 11.
[7] Ebenda, § 12.
[8] Ebenda, § 26.
[9] Ebenda, § 27. Schott unterscheidet weiterhin im Naturrecht ein *außer-gesellschaftliches* und ein *gesellschaftliches*. Grund der Unterscheidung sind gesellschaftliche und außergesellschaftliche Verbindungen der Menschen. (Ebenda, § 29.)
[10] Ebenda, § 303.

4. Man lernt den Wert der alten Gesetze schätzen. Niemand kann die Rechtswissenschaft ohne die Rechtsgeschichte verstehen[11].

Schott versteht unter Rechtsgeschichte überwiegend Quellengeschichte. Die Unterteilung der Rechtsgeschichte in innere und äußere kennt er nicht. Das Wort pragmatische Rechtsgeschichte fällt bei ihm nirgends. Auch Hinweise auf Montesquieu und Reitemeier, dem Wegbereiter der pragmatischen Rechtsgeschichte in Deutschland, fehlen. Schott gehört weder zu den Anhängern der pragmatischen oder organologischen Geschichtsschreibung.

bb) Die systematische Methode

Schott unterscheidet drei verschiedene Verfahren der Systematik, die er insgesamt „der demonstrativischen Lehrart in der Rechtsgelahrtheit" zurechnet[12]. Der Name der demonstrativistischen Methode wird verwandt:

„1) Im weitläufigsten Verstande für eine jede Lehrart, nach welcher die Gründe der juristischen Wahrheiten angegeben und diese aus jenen Schlüssen hergeleitet, nicht aber bloß durch Anführung des Gesetzes bewiesen werden ...

Diese Methode kann füglich *methodus rationalibus* genannt werden, und kommt mit derjenigen Lehrart überein, welche von den Logikern die *analytische* genannt wird.

2) Im mittleren Verstande für diejenige Methode, die aus denen zum Grunde gelegten Definitionen und Eintheilungen gewisse Hauptgrundsätze (axiomata) gezogen, aus diesen aber durch Schlüsse alle übrigen Wahrheiten als Conclusionen gefolgert werden. Man nennt sie die *axiomatische*, die *logikalische* oder *synthetische* Methode. Heineccius führte sie in seinen Lehrbüchern ein ...

3) Im engsten und eigentlichen Verstande aber begreift man darunter, die den Mathematiker abgeborgte und von Wolffen in die Philosophie sowohl als in der Rechtsgelahrtheit eingeführte Lehrart, da man eine jede Wahrheit in ihre einfachsten Ideen auflöset und durch eine lange Reihe von Sätzen und Schlüssen, deren jeder von dem andern getrennt ist, und gemeiniglich seinen eigenen Namen bekommt (definitio, axioma, postulatum, theorema, problema, demonstration, scholion) dieselbe zu erweisen sucht. Sie heißt daher die *mathematische* Lehrart[13]."

---

[11] Ebenda, § 304.
[12] Ebenda, § 338.
[13] Ebenda, § 338.

Schott stellt diese drei verschiedenen Methoden des systematischen Verfahrens nebeneinander und hält sie für gleichwertig. Er gibt jedoch damit keine Antwort auf die Frage, wann nun welche von diesen drei Methoden anzuwenden ist. Die Lösung dieses Problems könnte sich aus der didaktischen Geeignetheit der jeweiligen Methode ergeben; denn das Rechtssystem ist für Schott in erster Linie ein „Lehrsystem" und kein „Erkenntnissystem".

c) Die Lehre von der Gesetzesinterpretation

Schott nennt die Lehre von der Gesetzesauslegung juristische Auslegungskunst, vergleicht ihre Nützlichkeit mit der Hermeneutik der Theologen und beklagt, daß es zu wenig Vorlesungen über sie gibt[14].

Er definiert die Lehre von der Gesetzesinterpretation wie folgt: „Die juristische Auslegungskunst (Hermeneutica juris) ist die Wissenschaft von denjenigen Regeln, wonach der wahre Sinn alles dessen, was Rechte und Verbindlichkeiten enthält, bestimmt und erklärt werden muß[15]."

Schott nennt vier Hilfen für die Auslegung:

„1) Die genaue Kenntnis der Sprache ...

2) Die mit den Gesetzen ... verbundenen historischen Umstände ...

3) Der Zusammenhang der Grundsätze derjenigen Rechtswissenschaft, in welcher das Gesetz einschlägt.

4) Die Übereinstimmung der übrigen Gesetze ... von einerley Gattung[16]."

Schotts Methodenlehre enthält drei uns auch heute bekannte Auslegungsregeln, nämlich die grammatische, die historische und die systematische Methode.

d) Abschließende Würdigung

Schott gehört nicht zu den Juristen, die eine Reform der Rechtswissenschaft einleiten. Rechtswissenschaft besteht für ihn aus Naturrecht und positiver Rechtswissenschaft. Auch sieht er die Rechtswissenschaft nicht als eine philosophische und historische Wissenschaft zugleich an — Philosophie ist für ihn nur eine Hilfswissenschaft der Rechtswissen-

---

14 Ebenda, § 427.
15 Ebenda, § 267.
16 Ebenda, § 251.

schaft, wie Ethik und Politik[17]. Die kantische Philosophie ist ihm unbekannt. Schott arbeitet ausschließlich deduktiv, nicht induktiv, von allgemeinen Grundsätzen, Hypothesenbildung, einem pragmatischen oder „organischen" System oder der pragmatischen Geschichtsschreibung ist keine Rede. Er ist noch Naturrechtler der alten Schule und dem Empirismus der Reformer nicht zugetan.

2. Johann Friedrich Gildemeister
(1750 - 1812)

a) Das Verständnis von Rechtswissenschaft

Nach Gildemeister ist für den Wissenschaftscharakter eines Gegenstandes nicht der Inhalt entscheidend, sondern die Form. „Eine Wissenschaft ist also die Summe aller zweckmäßig ausgewählten und zusammengestellten (oder: aller einen gewissen Gegenstand betreffenden, oder auf gemeinschaftlichen Gründen beruhenden oder auf beiderley Weise verwandten und in eine zweckmäßige Form gebrachten) gelehrten Wahrheiten[1]."

Gildemeister spricht nicht von einer Rechtswissenschaft, sondern von mehreren Rechtswissenschaften. Er definiert sie rein formal: „Die Rechtsgelehrsamkeit ist die Wissenschaft der vollkommenen und äusserlichen Rechte und Verbindlichkeiten. Eine Rechtswissenschaft ist die Wissenschaft gewisser Arten vollkommener und äusserlicher Rechte und Verbindlichkeiten (oder Gesetze)[2]."

Er unterteilt das Recht wie die meisten seiner Zeitgenossen in Naturrecht und positives Recht. „Naturrecht, Recht der Natur, ist dasjenige, welches keinen anderen Grund hat, als die Natur der Dinge[3]."

Das Naturrecht ist ein göttliches Recht, „welches Gott uns stillschweigend vorgeschrieben hat". „Es ist ein ewiges, unveränderliches, dem Menschen angeborenes Recht[4]." Jeder, der eine gesunde Vernunft hat und sie richtig gebraucht, kann das Naturrecht erkennen[5].

„Grundsatz des Naturrechts ist: Laß einem jeden das Seinige (suum cuique)[6]."

---

17 Ebenda, § 322.

1 Gildemeister, Juristische Encyclopädie und Methodologie; Duisburg 1783, § 3.

2 Ebenda, § 18.

3 Ebenda, § 21.

4 Ebenda, § 22.

5 Ebenda, § 22.

6 Ebenda, § 23.

Positives Recht ist der zweite Teil des Rechts. Er ist derjenige, welcher seinen nächsten Grund in der Willkür oder dem Willen vernünftiger Wesen hat[7].

b) Die Methoden der Rechtswissenschaft

aa) Die historische Methode

Gildemeister bekennt sich zur pragmatischen Geschichtsschreibung in Anlehnung an Montesquieu[8]. Die Geschichte muß pragmatisch sein, d. h. sie muß die Ereignisse in ihren Ursachen und Wirkungen darstellen[9].

Die Rechtsgeschichte ist für ihn Bestandteil der Rechtswissenschaft, die allgemeine Geschichtswissenschaft ist hingegen Hilfswissenschaft.

Die Rechtsgeschichte ermittelt den Geist der Gesetze. Dieser hilft allen Juristen, den Sinn der Gesetze deutlicher zu machen und ihre richtige Anwendung zu fördern[10]. Über den „Geist der Gesetze" spricht Gildemeister im Anschluß an Montesquieu 1783, also schon 2 Jahre vor Reitemeier. Gildemeister meint: „Es ist leicht einzusehen, daß diejenigen, denen diese Gesetze vorgeschrieben werden, in Ansehung der Sitten, der Gewohnheiten, des Reichthums, der Bedürfnisse, der Denkungsart und der Aufklärung, vieler innerlichen und äusserlichen Verhältnisse, der Beschaffenheit ihres Wohnsitzes, was dessen Himmel und Boden betrifft, u. dergl. sehr verschieden seyn müssen, und daß die Urheber der Rechte auch oft auf solche Dinge Rücksicht nehmen. Das Verhältniß dieser Umstände zu den Gesetzen ist das, was man den Geist der Gesetze nennt[11]."

Gildemeister ist von der gesellschaftlichen und kulturellen Bedingtheit des Rechts überzeugt. „Der gemeinere Gebrauch des Schießpulvers, die stehenden Kriegsheere, die neuere Kriegskunst, das Wiederaufleben der Wissenschaften, die Buchdruckerey, die Kirchenverbesserung, die Entdeckung Amerikas und des neuen Weges nach Ostindien, die Erfindung der Posten, der zunehmende Aufwand e. c. und was bey einzelnen Völkern besonders sich zutrug, z. B. in Deutschland die Errichtung des Reichskammergerichts, das Hinwelken der bürgerlichen Freyheit

---

[7] Ebenda, § 29.

[8] Ebenda, § 127. Die Aufgabe der Geschichte beschreibt er folgendermaßen: „Ohne Geschichtskunde, welche überhaupt das Licht der mehresten Wissenschaften ist, kann man besonders die positiven Rechte nicht wohl gründlich erlernen. Daher verdient sie hier eine vorzügliche Stelle."

[9] Ebenda, § 144.

[10] Ebenda, § 32.

[11] Ebenda, § 31.

e. c. alles das sind Umstände, die grosse Veränderungen in den Rechten nach sich gezogen haben[12]."

bb) *Die systematische Methode*

Gildemeister setzt die philosophische Methode mit der systematischen gleich[13]. Er bekennt sich zu einem durch Deduktion gebildeten Rechtssystem und verneint die Anwendung der induktiven Methoden in der Rechtswissenschaft. So schreibt er: „Daß es thunlich sey, die philosophische Ordnung, indem man stets vom Allgemeinen zum Besonderen fortschreitet, auch in positiven Rechtswissenschaften anzuwenden, ist durch glückliche Versuche mehrerer Gelehrten außer Zweifel gesetzt worden[14]."

c) Würdigung

Gildemeisters Systemgedanke enthält keine Reformansätze, sondern entspricht der traditionellen Methode. Seine Enzyklopädie ist von Pütter beeinflußt[15]. Er übernimmt jedoch nicht Pütters Lehre von den allgemeinen Grundsätzen. Er ist zusammen mit Reitemeier der erste deutsche Jurist, der Montesquieus Gedanken in die Rechtsgeschichte überträgt. Im Gegensatz zu Reitemeier bezieht er sich jedoch auf Montesquieu nur sehr selten und hat wohl dessen Bedeutung unterschätzt.

Gildemeister zählt ansonsten nicht zu den großen Reformern, er ist noch Naturrechtler der vorkantischen Zeit. Kant wird nie erwähnt. Sein Naturrechtsverständnis ist naiv und unkritisch. Die induktive Methode wird von ihm nicht erwähnt, die deduktive Methode bejaht.

3. Christoph-Christian Dabelow
(1768 - 1830)

a) Das Verständnis von Rechtswissenschaft

Dabelow definiert Recht als „einen Inbegriff von Regeln und Normen, welche Rechte und Verbindlichkeiten bestimmen. Sätze, welche aus diesen abgeleitet werden, heißen Rechtswahrheiten", und eine

---

[12] Ebenda, § 80.

[13] Ebenda, § 174. So sagt er: „Wenn eine Wissenschaft nicht philosophisch-systematisch gelehrt wird, so gewöhnt sich der Lehrling zu glauben und nicht zu denken, nicht den Zusammenhang zwischen Hauptsatz und Folgerung aufzusuchen."

[14] Ebenda, § 126.

[15] Ebenda, Vorrede S. 1. Er schreibt: „Es könnte sogar geschehen, daß ein flüchtiger Leser meinen Versuch dem Pütterschen Werk gar zu ähnlich fände."

Wissenschaft von Rechtswahrheiten wird „Rechts-Wissenschaft", Rechtsgelahrtheit genannt[1].

Dabelow unterscheidet das Naturrecht, das aus der Natur des Menschen abgeleitet wird, von dem positiven Recht, dessen Namen durch eine auf irgendeine Weise erklärte Willensbestimmung begründet wird[2].

Daraus entsteht eine natürliche Rechtswissenschaft, die die natürlichen Naturrechts-Wahrheiten enthält und eine positive Rechtswissenschaft, die die positiven Rechts-Wahrheiten enthält[3].

Dabelow formuliert keinen allgemeinen Wissenschaftsbegriff und bestimmt seinen Rechtswissenschaftsbegriff formal nur vom Gegenstand, dem natürlichen und positiven Recht, her und nicht von der Bearbeitungsmethode.

b) Die Rechtsgeschichte als Hilfswissenschaft der positiven Rechtswissenschaft

Dabelow unterscheidet bei dem positiven Recht die Quellen und die Hilfsmittel. Zu den Hilfsmitteln des gemeinen deutschen positiven Rechts zählt er

1. die Rechtsgeschichte,

2. die Geschichte der Rechtsdogmatik,

3. die Hermeneutik,

4. die juristische „Litterair"-Geschichte,

5. die Kenntnis der Sprachen, worin das gemeine deutsche positive Recht verfaßt ist,

6. das Studium der Alterthümer, Diplomatik, Numismatik und Heraldik,

7. die Reichsgeschichte und

8. die Kirchengeschichte[4].

„Von allen diesen Hülfsmitteln ist die Rechtsgeschichte darum das unentbehrlichste, weil ohne dieselbe in dem Studium des Rechts gar keine Fortschritte gemacht werden können[5]."

Die Rechtsgeschichte ist also nach Meinung Dabelows nur Hilfswissenschaft der positiven Rechtswissenschaften und nicht wie bei Schott und Gildemeister „eine" der Rechtswissenschaften.

---

[1] Dabelow, Einleitung in die deutsche positive Rechtswissenschaft, Halle, 1793, § I.

[2] Ebenda, § II.

[3] Ebenda, § VI.

[4] Ebenda, § 10.

[5] Ebenda, § 10.

Dabelow unterteilt die Rechtsgeschichte in innere und äußere, die Geschichte der Rechtsdogmatik und die Quellengeschichte. Für die Rechtsgeschichte sehr wesentlich ist die Staatsgeschichte; denn aus den Veränderungen der Staatsverfassung lassen sich Veränderungen des sonstigen Rechts erklären[6].

Ein weiterer Teil der Rechtsgeschichte ist die „Litterair"geschichte, die die Geschichte der wissenschaftlichen Kultur des Rechts beschreibt, also spezielle Wissenschaftsgeschichte ist[7].

Über den Charakter der historischen Methode äußert sich Dabelow nicht. So ist nicht zu erkennen, ob er ein Anhänger der pragmatischen Geschichtsschreibung ist.

c) Der Systemgedanke

Aufgabe eines Rechtssystems ist für Dabelow die Verständlichkeit und schnelle Erlernbarkeit der aus dem Rechtssystem abgeleiteten Rechtssätze. So nennt er sein dogmatisches Vorhaben, ein „System der heutigen Rechtsgelahrtheit". „Mir scheint, daß der Begriff eines wahren Systems aus dem Gesetze der Faßlichkeit abgeleitet werden müsse, das heißt, daß jede Lehre so (dar)gestellt werde, daß sie der Zuhörer in ihrem ganzen Umfange zu fassen im Stande ist, und dies habe ich so weit es der besondere Gang des positiven Rechts zuläßt, nach Möglichkeit zu erreichen gesucht[8]."

Er charakterisiert sein System folgendermaßen: „Mir scheint folgendes Verfahren das richtigste und zugleich das zweckmäßigste zu seyn. Alle zur Civilrechtsgelahrtheit gehörige Wahrheiten müssen in ein leichtes und consequentes System gebracht werden, wobey man sich an kein besonderes Rechtssystem, so wenig in der Ausführung des Ganzen als der einzelnen Lehren binden, sondern ein solches wählen muß, bey welchem jede Lehre völlig faßlich gemacht, aus ihren ersten Gründen erläutert und so dargestellt werden kann, als sie zu unseren Zeiten ist[9]." Das Rechtssystem dient Dabelow als „Lehr- und Lernsystem" und nicht zur Rechtsfortbildung.

d) Würdigung

Dabelow rechnet sich nicht zu den Reformern der Rechtswissenschaft. Er mokiert sich vielmehr über sie. So spricht er von „Reformationssucht"[10].

---

[6] Ebenda, § 10.

[7] Ebenda, § XXV.

[8] Dabelow, System der heutigen Rechtsgelahrtheit, Halle 1794, Vorrede S. VII.

[9] Ebenda, § 10.

[10] Ebenda, Vorrede S. VII.

Er will auch kein neues Rechtssystem der großen Anzahl der schon bestehenden hinzufügen: „Denn was bringt in unsern Tagen, bey den immer mehr abnehmenden gründlichen juristischen Kenntnissen wohl mehr Ruhm zuwege, als wenn man wie Vater eines neuen Lehr-Systems in den gelehrten Zeitungen theils herausgestrichen, theils bitter gekreuziget wird[11]?"

So wie er sich selbst beurteilt, kann man ihm nur zustimmen. Denn zu den Reformern gehört er wirklich nicht: Neue Gedanken fehlen, methodologische Probleme vernachlässigt er. Dabelow beruft sich auf Pütter als seinen juristischen Lehrer[12]. Dennoch kann man ihn nicht zur Göttinger Rechtsschule zählen. Zu wenig folgt er den Reformbestrebungen Pütters und dessen scharfer Kritik an der demonstrativen Methode.

4. Ludwig August Eisenhart
(1762 - 1808)

a) Das Verständnis von Rechtswissenschaft

Eisenhart, ein Schüler Schotts[1], versteht unter Rechtswissenschaft „die Wissenschaft der gesetzlichen Wahrheiten, in so fern sie sich auf Zwangsrechte beziehen"[2].

Er unterscheidet als Rechtsquellen das Naturrecht und das positive Recht. Recht, das sich auf die menschliche Natur gründet und das die Vernunft unmittelbar erkennen kann, nennt Eisenhart Naturrecht. Recht hingegen, das seinen Grund in dem Willen (Willkür) vernünftiger Wesen hat, ist positives Recht[3]. „Subjectiv genommen ist Naturrecht im weiteren Sinne die Wissenschaft derjenigen Zwangsrechte, welche den Menschen sowohl im Naturzustande, als auch unter der Voraussetzung des allgemeinen Begriffs von Staat oder Volk zukommen, und unmittelbar durch die Vernunft erkannt werden können[4]." Eisenhart versteht das Naturrecht nicht ausschließlich formal, sondern er wagt auch inhaltliche Aussagen. Die natürliche Freiheit des Willens, das Leben, die Seelenkräfte, der Leib und dessen Glieder und Kräfte gehören zu den Anlagen des Menschen, die ursprünglich und allgemein zu dessen Vollkommenheit gehörten.

---

[11] Dabelow, Einleitung in die deutsche positive Rechtswissenschaft, Vorrede, S. IV.

[12] Ebenda, Vorrede S. IX.

[1] Ernst Ludwig August Eisenhart; Die Rechtswissenschaft nach ihrem Umfange, ihren einzelnen Theilen und Hülfswissenschaften nebst einer juristischen Encyclopädie, Helmstädt 1795, § 2.

[2] Ebenda, Vorrede S. 2.

[3] Ebenda, § 8.

[4] Ebenda, § 9.

„Der Mensch hat ein Recht, diese Güter mit Anwendung von Zwang gegen jeden zu erhalten, welcher sie zur Befriedigung seines Triebes zur Sinnlichkeit zu mindern trachtet[5].“

Kant ?

Den ersten Grundsatz des Naturrechts drückt Eisenhart an anderer Stelle folgendermaßen aus: Es ist moralisch zulässig, gegen denjenigen Gewalt anzuwenden, der deine allgemeine Vollkommenheit wegen der Befriedigung seines Triebes zur Sinnlichkeit zu mindern sucht[6].

Eisenharts Naturrecht ist vorkantisch, wie es sich an seiner Bestimmung des Sittengesetzes zeigt: „Die Forderung des Sittengesetzes besteht aber in Beförderung allgemeiner Vollkommenheit“[7], was Kant in seiner Kritik der praktischen Vernunft ablehnt. Für Kant besteht die Forderung des Sittengesetzes in dem pflichtgemäßen Handeln aus dem kategorischen Imperativ.

b) Die Rechtswissenschaft und ihre Hilfswissenschaften

Geschichte und Philosophie sind neben Philologie und der Staatsgelehrsamkeit Hilfswissenschaften der Rechtswissenschaft.

Die Geschichte dient der Rechtswissenschaft, indem sie die historischen Ursachen der positiven Gesetze ermittelt: „Die positiven Gesetze haben zwar ihren Grund in dem Willen vernünftiger Wesen, aber dieser Wille ist durch äußere Umstände geleitet, die großentheils in den Veränderungen und Schicksalen, welche das menschliche Geschlecht im ganzen und im einzelnen betroffen haben, sich gründen. Diese Veränderungen und Schicksale lehrt uns die Geschichte kennen[8].“ Eisenhart teilt die Geschichtswissenschaft in Universalgeschichte und Staatengeschichte auf[9]. Sein Geschichtsbegriff ist kontinuitätsbewußt und nicht normativ, „man kann aus der Geschichte also nicht lernen“. Auch das Wort pragmatische Geschichte, wie die Ende des 18. Jahrhunderts herrschende Geschichtstheorie genannt wurde, fällt nicht.

Unter Philosophie versteht Eisenhart Logik oder Vernunftlehre. „Was diese, die Logik (Vernunftlehre) betrifft, so hat aus ihr der Jurist die allgemeinsten Regeln zu schöpfen, wie er seine Begriffe über rechtliche Gegenstände am zweckmäßigsten ordnen, wie er Gesetze und Tatsachen richtig beurtheilen, und vermittels richtiger Schlüsse die Gesetze auf vorkommende Fälle anwenden muß.

---

[5] Ebenda, § 22.
[6] Ebenda, § 20.
[7] Ebenda, § 20.
[8] Ebenda, § 242.
[9] Ebenda, § 243.

Sie macht ihm ferner die Schleichwege bekannt, die von der Wahrheit ab zum Irrthume führen, und wird ihn daher vorsichtig machen, sich nicht durch Scheingründe und Trugschlüsse einnehmen oder einschläfern zu lassen[10]."

c) Die Methoden der Rechtswissenschaft

aa) Die Unterscheidung von innerer und äußerer Rechtsgeschichte

„Die Rechtsgeschichte ist entweder eine *äußere* oder eine *innere*. Jene erzählt den Ursprung und die Veränderungen der positiven Rechtsquellen. Diese, die innere Rechtsgeschichte, giebt eine Darstellung wie nach und nach die positiven Rechtsbegriffe sich entwickeln, und welche Veränderungen sie bis zu ihrer völligen Ausbildung erlitten haben[11]."

bb) Die systematische Methode

Eisenhart zählt drei verschiedene systematische Methoden auf; die analytische, die axiomatische und die demonstrativische.

„1) Die *analytische* Lehrart ist im 16. und 17. Jahrhundert häufig in juristischen Schriften gebraucht worden. Bei ihr werden die Rechtswahrheiten durch Schlüsse unmittelbar aus in den Gesetzen gegründeten Sätzen abgeleitet[12].

2) Die *axiomatische* oder *heinecciussche Lehrart* besteht darin, daß jeder abzuhandelnden Materie eine Erklärung vorausgeschickt, und diese in Axiome zerlegt wird. Aus diesen werden dann wiederum die Wahrheiten, welche durch Schlüsse sich daraus folgern lassen, abgeleitet[13].

3) Die *demonstrativische* Lehrart im engern Sinne (*mathematische Lehrart*) wurde von Christian Wolff in die Rechtswissenschaft eingeführt. „Nach dieser Methode wird jede Materie mit einer Erklärung angefangen, welcher diejenigen Grundsätze und Folgerungen, die keines Beweises bedürfen, folgen, und alsdann wird zu solchen Sätzen übergegangen, die erst eines Beweises bedürfen[14]."

Eisenhart schließt sich keiner dieser drei Methoden an. Er fordert, sich an keine der angeführten Lehrarten zu binden, sondern bei der An-

---

[10] Ebenda, § 245.
[11] Ebenda, § 252.
[12] Ebenda, § 266.
[13] Ebenda, § 266.
[14] Ebenda, § 266.

Stereotyper Satz: X, Y, Z gehört (ield) zu den (großen)
Reformern d. RsWiss.

82   C. Die Rechtslehre Ende des 18. und Anfang des 19. Jahrhunderts

wendung einer der drei systematischen Methoden sich von der Natur
der zu bearbeitenden Rechtsmaterie leiten zu lassen[15].

d) Würdigung

Eisenhart gehört nicht zu den Reformern der Rechtswissenschaft. Er
ist weder Kantianer, noch ist sein Geschichtsverständnis pragmatisch
oder organologisch. Seine systematische Methode ist von herkömmlicher
Art und Weise. Auch wird der Gegenstand der positiven Rechtswissenschaft nicht durch die Verbindung von philosophischer und historischer
Methode konstituiert. Als Rechtsquelle steht das Naturrecht gleichbe-
rechtigt neben dem positiven Gesetz.

allg. Anzicht

5. R. F. Terlinden

Er ist einer der letzten Juristen des 18. Jahrhunderts, der sich uneingeschränkt zu der Methode Christian Wolffs bekennt. Terlinden
selbst bezeichnet sich als Schüler Nettelbladts[1], der die demonstrative
Methode als Nachfolger Wolffs neben Ickstadt, Darjes und Cramer auf
die Jurisprudenz angewendet hat.

a) Das Verständnis von Rechtswissenschaft

Terlinden kennt das Wort Rechtswissenschaft noch nicht. Er spricht
deshalb von der Rechtsgelahrtheit. Sie ist „diejenige Wissenschaft,
welche die Wahrheiten, die Zwangsrechte und Zwangspflichten unter
den Menschen betreffen, in zusammenhängenden Grundsätzen lehrt"[2].
Der Gegenstand der Rechtsgelahrtheit besteht in Zwangsrechten und
Zwangspflichten. „Pflichten, bei denen keine Zwangsmittel stattfinden,
gehören in die philosophische Moral[3]." Terlinden unterscheidet also
Recht und Moral an Hand des Kriteriums des Zwanges. Er teilt die gesamte Rechtsgelahrtheit in positive und natürliche ein.

aa) Die positive Rechtsgelahrtheit

„Die positive Rechtsgelahrtheit beschäftiget sich einzig und allein
nur mit juristischen Wahrheiten. Juristische Wahrheiten sind aber alle
diejenigen Wahrheiten, welche

---

[15] Ebenda, § 266.

[1] Terlinden, Versuch einer Vorbereitung zu der heutigen positiven in
Teutschland üblichen gemeinen Rechtsgelahrtheit für angehende Rechtsgelehrte, Münster und Osnabrück 1787, Vorrede S. V.

[2] Ebenda, § 65 (S. 152).

[3] Ebenda, § 66 (S. 155).

1. Zwangsrechte und Zwangspflichten der Menschen betreffen und

2. durch positive Gesetze entweder ausdrücklich oder stillschweigend bestimmt werden, d. i. aus positiven Gesetzen oder Gewohnheiten entspringen[4]."

bb) Das Naturrecht

Das Naturrecht ist nach Ansicht von Terlinden der Inbegriff der
Zwangsrechte und Zwangspflichten, die „aus der Natur und dem
Wesen der Menschen und der Dinge fließen"[5]. Die Verbindlichkeiten,
die aus dem Naturrecht folgen, „entstehen von selbst aus der Natur
des äußerlichen Ruhestandes der Menschen gegeneinander und werden
durch Vernunftschlüsse daraus abgeleitet"[6]. Die Vernunft ist das Erkenntnismittel des Naturrechts und seiner wichtigsten Grundsätze.
„Die gesunde Vernunft zeigt uns, daß die Menschen äußerlich ruhig
und gerecht gegen einander leben sollen, das ist, daß keiner den anderen in dem Seinigen stören möge, weil sonst die Menschen wider
den ihnen von Gott bestimmten Hauptzweck, einander in ihrer Erhaltung hindern und selbst aufreiben würden"[7]." Die beiden wichtigsten
Grundsätze im Naturrechtssystem Terlindens sind das suum cuique (Jedem das Seine) und der Schutz des Lebens („daß niemand wider des andern Erhaltung etwas unternehme")[8].

Ohne die natürliche Rechtsgelahrtheit würde man „weder Recht noch
Unrecht gründlich unterscheiden; ohne sie würden die Gründe und der
Sinn eines Gesetzgebers niemals genug eingesehen und erklärt werden
können"[9].

cc) Das Verhältnis zwischen
„positiver und natürlicher Rechtsgelahrtheit"

Bedeut ?

Aufgabe des Naturrechts ist es, die Lücken im positiven Recht auszufüllen und der positiven „Rechtsgelahrtheit" die dogmatischen Begriffe zu entwickeln. Terlinden beschreibt dies folgendermaßen: „Die
natürliche Rechtsgelahrtheit steht demnach schon unmittelbar mit der
positiven Rechtsgelahrtheit in Verbindung, da in allen denjenigen
Fällen, welche noch nicht durch positive Gesetze bestimmt sind, die Entscheidung lediglich und unmittelbar aus dem Naturrecht hergenommen

---

[4] Ebenda, § 71 (S. 162).
[5] Ebenda, § 22 (S. 54).
[6] Ebenda, § 22 (S. 54) und § 71 (S. 163).
[7] Ebenda, § 22 (S. 54).
[8] Ebenda, § 71 (S. 163).
[9] Ebenda, § 164 (S. 277/278).

werden muß. Aber sie leistet auch der positiven Rechtsgelahrtheit einen mittelbaren Nutzen in Erklärung und Erlernung der positiven im Gerichtsgebrauche gültigen Rechte, deren Grundbegriffe eben aus dem Naturrecht entlehnt sind, mithin ohne eine genaue Kenntniß davon vorauszusetzen, unmöglich gründlich verstanden und gefaßt werden können. Sie muß daher, ... über die ganze positive Rechtsgelahrtheit ihr Licht verbreiten, als auch die Lücken derselben ausfüllen[10]."

Terlinden dehnt nach dem Vorbild Nettelbladts und Christian Wolffs das Naturrecht auf den gesamten Bereich des positiven Rechts aus; „Hieraus erhellet also, daß in der natürlichen Rechtsgelahrtheit, wenn sie in ihrem ganzen Umfange abgehandelt werden soll, von allen natürlichen Rechten und Verbindlichkeiten der Menschen, ... so zu handeln ist, daß sie auf Gegenstände, die nur gedacht werden können, auszudehnen ist und ... eben die Theile haben müsse, welche die positive Rechtsgelahrtheit nach ihrem ganzen Umfang hat"[11].

Das Ergebnis des voranstehend beschriebenen Verfahrens ist, daß letztlich zwischen positivem Recht und Naturrecht keine Grenze mehr besteht[12]. Dafür spricht auch, daß Terlinden im positiven Recht und im Naturrecht gleichermaßen die „demonstrativische Methode" anwendet.

b) Die demonstrative Methode als einzige Methode der Bearbeitung der positiven Rechtswissenschaft

Terlinden weist in Anlehnung an Schott darauf hin, daß die demonstrative Methode in dreifacher Weise definiert werden kann:

„Im *weitläufigsten Verstande* für eine jede Lehrart, nach welcher die Gründe der gelehrten Wahrheiten angegeben und diese aus jenen durch Schlüsse herausgeleitet werden. Diese Methode wird auch die philosophische analytische Methode genannt.

Im *mittleren Verstande* für diejenige Lehrart, das aus denen zum Grunde gelegten Definitionen und Eintheilungen gewisse Hauptgrundsätze (axiomata) gezogen werden. Man nennt sie die axiomatische Methode ...

Im *engsten* und *eigentlichsten Verstande* aber begreift man darunter, die den Mathematikern abgeborgte und von dem Kanzler Wolff in der Philosophie sowohl als in der Rechtsgelahrtheit eingeführte Lehrart, da man eine jede Wahrheit in ihre einfachsten Ideen auflöst und durch eine lange Reihe von Sätzen und Schlüssen, deren jeder

---

10 Ebenda, § 164 (S. 278).
11 Ebenda, § 164 (S. 278).
12 Stintzing / Landsberg III, 1. Halbband, S. 297.

von dem andern getrennt ist und gemeiniglich einen eigenen Namen
(als definition, axioma, postulatum theorema, problema, demonstratio,
scholion) bekömmt, dieselbe zu erweisen sucht[13]."

Terlinden bekennt sich zur demonstrativen Methode im engsten
Sinne im Gegensatz zu Schott und Eisenhart. Er zählt die Haupteigen-
schaften und Vorteile der Wolffischen Methode auf:

„1) Bestimmtheit, Deutlichkeit und Vollständigkeit in den Begriffen,

2) Ordnung im Ganzen und zweckmäßige Zusammenstellung der
Materien und einzelnen Wahrheiten und

3) Gründlichkeit in den Beweisen[14]."

Die Deutlichkeit und Gründlichkeit der Bearbeitung des positiven
Rechts durch die demonstrativische Methode „wird dadurch befördert,
wenn überall richtige Erklärungen und genau bestimmte Sätze gebraucht und in einer gehörigen Ordnung dergestalt vorgetragen werden, daß die folgenden Sätze aus den vorhergehenden fließen, und die
Solidität entsteht aus überzeugenden Beweisen"[15].

c) Die Hilfswissenschaften „der positiven in Deutschland üblichen gemeinen Rechtsgelehrsamkeit"

Terlinden führt drei „Hülfsmittel" der positiven Rechtswissenschaft
auf: Sie haben teils historischen, teils philosophischen, teils philologischen Charakter[16].

Die Geschichte spielt in Terlindens Rechtslehre im Gegensatz zur
Philosophie nur eine unbedeutende Rolle. Er schreibt über die Ge-
schichtsforschung: „Die Historie ... enthält wahrhafte und deutliche
Erzählungen merkwürdiger Begebenheiten, welche die Verrichtungen
und Bemühungen der Menschen betreffen. Sie erzählt den Ursprung,
Wachstum und Untergang aller Staaten und Völker, der Künste und
Wissenschaften ... Sie beschreibt das Genie, die Sitten, die Religion,
Gesetze, Gewohnheiten, Verrichtungen, Künste, Tugenden und Laster
der Völker ... Die Erlernung der Historie ist allen Menschen höchst
nützlich[17]."

Das Geschichtsverständnis Terlindens ist weder pragmatisch noch
„organisch". Es ist naiv und unkritisch. Terlinden kennt nur die Quel-

---

13 Terlinden, Versuch einer Vorbereitung ... § 43 (S. 104).
14 Ebenda, § 44 (S. 105).
15 Ebenda, § 185 (S. 319).
16 Ebenda, § 160 (S. 271).
17 Ebenda, § 12 (S. 23).

lengeschichte als Rechtsgeschichte. Die Trennung von innerer und äußerer Rechtsgeschichte ist ihm fremd.

Interessant und bezeichnend für die Rechtslehre von Terlinden ist, daß er zur Philosophie im weiteren Sinne neben Logik, praktischer Philosophie und Metaphysik auch die Mathematik zählt[18].

d) Würdigung

Terlinden gehört zu den reinen Systematikern und Axiomatikern. Er ist einer der letzten Juristen, der die demonstrative Methode in der Rechtswissenschaft anwendet und sie auch programmatisch vertritt. Sein Geschichtsverständnis zeigt keine Beeinflussung durch Montesquieus Werk „Der Geist der Gesetze". Das Naturrecht ist bei Terlinden unkritisch und wirkt durch seinen Umfang als Ersatz des positiven Rechts. Bei ihm sind keinerlei rechtspolitische und rechtstheoretische Reformbemühungen zu erkennen. Er erkennt nicht, in welcher Krise die Rechtswissenschaft sich damals befunden hat.

6. Nicolaus Thaddäus Gönner
(1764 - 1827)

Gönner war Zeitgenosse Feuerbachs und Savignys und kannte die beiden aus ihrer Landshuter Professorenzeit (Feuerbach 1804 - 1806 und Savigny 1808 - 1810) persönlich. Gönner beschäftigte sich mit Staatsrecht, Prozeßrecht, Zivilrecht und Strafrecht. Seine Arbeiten sind mehr der Jurisprudenz des 18. als der Rechtswissenschaft des 19. Jahrhunderts zuzurechnen.

a) Das Verständnis von Rechtswissenschaft

Gönner ist Anhänger des herkömmlichen Naturrechts. Es ergibt sich für ihn aus der naturalis ratio, welche jedem Menschen angeboren ist[1]. Das Natur- oder Vernunftrecht ist keine empirische Wissenschaft, die aus Erfahrung durch Induktion gewonnene allgemeine Grundsätze enthält; es ist Erkenntnis a priori[2]. Gönner sagt nirgends, was der Inhalt des Naturrechts ist, er führt keinen einzigen allgemeinen Grundsatz auf. Auch läßt sich nicht erkennen, ob er sich zu einem formalen oder materialen Naturrechtsverständnis bekennt. Feststeht jedoch, daß er die Autonomie der positiven Rechtswissenschaft, wie Savigny, Thibaut,

---

[18] Ebenda, § 164 (S. 276).

[1] N. T. Gönner, Über Gesetzgebung und Rechtswissenschaft in unserer Zeit, Erlangen 1815, S. 224.

[2] Ebenda, S. 143.

Hugo und Feuerbach es tun, nicht anerkennt und die Rechtswissenschaft daher definiert als Vereinigung von Vernunftrecht und positivem Recht. Ihren Wissenschaftscharakter bekommt nach ihm die positive Rechtswissenschaft erst durch das Naturrecht. „Niemals kann die positive Rechtswissenschaft als ein Inbegriff von Gegenständen des bloß empirischen Wissens betrachtet, niemals nur nach empirischen Gesichtspunkten geordnet werden, denn diese Behandlung zerstört den Begriff einer Wissenschaft, welche von aller Empirie oder Erfahrung unabhängig ist, und ohne systematischen Zusammenhang der alles Einzelne nach den Forderungen der Vernunft in seiner Übereinstimmung und Einheit darstellt, gar nicht denkbar ist[3]."

Die Rechtswissenschaft verträgt keine Trennung des Vernunftrechts von den rein positiven Bestimmungen, sie gebietet vielmehr ihre Verbindung[4]. Gegen die Positivsten gerichtet, die von der Autonomie des positiven Rechts als einziger Rechtsquelle ausgehen, schreibt Gönner: „Wer das Vernunftrecht dem positiven Recht so entgegensetzt, als ob dieses da anfange, wo jenes aufhört, und als ob ein positives Recht auf jenes nur bauen, nicht aber aus ihm Materialien selbst zu einem vollendeten Gebäude entnehmen solle, der hat einen verkehrten Begriff vom positiven Rechte, und verkennt den schönsten und erhabensten Beruf des Gesetzgebers. Das positive Recht schöpft aus dem Vernunftrechte als seiner Quelle, trägt dessen Bestimmungen in die Sphäre des Äußeren und sinnlich Erkennbaren über, und giebt durch Verbindung mit jenen Bestimmungen, ... dem Rechte jene Vollständigkeit und Festigkeit, welche die Sicherung des Rechtszustandes unter den Menschen, der Zweck aller Gesetzgebung, fordert[5]."

Obwohl Gönner Anhänger der Naturrechtslehre ist, wehrt er sich gegen eine zu weite Ausdehnung des Naturrechts auf Kosten des positiven Rechts. „Das Recht, das seit Jahrtausenden im Leben wirkte, das die feinsten Verhältnisse des bürgerlichen Wirkens, die mannichfaltigen Formen des Verkehrs berührt, kann nicht aus der Luft gegriffen werden; es bedarf eines festen Bodens und der Gesetzgeber muß das Buch der Erfahrung aller Zeiten eben sowohl zur Hand nehmen, als diese Erfahrung durch das Vernunftrecht, die Urquelle, läutern[6]." Gönner verteidigt die Wolffianer gegen die Vorwürfe der Reformer wohl deshalb, weil er selbst zu den konservativen und traditionsbewußten

---

[3] N. T. Gönner, Über die Nothwendigkeit einer gründlichen Reform des in Teutschland geltenden Privatrechts, S. 168, in F. L. Wirschingers Versuch einer neuen Theorie über das Juramentum in Litem, Landshut 1810.

[4] N. T. Gönner, Über Gesetzgebung und Rechtswissenschaft in unserer Zeit, S. 28.

[5] Ebenda, S. 15, 26 und 27.

[6] Ebenda, S. 57.

Kräften in der Rechtswissenschaft gehört ... Das zeigt sich in folgender Aussage, in der er den „philosophischen Rechtsgelehrten" gegen die Angriffe Feuerbachs in dessen Landshuter Antrittsvorlesung (1804) „Über Philosophie und Empirie in ihrem Verhältnis zur positiven Rechtswissenschaft" in Schutz nimmt: „Der philosophische Rechtsgelehrte ist keineswegs das Ungeheuer, welches als Selbstgesetzgeber über das positive Recht herrschen, das Gesetzliche, um des Rechtlichen willen verdrängen, und als Rest veralteter Barbareien verachtend auf die Seite werfen will[7]." Nicht den philosophischen Juristen, vielmehr den positivistischen Juristen, den damals so bezeichneten Legisten, attackiert Gönner: „Der bloße Kenner des positiven Rechts (Legist), welcher nur das Gesetzliche kennt, weil es gesetzlich ist, welchem der höhere Grund des Gesetzlichen und sein Zusammenhang mit den Vernunftprinzipien fremd ist, kann zwar Anspruch auf gelehrtsein machen, das innere Heiligthum der Rechtswissenschaft ist ihm verschlossen[8]."

In allen diesen Aussagen zeigt sich sehr deutlich, wie sehr Gönner noch Jurist des 18. Jahrhunderts ist.

b) Die Kritik an Savignys Rechtslehre

Gönners Kritik an der Rechtslehre Savignys fußt auf dem materialen Naturrechtsdenken des 18. Jahrhunderts. Das hindert ihn jedoch nicht, seine Kritik nicht nur auf die historisch-genetische Methode auszurichten, wie es die anderen zeitgenössischen Gegner Savignys getan haben, sondern er ist der einzige Jurist der damaligen Zeit, der auch die systematische Methode der Historischen Rechtsschule erkennt und sie kritisiert[9].

Gönner hält sowohl die Anwendung der historischen als auch der systematischen Methode, wie Savigny sie versteht, für fehlerhaft. Die historische Methode Savignys führt nach Gönner zu einer Entfremdung der Gesetzgebung von der lebendigen Erfahrung. „Sie tritt aus dem Zauberkreis des Alten nicht heraus, ... sie ist bloße Technik, und zwar Technik längst verflossener Zeiten: sie macht gleichgültig gegen doktrinelle Erfahrung und bringt ein sklavisches Vorurtheil in die Nation[10]." Die moderne historische Methode führt nur zu einer Rechts-

---

[7] N. T. Gönner, Über die Nothwendigkeit einer gründlichen Reform des in Teutschland geltenden Privatrechts, S. 167.

[8] Ebenda, S. 167; Gönner fährt fort: ... „wenn er auch als Legist von höherem Range in der größten Tiefe die Geschichte seiner positiven Gesetze durchdrungen, mit der höchsten Schärfe den Grundtext seiner Gesetze hergestellt, den Sinn seiner Gesetze aus ihm darstellt, und vermittelst der Abstraktion aus seinen Gesetzen allgemeine Sätze abgeleitet hat", S. 167.

[9] N. T. Gönner, Über Gesetzgebung und Rechtswissenschaft in unserer Zeit, S. 185, 192, 217.

[10] Ebenda, S. 147.

kunde. Sie leistet aber nichts für die Rechtswissenschaft selbst[11]. Noch schärfer als gegen die historische Methode geht Gönner gegen die systematische Methode vor. Er hält sie für unwissenschaftlich, da sie den klaren Unterschied zwischen System und Wissenschaft vermische. „Der systematische Sinn ergreift das Gegebene, führt das positive Recht in seinen Begriffen und in seiner Verbindung auf und ordnet es so zu einem Ganzen[12]." Die Form des Systems sei bei Savigny der einzige wissenschaftliche Teil, der Inhalt oder der zu systematisierende Rechtsstoff ausschließlich positives Recht, das durch die Erfahrung (a posteriori) gegeben, damit historisch zu ermitteln, also letztlich „unwissenschaftlich" ist. Der Charakter einer Wissenschaft ergibt sich aus ihrer apriorischen Vernunfterkenntnis und aus der Verbindung von Stoff und Form. „Der wissenschaftliche Sinn geht aus von den Begriffen durch Erkenntnis (a priori), und führt das positiv Gegebene zurück auf jene Begriffe, von welchen aus auf demselben Wege weiter geschlossen wird; hier ist also nicht nur die Form, sondern auch der Stoff wissenschaftlicher Natur[13]." Gönners Wissenschaftsbegriff und seine Kritik an der angeblich unwissenschaftlichen Systematik der Historischen Rechtsschule wird nur dann verständlich, wenn man seinen Begriff von Wissenschaft in der Rechtswissenschaft mit dem Naturrecht gleichsetzt[14].

Gönner setzt der Historischen Rechtsschule eine „Wissenschaftliche Schule" entgegen. „Nun bestehet die Differenz in dem: die historische Schule verbannt aus der Bearbeitung des römischen Rechts den wissenschaftlichen Sinn, und beschränkt sich auf den systematischen Sinn, denn ihre Bedingung ist die völlige Gewöhnung jeden Begriffs und jeden Satz sogleich von seinem geschichtlichen Standpunkte aus anzusehen: die Methode der anderen Juristen verbindet mit der historischen Bearbeitung des positiven Rechts den wissenschaftlichen Sinn, in der beständigen Gewöhnung, jeden Begriff und jeden Satz des positiven Rechts zugleich von dem wissenschaftlichen Standpunkt aus anzusehen[15]." Eine juristische Methode bekommt, so Gönner, erst dann ihren eigentlich wissenschaftlichen Charakter, wenn sie das Naturrecht integriert. Das Negieren der Existenz des Naturrechts sei die wesentliche Schwäche der Historischen Rechtsschule. Die wirkliche Rechtswissenschaft besteht nach Gönner aus historischen, systematischen und naturrechtlichen Erkenntnissen.

---

[11] Ebenda, S. 143 und 144.

[12] Ebenda, S. 142.

[13] Ebenda, S. 143.

[14] So auch Stintzing / Landsberg, II 2, S. 157.

[15] N. T. Gönner, Über die Gesetzgebung und Rechtswissenschaft in unserer Zeit, S. 143.

Er faßt seine Kritik an Savignys historisch-systematischer Methode wie folgt zusammen: „Als abgeschieden von der höheren Region der Wissenschaft und des ewigen Vernunftrechts läßt diese Methode das Recht in dem Zustand von Bildung, in dem es bei den Römern stand, und daß dieser eben nicht den Gipfel der Vollkommenheit erreicht hatte, beweisen die materiellen Mängel des römischen Rechts. Sie trennt sich von der Erfahrung und Kultur des Rechts bis auf unsere Zeit, sie macht eine rückgängige Bewegung auf anderthalbtausend Jahre, und so thöricht es wäre, wenn wir die Erfahrung und Kultur der Römer unberührt ließen, eben so und noch mehr thöricht ist es, wenn man die folgenden Erfahrungen bis auf unsere Zeiten verachten und unbenützt lassen will[16].“

Gönner wendet sich hiermit gegen die einseitige Verherrlichung des römischen Rechts und der damit in Verbindung stehenden angestrebten und letztlich auch erreichten „zweiten Rezeption“ des römischen Rechts.

Die Kritik Gönners an der Rechtslehre Savignys gipfelt in dem Vorwurf: „Leider hat Herr v. S. von Rechtswissenschaft gar keinen Begriff[17]!“ Auf diesen polemischen Angriff Gönners antwortet Savigny, in dem er die Schwächen von Gönners Naturrechtsdenken aufzeigt. „Er (Gönner) selbst lebt nämlich in dem unschuldigen Glauben, in welchem ihm seine Ansicht als die absolute Weltansicht erscheint. Sollte er jemals zu der lebendigen Einsicht kommen, daß er selbst mit allem, was er denkt und schreibt und nicht weiß, in der Geschichte lebt und ein geschichtliches Faktum ist, so wäre sein Erstaunen groß[18].“

c) Würdigung

Gönners Kritik an Savigny hat sich im Verlauf der Geschichte der Historischen Rechtsschule als überwiegend berechtigt herausgestellt. Sein naives, unkritisches Naturrechtsdenken hinderte ihn jedoch, ein Savigny ebenbürtiger Gegner zu sein. Bei seiner Kritik an der historischen Methode erkennt Gönner nicht das wirklich Neue der Historischen Rechtsschule: das genetische, „organische“ Geschichtsdenken. Er identifiziert Savignys historische Methode mit der antiquarischen des 18. Jahrhunderts. Für die tatsächlich geleistete Arbeit der Historischen Rechtsschule bis 1840 mag dieses Urteil zutreffen, nicht aber für das Arbeitsprogramm der Schule, das Savigny im „Beruf“ und in

---

[16] Ebenda, S. 222 und 223.

[17] Ebenda, S. 198; an anderer Stelle heißt es: „Aber der historische systematische Sinn, auf den Hr. v. S. die ganze Rechtswissenschaft einschränkt, darf mit dem echt wissenschaftlichen Sinn nicht verwechselt werden.“

[18] Savigny, Zeitschrift für geschichtliche Rechtswissenschaft, Bd. 1, S. 423.

dem ersten Band der Zeitschrift für geschichtliche Rechtswissenschaft veröffentlicht hat. Gönners Rechtstheorie ist nur ansatzweise erkennbar. Er gehört nicht zu den Reformern, sondern zu den Traditionalisten[19] und wurzelt fest im vorkantischen Naturrecht, obwohl er manchmal von Erkenntnissen a priori spricht, was auf einen Einfluß Kants schließen lassen könnte.

7. Theodor Schmalz
(1760 - 1831)

Theodor Schmalz hat sich vor allem mit rechtsphilosophischen Problemen und dem deutschen Staatsrecht beschäftigt.

a) Das Verständnis von Rechtswissenschaft

aa) Der allgemeine Wissenschafts- und Philosophiebegriff

Wissenschaft ist für Schmalz der vollständige Inbegriff von Erkenntnissen[1]. Er unterscheidet empirische und reine Wissenschaften. Die empirischen Wissenschaften gehen von Erfahrungserkenntnissen aus, die reinen Wissenschaften von Erkenntnissen a priori, die von der Erfahrung unabhängig sind[2].

Es gibt zwei reine Wissenschaften: 1. die Mathematik und 2. Die Philosophie[3]. Die Philosophie erhält ihre Erkenntnisse aus Begriffen, die a priori und der Anschauung nach nicht erkennbar sind. Sie kann aber bei diesen Erkenntnissen entweder deren Form oder deren Inhalt untersuchen, und sie teilt sich daher in Logik und Metaphysik[4]. Schmalz versteht unter Philosophie a priorische Erkenntnistheorie und keine „System-Theorie".

Logik ist für ihn der Teil der Philosophie, welcher den Inhalt unserer reinen, in der Anschauung nicht darstellbaren Erkenntnisse entwickelt. Die Metaphysik untersucht unser Erkenntnisvermögen und scheidet das Reine vom Empirischen. Die Philosophie ist deshalb nicht zu Unrecht die Kritik der Vernunft genannt worden[5].

---

[19] Das zeigt sich auch darin, wie er sich gegen Savignys Angriff auf die Juristen des 18. Jahrhunderts, zu deren Erbschaft Gönner sich bekennt, wehrt.

[1] Schmalz, Die Wissenschaft des natürlichen Rechts, Leipzig 1831, S. 1.

[2] Schmalz, Handbuch der Rechtsphilosophie, Halle 1807, S. 1.

[3] Schmalz, Die Wissenschaft des natürlichen Rechts, S. 2.

[4] Schmalz, Handbuch der Rechtsphilosophie, 1807, S. 2.

[5] Ebenda, S. 2 und 3.

bb) Der Begriff der Rechtswissenschaft

Schmalz kritisiert diejenigen Juristen, die davon ausgehen, „die Rechtslehre sey die Wissenschaft von den Rechten und Pflichten, welche erzwungen werden können"[6]. Er wendet sich damit gegen die Bestimmung des Rechts als Zwangsrecht. Jurisprudenz ist für Schmalz die Wissenschaft von den vollkommenen Rechten und Pflichten — oder von vollkommenen Gesetzen[7]. Wahre Rechtswissenschaft ist also nach ihm eigentlich nur die Naturrechtswissenschaft. Dennoch unterscheidet er positives Recht und Naturrecht als zwei verschiedene Rechtsquellen[8]. In seinen hier aufgeführten rechtsphilosophischen Schriften geht er jedoch ausschließlich auf das Naturrecht ein und meidet das positive Recht. Er unterscheidet das reine vom angewandten Naturrecht:

Reines Naturrecht ist die Metaphysik des Rechts, als Analyse des Begriffs der äußeren Freiheit und die Deduktion dieser Rechte allein aus der Natur des Menschen als eines vernünftigen Wesens in der Sinnenwelt.

Angewandtes Naturrecht ist die Untersuchung, wie die im reinen Naturrecht gefundenen Rechte in dem geschichtlich Gegebenen sich modifizieren. Das angewandte Naturrecht ist also die Deduktion der Rechte aus der Natur gegebener Verhältnisse, Einrichtungen und Geschäfte[9].

Schmalz geht von dem Begriff der Freiheit aus und gelangt von ihm zum obersten Grundsatz des Naturrechts. Dieser lautet: „Behandle die Menschheit in andern nie als bloßes Mittel[10]." Davon ausgehend, versucht Schmalz durch die analytische Methode die Gesetze des reinen Naturrechts abzuleiten. Er gelangt dabei zu drei Urrechten:

„Das erste Urrecht ist das Recht des Menschen auf sich selbst, das ist, er darf mit allem, was die Natur seiner Seele und seinem Körper gab, daseyn und leben. Denn wer sein Leben oder die Gesundheit seines Körpers ihm raubte, würde ein freies Wesen wider dessen Willen bestimmen, als Mittel gebrauchen und also zum sinnlichen Wesen herabwürdigen[11]."

Das zweite Urrecht der Menschheit ist das Recht der Menschheit auf seine Handlungen. „Man nennt dies Recht des Menschen auf seine Handlungen die Freyheit im besondern Sinn oder die äussere Freyheit,

---

[6] Ebenda, S. 8 und 9.
[7] Schmalz, Encyclopädie des gemeinen Rechts, Königsberg 1790, S. 5 und 6.
[8] Ebenda, S. 6.
[9] Schmalz, Die Wissenschaft des natürl. Rechts, S. 32.
[10] Schmalz, Das reine Naturrecht, 1792, § 31.
[11] Ebenda, S. 29, § 39.

welches also die Unabhängigkeit unserer Handlungen von Bestimmungen anderer Menschen ist[12].“ Hieraus folgt das Recht auf den Gebrauch
der Sachen[13].

Mehr Urrechte oder oberste Gesetze des reinen und absoluten Naturrechts gibt es nicht. Schmalz beschreibt die Methode der wissenschaftlichen Bearbeitung des Naturrechts: „In der wissenschaftlichen Bearbeitung kommt, meine ich, gerade darauf alles an, nicht bloß die Lehrsätze mit ihren Gründen darzustellen, sondern gerade zu zeigen, wie
alle diese Gründe selbst in einer Kette mit dem obersten Principe
zusammenhängen, wie nicht bloß die Sitte, sondern auch die Gründe
aus jenem ersten Princip durch ganz einfache Analyse hergeleitet
werden[14].“

Vorbild für Schmalz ist die Mathematik, deren Methode er nach-
ahmen will[15]. Damit tritt er die Nachfolge des Philosophen und Mathe-
matikers Christian Wolff an. Die analytische Methode steht in seiner
Rechtslehre in enger Verbindung mit der deduktiven. Die Metaphysik
des Rechts kann nur durch analytisches und deduktives Verfahren bearbeitet werden.

Das reine Naturrecht muß von Definitionen ausgehen. „Deduciren
ist die eigentliche Kunst des Juristen[16].“ Schmalz spricht nur von der
Anwendung der analytisch-deduktiven Methode im Naturrecht. Über die
Art der Bearbeitung des positiven Rechts schweigt er. Es ist jedoch
anzunehmen, daß er sich auch zur Anwendung der deduktiven Methode
im positiven Recht bekannt hätte, wenn er auf die positive Rechtswissenschaft weiter eingegangen wäre; denn auf die Möglichkeit des
Argumentierens mit allgemeinen Grundsätzen und Hypothesen geht er
an keiner Stelle ein.

b) Das Verhältnis zu Kant

Schmalz kannte Kant persönlich aus seiner Zeit als Professor in
Königsberg und zählt sich zu den echten Kantianern. Diesen Anspruch
bestreitet er zweien seiner Zeitgenossen, Hufeland und Tafinger[17].

Schmalz Rechtsphilosophie stimmt teilweise mit Kants Rechtslehre
überein, und zwar

---

[12] Ebenda, S. 30, § 40.

[13] Ebenda, S. 31, § 41; Encyclopädie des gemeinen Rechts, 1790, S. 10, § 19.

[14] Schmalz, Erklärung der Rechte des Menschen und des Bürgers, Vorrede S. III und IV.

[15] Schmalz, Handbuch der Rechtsphilosophie, 1807, Vorrede VI.

[16] Schmalz, Die Wissenschaft des natürl. Rechts, 1831, S. 13.

[17] Schmalz, Das reine Naturrecht, S. 7 — („Man kann daher die Arbeiten
dieser Männer wirklich nicht für Anwendung der Kantischen Principien
auf das Naturrecht ansehen“).

a) in der Entfernung von allem Empirischen aus dem Naturrecht, dessen Inhalt a priori gegeben ist,

b) in der Trennung von Recht und Moral und

c) in der großen Bedeutung, die die Freiheit für beide Rechtssysteme hat...

Größere Unterschiede bestehen

a) in der Rechtsbestimmung[18],

b) bei den Urrechten des Menschen — Kant geht im Gegensatz zu Schmalz nur von einem Urrecht, nämlich dem der Freiheit und nicht von dreien, aus, und

c) im Aufbau des Naturrechtssystems.

Schmalz unterteilt das reine Naturrecht in absolutes und hypothetisches, das angewandte in außergesellschaftliches und gesellschaftliches.

Kant hingegen unterscheidet das natürliche und bürgerliche Recht; das erstere wurde damals allgemein das Privatrecht, das zweite das öffentliche Recht genannt.

c) Politische Stellungnahmen

Schmalz zählt zu den Verteidigern des Absolutismus und lehnt daher die Gewaltenteilung ab. Nur in der unumschränkten Monarchie gibt es für ihn „allein Achtung für Menschenwürde und Menschenrecht, bürgerliche Freiheit und Sicherheit"[19].

Diejenigen Schriftsteller, die die Staatsgewalt in drei Gewalten auflösen, nämlich in die gesetzgebende, vollziehende und richterliche Gewalt, haben nach Ansicht von Schmalz keine Ahnung von den wirklichen Geschäften der Staatsverwaltung. „Es kann keine wirklich gesetzgebende Gewalt geben, die nicht zugleich die höchste vollziehende Gewalt wäre. Denn eine bloß vollziehende Gewalt ohne gesetzgebende Gewalt ist keine höchste Gewalt, sondern ein bloßes obrigkeitliches Amt." Alles was von der Gewaltentrennung je gesagt worden ist, ist

---

[18] Kant definiert das Recht als den Inbegriff der Bedingungen, unter der die Willkür des einen mit der Willkür des andern nach einem allgemeinen Gesetz der Freiheit zusammen vereinigt werden kann". (Metaphysische Anfangsgründe der Rechtslehre, Akademie-Ausgabe, Bd. VI, S. 230. Schmalz nennt Recht „die Bestimmung des Willens vom Gesetz, nach welcher er darf, nach welcher ihm eine Handlung moralisch möglich ist" (Handbuch der Rechtsphilosophie, Halle 1807, S. 38).

[19] Schmalz, Encyclopädie der Cameralwissenschaften, Königsberg 1797, Vorrede S. VII und VIII.

ein leerer Traum und eine gefährliche Theorie[20]. Schmalz entpuppt sich damit als Gegner des Liberalismus. Er bekennt, von Anfang an gegen den unseligen Unsinn der Französischen Revolution gekämpft zu haben. Er denunziert in einer Flugschrift aus dem Jahre 1815 die politischen Vereine: Von ihnen „gehen aus jene pöbelhaften Schmähreden gegen andere Regierungen und jene tollen Proklamationen über Vereinigung des ganzen Teutschland (in einem Repräsentativ-System, wie sie das nennen"[21]. Sie vergiften die heiligsten Güter der Sittlichkeit. „Diese Menschen wollen durch Krieg der Teutschen gegen Teutsche Eintracht in Teutschland bringen[22]." Letzlich wirft Schmalz den politischen Vereinigungen das Bestreben vor, „allgemeine und besondere Constitutionen gegen den Willen der Fürsten durchzusetzen"[23], also die bürgerliche Revolution anzustreben.

Diese Flugschrift von 1815 gehört zum Vorspiel der Demagogenverfolgung, der Karlsbader Beschlüsse und der ab 1819 einsetzenden restaurativen Phase in der preußischen Geschichte. Man kann in ihr auch eine mittelbare Stellungnahme zu dem Kodifikationsstreit zwischen dem Konservativen Savigny und dem Nationalliberalen Thibaut sehen, denn Schmalz Gegner, die Liberalen, wollten eine Verfassung, die ihnen auch versprochen war, und ein allgemeines bürgerliches Gesetzbuch.

d) Würdigung

Schmalz zählt sicherlich nicht zu den Reformern der Rechtswissenschaft. Eine Verbindung von Philosophie und Geschichte zu einer modernen Rechtswissenschaft gehört nicht einmal in Ansätzen zu seinen Vorstellungen über die Rechtswissenschaft. Er schreibt nirgends, daß er den Zustand der Rechtswissenschaft Ende des 18. Jahrhunderts als krisenhaft ansieht.

Von den modernen Ideen, die damals aufkommen, übernimmt er einige Gedanken aus Kants kritischer Philosophie. Montesquieu, der Begründer einer empirischen Rechtsgeschichte, wird nicht erwähnt. Die Geschichte hat bei Schmalz nur eine völlig untergeordnete Bedeutung. Sie ist Hilfswissenschaft der Rechtswissenschaft[24]. Trotz einiger Einflüsse der kantischen Philosophie zählt Schmalz zu den systematischen

---

[20] Schmalz, Handbuch der Rechtsphilosophie, Halle 1807, S. 284 und 285.
[21] Schmalz, Berichtigung einer Stelle in der Bredow-Venturischen Chronik für das Jahr 1808 — Über politische Vereine, Berlin 1815.
[22] Ebenda, S. 11, 12, 13.
[23] Ebenda, S. 15.
[24] Schmalz, Encyclopädie des gemeinen Rechts, Königsberg 1790, S. 178, § 345.

Naturrechtlern Mitte des 18. Jahrhunderts. Positives Recht interessiert ihn nicht. Sein Arbeitsgebiet ist das Naturrecht, das er sehr weit ausdehnt.

8. Johann Gottlieb Buhle
(1763 - 1821)

Buhle hat neben juristischen Büchern zahlreiche philosophische Schriften verfaßt. Dieses philosophische Interesse erkennt man auch in seinen rechtstheoretischen Aussagen. Ein Bezug zur Geschichte fehlt in seinem philosophischen und juristischen Denken allerdings völlig.

a) Das Verständnis von Rechtswissenschaft

Buhle teilt die Rechtsgelehrsamkeit, so wurde die Rechtswissenschaft noch Ende des 18. Jahrhunderts genannt, ein in die positive Rechtswissenschaft, die das bürgerliche Recht behandelt — auf sie geht er ähnlich wie Schmalz nicht weiter ein — und die natürliche Rechtswissenschaft, die Rechtsphilosophie[1].

Die Rechtsphilosophie besteht aus vier verschiedenen Disziplinen:

1. der Transzendentalphilosophie des Rechts,
2. dem eigentlichen Naturrecht oder der Metaphysik des Rechts,
3. der kritischen Philosophie des positiven Rechts und
4. der historischen Philosophie des positiven Rechts[2].

aa) Die Transzendentalphilosophie des Rechts

Die Transzendentalphilosophie des Rechts beschäftigt sich mit den Bedingungen einer Rechtswissenschaft als solcher[3]. Sie „enthält nur die Bedingungen, unter welchen eine Rechtswissenschaft a priori oder eine Metaphysik des Rechts möglich ist. Sie ist aber nicht diese selbst, obgleich sie ihr als Propädeutik vorangeschickt werden kann, und auch zur vollständigen und gründlichen philosophischen Einsicht in den Rechtsbegriff nothwendig erfordert wird"[4].

---

[1] J. G. Buhle, Grundzüge einer allgemeinen Encyclopädie der Wissenschaften, 1790, S. 100.

[2] J. G. Buhle, Ideen zur Rechtswissenschaft, Moral und Politik, Göttingen 1799, S. 152.

[3] Ebenda, S. 152.

[4] Ebenda, S. 112.

bb) Das Naturrecht

Das Naturrecht ist die Wissenschaft „von den natürlichen Rechten und Verbindlichkeiten des Menschen, die sich durch die Vernunft aus seinem Wesen, seiner Bestimmung, und seinem Verhältnisse zu der menschlichen Gesellschaft überhaupt erkennen lassen"[5]. Das Naturrecht „enthält die Lehre von den natürlichen Rechten und vollkommenen Pflichten, die der Mensch als Mensch zu beobachten hat, und umgekehrt, deren Beobachtung er wieder von andern fordern kann, also auch von seinen vollkommenen Rechten. Es wird der Mensch im Naturzustande gedacht, außer allen bürgerlichen Verbindungen, obgleich ein solcher Stand nur eingebildet ist, und nie als wirklich vorhanden angenommen werden kann"[6]. Über den Inhalt des Naturrechts macht Buhle keine näheren Angaben. Einen Hinweis auf den ersten Grundsatz des Naturrechts findet man in seinem Rechtsbegriff, den er aus der Vernunft entwickelt hat. Der Begriff des Rechts „drückt die äußere Freyheit des Individiums aus, die durch die äußere Freyheit anderer Individuen insofern bedingt wird, als sie mit dieser verträglich seyn muß. Die Individuen dürfen sich durch ihr gegenseitiges Handeln nicht aufreiben, d. h. sie haben Rechte und Verbindlichkeiten gegen einander"[7].

Der Rechtsbegriff verweist auf die äußere Freiheit. Wo die Freiheit anfängt, fängt auch das Recht an; wo sie aufhört, hat das Recht seine Grenze; wo sie über die Grenze hinausgeht, verletzt sie das Recht[8]. der Erfindung der Deduktion des Rechts aus dem Begriffe der vernünftigen Person[9].

Diese Rechtsdefinition weist Ähnlichkeiten mit Kants Rechtsbegriff auf. Doch verweist Buhle auf Fichte und nicht auf Kant: „Die Ehre der Erfindung der Duduktion des Rechts aus dem Begriffe der vernünftigen Freyheit gebührt dem Herrn Prof. Fichte[10]."

Buhles Rechtsbestimmung, der das Recht als äußere Freiheit des Menschen unter Menschen versteht, hätte eine revolutionäre Wirkung

---

[5] J. G. Buhle, Grundzüge einer allgemeinen Encyclopädie der Wissenschaften, Lemgo 1790, S. 99 (§ 67).

[6] Ebenda, S. 92 (§ 63); Buhle fährt fort: „Ueberhaupt ist Naturrecht nichts weiter als die Metaphysik des bürgerlichen Rechts, dessen Grundsätze sich auf jenes zurückführen lassen und damit übereinstimmen müssen" (S. 92).

[7] J. G. Buhle, Ideen zur Rechtswissenschaft, Moral und Politik, S. 16 und 17. An anderer Stelle (S. 21) schreibt er: „Wir hätten also das Recht in den ursprünglichen Bewußtseyn der Freyheit des Vernunftwesens, und der mit derselben nothwendig verknüpften Bedingung ihrer Verträglichkeit mit der Freyheit anderer vernünftiger Wesen gefunden, deren mögliches Daseyn für den Begriff eines freyen Individuums postulirt werden muß."

[8] Ebenda, S. 21.

[9] Ebenda, S. 17.

[10] Ebenda, S. 18.

in der absolutistischen politischen Landschaft des 18. Jahrhunderts in
Deutschland haben können, wenn er es mit inhaltlichen rechtspolitischen
Forderungen versehen hätte. Jedoch ist sein Rechtsbegriff formal[11].
Buhle löst ihn von dem Sittengesetz und beschreibt ihn seinem Ur-
sprunge nach als selbständiges Produkt der Vernunft[12].

cc) Die kritische Philosophie des positiven Rechts

Wie Gustav Hugo, Zachariä und Wenck versucht Buhle, eine Philosophie des positiven Rechts zu entwickeln. Er verwahrt sich gegen
Gustav Hugo, der sein Naturrechtslehrbuch „Philosophie des positiven
Rechts" nennt, Wegbereiter des rechtswissenschaftlichen Positivismus
ist und das Naturrecht auf die Philosophie des positiven Rechts redu-
ziert.

Die Möglichkeit einer eigenständigen Philosophie des positiven Rechts
ergibt sich für Buhle aus folgenden Argumenten: „Wenn ein positives
Recht vorhanden ist, und zwar, wie zu unserer Zeit, ein solches, das
sich bey den verschiedenen Nationen auf sehr verschiedene Weise modi-
ficirt hat, dessen Wirkungen zugleich im Laufe mehrerer Jahrhunderte
durch die Geschichte dieser Nationen anschaulich, bestimmt und zuverlässig gegeben sind, so läßt sich nun auch eine Philosophie des positiven
Rechts, so wie eine Philosophie der Religionen, eine Philosophie der
Geschichte überhaupt denken, und die Realisirung derselben versuchen[13]."

Buhle unterscheidet zwei Arten der Philosophie des positiven Rechts,
die kritische und die historische,

„Bei der kritischen Philosophie des positiven Rechts wird das Naturrecht als Kanon der Beurtheilung nothwendig vorausgesetzt; die Absicht derselben ist, über die Gültigkeit des positiven Rechts vor der
Vernunft zu entscheiden; die Methode besteht in der bloßen Subsump-
tion des letzern unter die allgemeinen Rechtsprincipien der Vernunft,
um ihre Verträglichkeit oder ihren Widerstreit mit diesen einzusehen[14]."
Die kritische Philosophie des positiven Rechts „setzt das Daseyn des
positiven Rechts als seine Materie voraus ... Sie will nicht erklären,
was Naturrecht der Menschen ist, sondern inwiefern das positive Recht
ohngefähr wie Naturrecht aussieht, und diesem mehr oder weniger
gemäß ist. Sie setzt folglich außer dem positiven Recht auch noch das
Naturrecht selbst voraus, weil dieses der einzige Kanon ihrer Reflexion

---

[11] Ebenda, S. 20.
[12] Ebenda, S. 31.
[13] Ebenda, S. 128 und 129.
[14] Ebenda, S. 136.

seyn kann"[15]. Die kritische Philosophie des positiven Rechts überprüft also die Rechtmäßigkeit des positiven Rechts an Hand des materialen Naturrechts. Sie ist daher abhängig vom positiven Recht als Prüfungsstoff und vom Naturrecht als Prüfungsmaßstab, die ihr beide vorgegeben sind.

dd) Die historische Philosophie des positiven Rechts

Sie untersucht erstens die Ursachen und Wirkungen des positiven Rechts und zweitens bestimmt sie den Wert oder Unwert des positiven Rechts in Bezug auf die Bedürfnisse der menschlichen Gesellschaft[16]. Sie ist bestrebt, den historischen Ursprung des positiven Rechts zu erklären.

Die Philosophie des positiven Rechts sucht teils „die physischen und moralischen Ursachen auf, welche die positiven Gesetzgebungen bestimmten, theils die Wirkungen, welche diese Gesetzgebungen für die Wohlfahrt der Völker hatten, und inwiefern sie den Zwecken ihrer Urheber entsprechen oder nicht. Sie versetzt sich, soweit die Data der Geschichte es erlauben, in die Naturbeschaffenheit, den Culturzustand, die Moralität, die innern und äussern politischen und statistischen Verhältnisse der Nation in die Zeitepochen zurück, in welchen die positiven Gesetzesverfassung derselben, welche etwa Gegenstand des historischen Philosophirens ist, sich bildete"[17].

Der Nutzen der historischen Philosophie des positiven Rechts besteht in den ermittelten empirischen Regeln für die Gesetzgebungsarbeit. „Die ganze historische Untersuchung unternimmt sie in der Absicht, die Erfahrung selbst, auf welche sich die positiven Gesetzgeber stützten, zu prüfen; je nachdem das Resultat der Prüfung ausfällt, den empirischen Werth oder Unwerth ihrer Gesetzgeber zu bestimmen; und nöthigenfalls nach einer mehr berichtigten oder vollständigern Erfahrung, eine zweckmäßigere Gesetzgebung vorzuschlagen[18]."

Die historische Philosophie des positiven Rechts unterscheidet sich von der kritischen Philosophie des positiven Rechts dadurch, daß sie auf das Naturrecht als Kriterium der Beurteilung der Rechtmäßigkeit oder Unrechtmäßigkeit des positiven Rechts keine Rücksicht nimmt[19]. Sie setzt das Dasein des positiven Rechts voraus, wie es auch die kri-

---

[15] Ebenda, S. 142.
[16] Ebenda, S. 154.
[17] Ebenda, S. 130 und 131.
[18] Ebenda, S. 143.
[19] Ebenda, S. 136.
„Ob das positive Recht wirklich vor der Vernunft Recht sey, läßt sie dahin gestellt seyn. Diese Beurtheilung ist nicht für den historischen, sondern für den kritischen Gesichtspunkt."

tische Philosophie des positiven Rechts tut. Sie will nicht das Naturrecht
für die Menschen entwickeln, „sondern nur aus Erfahrungsgründen
begreiflich machen, wie etwas als positives Recht bey den Völkern hat
aufkommen können"[20].

b) Würdigung

Buhle ist neben Tafinger einer der schärfsten Gegner von Gustav
Hugos positivistischer Rechtslehre. Buhle kritisiert die Kritik Gustav
Hugos am herkömmlichen Naturrecht: „Der Philosophie aber unbedingt
den Einfluß auf die Vollkommenheit des positiven Rechts absprechen
wollen, hieße die Menschheit einer zufälligen und regellosen Willkür
Preis geben[21]." Aufgabe der Philosophie ist es also, Normativitätskri-
terien aufzustellen. „Die gänzliche Verbannung des Naturrechts ... aus
der Jurisprudenz ist dagegen der Tod aller Rechtsphilosophie überhaupt. Denn ob ein positives Recht in der That Recht oder Unrecht sey;
davon kann alsdenn nicht mehr die Rede seyn; sondern nur davon
höchstens, inwiefern es fromme oder schade? .. Sich aber hierauf einschränken zu wollen, könnte doch nur ein Kopf, der über den Studien
des positiven Rechts allen Sinn für wahres Recht verloren hätte[22]."
Stolz verweist Buhle gegenüber Hugos Wertindifferenz auf die vielen
Rechtsreformen Ende des 18. Jahrhundert, die barbarische Gesetzgebungen (die Folter) und Staatseinrichtungen abgeschafft oder positiv ver-
ändert haben. „Es ist nichts weniger als philosophische Eitelkeit, wenn
man es auch zum Theile der Verbreitung naturrechtlicher Ideen zuschreibt, daß so manche gesetzliche Mißbräuche abgeschafft sind, und
daß überhaupt eine vernünftige Rechtsbeurtheilung und Rechtspflege
allgemeiner geworden ist[23]."

Die Angriffe Buhles auf Hugos Positivismus blieben im Ergebnis
erfolglos, da Buhle Gustav Hugo an philosophischem Rüstzeug unterlegen war, und er außerdem inhaltliche Naturrechtsaussagen weder
konkret anführte, noch gar versuchte, sie methodologisch zu beweisen.

Buhle ist stark von dem Optimismus der Aufklärungszeit geprägt,
kennt Kant, ist jedoch selbst nicht Kantianer. Er gehört zu den Traditionalisten unter den Juristen, die ausschließlich philosophieren und
dabei die Geschichte vernachlässigen. Buhle gehört nicht zu den Reformern. Sein einziger Verdienst besteht in einer zutreffenden, wenn auch
wissenschaftstheoretisch nicht genügend abgesicherten Kritik an Gustav
Hugos rein positivistischer und unkritischer Rechtslehre.

---

[20] J. G. Buhle, Ideen zur Rechtswissenschaft, Moral und Politik, S. 142.
[21] Ebenda, S. 110.
[22] Ebenda, S. 155.
[23] Ebenda, S. 164.

9. Christian Kohlschütter
(1784 - 1837)

Christian Kohlschütter arbeitete nur kurze Zeit als Wissenschaftler. Er tauschte bald seine wissenschaftliche Tätigkeit gegen eine Regierungsanstellung.

a) Der Rechtsbegriff

Kohlschütter behauptet, daß es für den Rechtsgelehrten keinen wichtigeren Forschungsbereich gibt, als den des Rechtsbegriffs. „Der ganze Wert seiner Wissenschaft, ihre theoretische Vollkommenheit und ihre praktische Brauchbarkeit, hängt zuletzt von der richtigen Bestimmung dieses Begriffes einzig und allein ab. Allen Sätzen der Rechtswissenschaft muß es an der unstreitigen Gewissheit und an dem innigen Zusammenhange ermangeln, welche charakteristische Kennzeichen und unentbehrliche Erfordernisse einer jeden Wissenschaft sind; allen Arbeiten des Rechtsgelehrten muß es an einem bestimmten Zwecke fehlen, solange die eigentümliche Natur des Rechtes noch nicht in das hellste Licht gestellt worden ist[1]." Die Erklärung des Rechtsbegriffs ist Aufgabe der Philosophie und nicht der Rechtswissenschaft. Der Rechtsbegriff geht der Rechtswissenschaft voraus[2].

Kohlschütter bestimmt ein Recht „als die in einem Gesetze gegründete Anforderung des Menschen an andere, Achtung für seine Würde durch die äußeren Handlungen zu beweisen"[3]. Was Menschenwürde ist, definiert er nicht. Er nimmt sie als vorgegeben an. Sie „ist eine unzertrennliche Eigenschaft der menschlichen Natur. Jeder Mensch besitzt eine Würde, denn jeder Mensch ist ein vernünftiges Wesen"[4]. Dieser Rechtsbegriff gilt sowohl in der positiven Rechtswissenschaft als auch im Naturrecht.

b) Das Verständnis von Rechtswissenschaft

Die Rechtswissenschaft ist nach Kohlschütter, „wie ihre Benennung lehrt, die Wissenschaft der Rechte, mithin der wissenschaftliche Inbegriff alles dessen, was Menschen um ihrer Würde willen in Beziehung auf die äußeren Handlungen anderer Menschen, nach Gesetzen, welche für diese gelten, fordern dürfen"[5].

---

[1] Kohlschütter, Vorlesungen über den Begriff der Rechtswissenschaft, Leipzig 1798, S. 2 und 3.

[2] Ebenda, S. 5.

[3] Kohlschütter, Propädeutick, Enzyklopädie und Methodologie der positiven Rechtswissenschaft § 10 (S. 8) und Vorlesungen, S. 83.

[4] Kohlschütter, Vorlesungen, S. 56 und 57.

[5] Ebenda, S. 90.

Die Rechtswissenschaft soll den Charakter philosophischer Systeme haben. Daher sind für sie höchste Grundsätze[6] unentbehrlich. Der erste Grundsatz der Rechtslehre kann in der Formel ausgedrückt werden: „kein Mensch darf die Würde des anderen durch äußere Handlungen verletzen"[7].

Kohlschütter unterteilt die gesamte Rechtswissenschaft in Naturrecht und positive Rechtswissenschaft. Naturrecht ist die Wissenschaft der durch bloße Vernunft erkennbaren Rechte der Menschen in ihren Verhältnissen gegeneinander[8]. Strenge Demonstration der Rechte, wie sie eigentlich der Charakter einer Wissenschaft erfordert, bei der man bis auf die höchste Quelle des zu demonstrierenden Begriffes und bis auf die allgemeinsten Prinzipien zurückgeht, ist nur im Naturrecht und in keinem anderen Teil der Rechtswissenschaft möglich[9]. Darin unterscheidet er sich von Christian Wolff, der die demonstrative Methode im Naturrecht und in der positiven Rechtswissenschaft anwenden wollte. Ein logisch stringentes System gibt es für Kohlschütter also nur im Naturrecht. Die positive Rechtswissenschaft sei hingegen der wissenschaftliche Inbegriff alles dessen, was in der bürgerlichen Gesellschaft den Menschen zur Behauptung der Menschenwürde von der staatlichen Macht als Recht gesetzt worden ist[10]. Das positive Recht entsteht immer erst in der bürgerlichen Gesellschaft, also noch nicht im sogenannten Naturzustand. Im letzteren gelten bloß die Vorschriften des Naturrechts[11]. Der Unterschied zwischen positivem Recht und Naturrecht besteht allein in der Sanktionsgewalt des Staates, der die Befolgung der positiven Rechtsnormen durchsetzen kann. Ihrem Inhalt nach stimmen Naturrecht und positives Recht häufig überein[12]. Das beruht indessen darauf, daß beide Wissenschaften (das Naturrecht und die positive Rechtswissenschaft) den Grundbegriff des Rechts und den höchsten Grundsatz aller Rechte gemeinsam haben. „Durch den Grundsatz, der alle Rechte umfaßt, müssen nicht bloß die natürlichen, sondern auch die positiven Rechte begründet werden. Sollten die letzteren auch ihrem Ursprunge nach nicht aus ihm hervorgegangen sein, so müssen sie doch auf ihn zurückgeführt werden können; es muß sich bei ihnen zeigen lassen, daß sie durch eine richtige Deduktion aus ihm folgen.

---

[6] Ebenda, S. 104; „Grundsatz einer Wissenschaft heißt ein Satz, durch den alle in den Bezirk einer Wissenschaft gehörigen Sätze begründet werden, aus dem sie also alle abgeleitet und auf den sie alle zurückgeführt werden können."

[7] Ebenda, S. 105.

[8] Kohlschütter, Propädeutick § 16 (S. 10).

[9] Kohlschütter Vorlesungen § 142.

[10] Kohlschütter, Propädeutick § 28 (S. 18).

[11] Kohlschütter, Vorlesungen S. 146.

[12] Ebenda, S. 173.

Da der Begriff eines Rechts ein reiner Vernunftbegriff ist, und der höchste Grundsatz aller Rechte ein reines Vernunftgesetz ist, so ergibt sich aus dieser Übereinstimmung der positiven Rechtswissenschaft mit dem Naturrecht für die erstgenannte Wissenschaft die wichtige Folge, daß alle positiven Rechtsvorschriften nur dann den Namen der Rechtsvorschriften zu führen verdienen, wenn sie eine Beurteilung nach reinen Vernunftprinzipien zulassen[13]." Oder anders ausgedrückt: „Nichts kann durch positive Gesetze Recht werden, was vor dem Richterstuhl der Vernunft Unrecht ist[14]."

Da die Normen des Naturrechts und des positiven Rechts häufig den gleichen Inhalt haben, kommt Kohlschütter zu dem Ergebnis, daß die positiven Rechtsnormen nur gleichsam angewandtes Naturrecht sind[15].

Das positive Recht hat also scheinbar keine eigenständige Bedeutung.

Für Kohlschütter ist das Naturrecht eine philosophische, also reine Wissenschaft[16]. Die positive Rechtswissenschaft hingegen ist eine historische, also eine empirische Wissenschaft[17]. Die positive Rechtswissenschaft ist folglich keine philosophische, vielmehr eine empirische, „positive" Wissenschaft.

c) Die Methoden der Rechtswissenschaft

Da die positive Rechtswissenschaft eine empirische Wissenschaft ist, kann sie weder ganz noch zum Teil aus allgemeinen Prinzipien geschöpft werden. „Nur aus historischen Datis kann sie hergeleitet werden; jeder Satz, der in die positive Rechtswissenschaft wirklich gehören soll, muß durch ein historisches Zeugniß unterstützt werden können[18]." Das positive Recht muß der Jurist aus den Quellen selbst schöpfen; alle mündliche Vorträge oder in Schriften enthaltene Erläuterungen über das positive Recht hat er bloß als Anleitung zum eigenen Nachforschen in den Quellen dieser seiner Hauptwissenschaft zu betrachten[19]. Kohlschütter wendet sich mit dieser Aussage dagegen, so wie später Savigny, das positive Recht aus philosophischen Prinzipien abzuleiten. Er fordert vielmehr ein historisches Quellenstudium, wie es die eleganten Juristen übten. In Kohlschütters Rechtslehre könnte man einen

---

13 Ebenda, S. 179 und 180.
14 Kohlschütter, Propädeutick § 29 (S. 18).
15 Kohlschütter, Vorlesungen S. 183.
16 Ebenda, S. 187.
17 Ebenda, S. 185.
18 Ebenda, S. 185.
19 Kohlschütter, Propädeutick, § 59 (S. 37).

Widerspruch sehen. Er geht davon aus, daß die Normen des Naturrechts und des positiven Rechts sehr häufig identisch sind. Wie kommt es aber zu dieser Identität, wenn Kohlschütter von zwei verschiedenen Erkenntnismethoden ausgeht, der demonstrativen im Naturrecht und der historischen Methode im positiven Recht? Die Frage läßt sich mit dem Hinweis darauf beantworten, daß vielen Zivilrechtlern des ausgehenden 18. bzw. des beginnenden 19. Jahrhunderts das gerade historisch aufgefundene oder lange überlieferte römische Recht identisch mit dem Naturrecht war.

d) Würdigung

Indem Kohlschütter die positive Rechtswissenschaft als eine historische Wissenschaft definiert, könnte er als ein Vorläufer der Historischen Rechtsschule angesehen werden. Jedoch im Gegensatz zu Savigny hält er am Vorrang des Naturrechts gegenüber dem positiven Recht fest und versteht das letztere als angewandtes Naturrecht, wobei der Inhalt beider Normbereiche häufig identisch ist. Damit schließt sich Kohlschütter der Betrachtungsweise der Wolffianer an. Die positive Rechtswissenschaft emanzipiert bei ihm sich von ihrem Normeninhalt her, nicht vom Naturrecht.

Die Vor- und Hilfskenntnisse der positiven Rechtswissenschaft haben für Kohlschütter teils philosophischen, teils historischen, teils philologischen Inhalt[20]. Er versteht die positive Rechtswissenschaft nicht als eine historische und philosophische Wissenschaft zugleich. Im Naturrecht folgt er den traditionellen Wegen der vorkantischen Zeit. Insgesamt gesehen muß man Kohlschütter aus den voranstehenden Gründen zu den Traditionalisten zählen und nicht zu den Reformern.

10. Wilhelm Gottlieb Tafinger
(1760 - 1815)

Tafinger gehört zu den Kantianern unter den Juristen. Aus der naturrechtlich-systematischen Richtung der Rechtswissenschaft ragt er wegen seiner Kritik

an der induktiven Methode,

an der Lehre von den allgemeinen Grundsätzen und

an der Philosophie des positiven Rechts Gustav Hugos

heraus.

---

[20] Kohlschütter, Vorlesungen, § 53 (S. 33).

a) Kritik am Zustand der Rechtswissenschaft Ende des 18. Jahrhunderts

Tafinger ist der einzige Jurist der naturrechtlich-systematischen Richtung, der sich kritisch zu dem bisherigen Stand der Rechtswissenschaft äußert: „Es wird in der Rechtswissenschaft viel gesalbadert und nirgends ärger als in dem Naturrecht, wo die individuelle Productionskraft ihren freyen Spielraum zu haben wähnt und für Naturrecht verkauft, was sie dafür hält...[1]." Die Rechtswissenschaft vor Kant war keine Wissenschaft, sie war eine „juridische Milchspeise", „eine Art juridische Ontologie"[2]. Man demonstrierte „sobald man mit der Abstraktion der Begriffe von einzelnen Rechtsverhältnissen im Reinen war, Eigentumsrechte und Vertragsrechte, wie es jedem nach seiner Weise richtig und notwendig schien und disputierte über einzelne Fragen, ob Contracte und Verträge verschieden seien, ob es nach dem Naturrecht eine Erbfolge gebe, ob Testamente juris naturalis seien? usw."[3]. Das vorkantianische Naturrecht hält Tafinger für überholt, da jeder Naturrechtler sein eigenes Naturrecht konstruierte. Er schreibt: „Für die ewige Unveränderlichkeit der Gesetze oder der Principien, welche in dem Naturrecht vorgetragen werden, mögen uns die Lehrbücher der Naturrechtler die letzte Bürgschaft leisten, deren keines mit den anderen übereinstimmt[4]."

b) Das Verständnis von Rechtswissenschaft

Rechtswissenschaft ist nach Tafinger der allgemeine Begriff der Wissenschaft von der Kenntnis der sämtlichen in Deutschland geltenden Rechte, die methodologisch verarbeitet worden sind[5]. Seine Definition der Rechtswissenschaft ist also rein formal.

Tafinger teilt die Rechtswissenschaft in das Naturrecht und das positive Recht ein: „Die gesammte Rechtswissenschaft beruht theils auf der Gesetzgebung der Vernunft für das äussere Verhältnis der Menschen im Gebrauch ihrer Freyheit der Willkühr gegeneinander, theils auf Gesetzen, die durch positive Sanctionen derjenigen, die ein Recht festsetzen, entstanden sind[6]." Die positive Rechtswissenschaft ist die methodologisch verarbeitete Summe der positiven Rechtsgrundsätze der in Deutschland geltenden Rechte[7].

---

[1] W. G. Tafinger, Die Rechtswissenschaft nach den Bedürfnissen und Verhältnissen der neuesten Zeit, 1806, S. 50 und 51.
[2] Ebenda, S. 29.
[3] Ebenda, S. 29.
[4] Ebenda, S. 25.
[5] W. G. Tafinger, Encyclopädie und Geschichte der Rechte in Teutschland, 2. Aufl. 1800, § 2.
[6] Ebenda, § 3.
[7] Ebenda, § 7.

Da Tafinger davon ausgeht, daß das Naturrecht vor Kant noch nicht den Anspruch der Wissenschaftlichkeit erfüllte, versucht er nun ein Naturrecht nach kantischen Prinzipien zu entwickeln. Er geht von der Idee des Rechts als eines Verhältnisses äußerer Freiheit oder Sittlichkeit aus, wobei das Rechtsgesetz einen Zustand herbeiführen will, in dem es wirklich werde, also einen Zustand des öffentlichen Rechts[8]. Dieser Zustand des öffentlichen Rechts fängt nach Tafingers Rechtslehre bei jedem Staat an und erhebt sich bis zum Weltbürgerrecht als der höchsten Stufe der Zivilisation. Der Staat soll der Idee des Rechts entsprechen. Der Zweck des Staats nämlich ist es, „die Idee der allgemeinen Freyheit durch Nothwendigkeit zur Wirklichkeit zu bringen. Diese Idee der allgemeinen Freyheit kann nur reell werden in einem Zustande der allgemeinen Wohlfahrt, der für die äußere Freyheit eben das ist, was für die Idee der Sittlichkeit der Begriff der Glückseligkeit. Diese allgemeine Wohlfahrt ist ein Zustand fortschreitender Entwickelung des Ganzen zu höherer Vollkommenheit, ein Zustand fortgesetzter Annäherung zu der großen Aufgabe, in welcher innere und äußere Gesetzgebung zusammentreffen sollen, um die Idee der Sittlichkeit zur Wirklichkeit zu bringen"[9]. Die Idee eines öffentlich-rechtlichen Zustandes, in der sich die Idee des Rechts verwirklicht und darstellt, „ist objective Wahrheit a priori als Zweck der Vernunft, als Wissenschaft der innern Gesetze des gesellschaftlichen Zustandes"[10]. Diesen Sätzen liegt der Optimismus der Aufklärung zugrunde. Versteht Tafinger das Naturrecht als eine systematische Wissenschaft (nur das Naturrecht „ist einer streng wissenschaftlichen Behandlung, d. h. einer systematischen Ableitung seines Inhalts aus Vernunftprincipien fähig und beruht einzig auf derselben"[11], so ist die positive Rechtswissenschaft für ihn eine historische Wissenschaft. Sie ist historisch, weil „sie darauf gerichtet ist, den Inhalt der Gesetze kennen zu lernen, wie er ist, und auf welchen Principien er beruht; nicht wie er seyn, oder auf welchen andern, als den darin zum Grunde gelegten Principien er beruhen könnte"[12].

---

[8] W. G. Tafinger, Die Rechtswissenschaft nach den Bedürfnissen und Verhältnissen der neuesten Zeit, S. 43. An anderer Stelle schreibt Tafinger: Die allgemeine Rechtslehre kann nur zeigen, „wie Gesetze eines rechtlichen Zustandes entstehen und wie sie beschaffen seyn müssen, um geschickt zu seyn den Progreß der Zivilisation zu fördern" (ebenda, S. 57).

[9] Ebenda, S. 43 und 44.

[10] Ebenda, S. 50.

[11] W. G. Tafinger, Encyclopädie und Geschichte der Rechte in Teutschland, § 4.

[12] Ebenda, § 6. An anderer Stelle schreibt er über das positive Recht: „Wir verstehen einstweilen unter dem letztern einen Inbegriff rechtlicher Normen, welche durch ihr Daseyn ein Faktum der Geschichte geworden ... sind." (Die Rechtswissenschaft nach den Verhältnissen und Bedürfnissen der neuesten Zeit, S. 16.)

c) Die Methoden der Rechtswissenschaft

aa) Die historische Methode

Tafinger bekennt sich verbal zur pragmatischen Methode der Geschichtsschreibung, deren Aufgabe in der Rechtswissenschaft darin besteht, die Entstehung des Rechts zu erklären[13]. Die Rechtsgeschichte leistet einen Beitrag zur Kulturgeschichte des gesellschaftlichen Lebens[14]. Sie soll die Gründe und die Bedingungen, „aus welchen die Formen der Geschäfte hervorgehen, erkennen, und den Zusammenhang der rechtlichen Verhältnisse des gesellschaftlichen Zustandes, die Gesetze und den historischen Gang desselben begreifen"[15].

Geschichte enthält also sowohl Bildungs- oder Kulturgeschichte als auch die „Übersicht des ganzen gesellschaftlichen Zustandes der heutigen Welt nach seiner Entstehung, seinen Gesetzen und dem Grade der Entwicklung"[16]. Sie ist also auch „soziologische" Geschichte. Von einer „soziologischen" Geschichte ist allerdings nur programmatisch die Rede; in seinen rechtshistorischen Schriften richtet sich Tafinger nicht nach seinem Programm.

Er teilt die Rechtsgeschichte ein in „innere" und „äußere" und ist deshalb einer der ersten Juristen, die konsequent Quellengeschichte und Dogmengeschichte trennen. Tafinger fordert von einer Rechtsgeschichte, die wissenschaftlichen Anspruch erhebt, „daß sie den rechtlichen Zustand eines Volkes, wie er sich von seinem Ursprung an in seiner Individualität fortschreitend in dem innern Zusammenhang entwickelt hat, darstelle"[17].

Die Rechtsgeschichte soll keine selbstgemachte, durch feinste Abstraktionen durchgeführte Geschichte sein. Sie soll eine Erkenntnis a posteriori sein und muß daher vier Bedingungen enthalten:

1. Die Rechtsgeschichte ist die Geschichte des Schicksals einer Gesetzgebung. Sie ist also Gesetzgebungsgeschichte und deshalb äußere Rechtsgeschichte.

2. Sie ist die Geschichte der öffentlichen Verfassung in ihren abwechselnden Stufen der Veränderung.

3. Dazu gehört wesentlich ein Synchronismus der einzelnen Institute, wie sie ineinander greifen in ihrer natürlichen Verwandtschaft untereinander (innere Rechtsgeschichte).

---

[13] W. G. Tafinger, Die Rechtswissenschaft nach den Verhältnissen und Bedürfnissen der neuesten Zeit, S. 50.

[14] W. G. Tafinger, Encyclopädie und Geschichte der Rechte in Teutschland, Vorrede S. VI und VII.

[15] W. G. Tafinger, Die Rechtswissenschaft nach den Verhältnissen und Bedürfnissen der neuesten Zeit, S. 8.

[16] Ebenda, S. 8.

[17] Ebenda, S. 77.

4. Die Rechtsgeschichte ist wie die Weltgeschichte ein Continuum. Sie enthält also Entwicklungsgesetze[18].

Die Geschichtswissenschaft hat zwei Aufgaben, einmal soll sie den Zustand erkennen, wie er ist, und andererseits soll sie erklären, wie er es geworden ist[19]. Tafinger wendet sich gegen eine Geschichtsschreibung, die nur deskriptiv arbeitet. „Man kann viele Facta wissen, ohne darum den Sinn der Geschichte zu verstehen[20]."

Der Sinn der Geschichte ergibt sich für Tafinger aus der Philosophie: „Denn das eben ist die Aufgabe für die Philosophie, daß sie uns die Gesetze der gesellschaftlichen Entwicklung aufschließe...[21]." „Die Philosophie wird die Idee aufstellen, welche unter Zeitbedingungen fortschreitend zur Wirklichkeit gelangen soll[22]." Nach Tafingers Ansicht berühren sich Philosophie und Geschichte unmittelbar in ihrer Arbeitsweise. Die Rechtsgeschichte als Wissenschaft der historischen Erkenntnis bedarf der Philosophie als apriorische Vernunfterkenntnis: „Sie muß sich der Idee eines Ganzen bewußt seyn, wie sie die Vernunft als Aufgabe setzt und nach allen nothwendigen Beziehungen desselben zur systematischen Einheit verewigt, um das positive in seinem individuellen Zusammenhang zu erkennen. Aber zu diesem Standpunct historischer Erfahrungserkenntnis kann sie nur durch Philosophie als Vernunfterkenntnis a priori vorbereitet und fähig gemacht werden[23]." Tafingers Geschichtsverständnis ist mehr kantisch als pragmatisch, und keinesfalls organologisch, obwohl der Begriff des „Organischen" mehrmals in seinen Büchern auftaucht[24].

bb) Die systematische Methode

Die systematisch-deduktive Methode ist für Tafinger Voraussetzung der apriorischen Wissenschaft des Naturrechts[25]. Seinem allgemeinen Wissenschaftsverständnis liegt die Vorstellung eines formalen Wissenschaftssystems zugrunde. „Der Begriff von Wissenschaft setzt immer voraus, daß nicht nur ein Aggregat von Kenntnissen vorhanden sey, sondern daß unter solchen Kenntnissen eine Verknüpfung derselben

---

18 Ebenda, S. 77 - 81.
19 Ebenda, S. 81.
20 Ebenda, S. 85.
21 Ebenda, S. 81.
22 Ebenda, S. 81.
23 Ebenda, S. 86.
24 Ebenda, S. 49, 52, 60 und 88.
25 W. G. Tafinger, Encyclopädie und Geschichte der Rechte in Teutschland, § 8.

als zusammenstimmende Theile eines Ganzen aufgestellt werde[26]." System ist da, wo Einheit und Zusammenhang ist[27]. Die philosophische Rechtslehre (das Naturrecht) „hat die Begründung eines für sich bestehenden, aus reinen Vernunftprincipien abgeleitetem, aber auf die Anwendung in der Erfahrung gestellten Rechtssystems zur Aufgabe"[28].

Im Gegensatz zu seinen Vorstellungen über ein Naturrechtssystem erkennt Tafinger, daß sich die Prinzipien der gesamten positiven Rechtsverfassung nicht in einem einzigen System auffinden und darstellen lassen. Vielmehr sind nur einzelne Teile des positiven Rechts mehr oder weniger systematisch ausbildbar[29].

Da er die Anwendung der induktiven Methode in der positiven Rechtswissenschaft ablehnt[30], ist trotz seiner Zweifel an der Möglichkeit eines einzigen positiven Rechtssystems anzunehmen, daß er ebenso wie das Naturrecht auch das positive Recht mit Hilfe der deduktiven Methode bearbeiten will. In den Systemen des positiven Rechts „müssen alle einzelnen Begriffe aufs genaueste bestimmt, bestimmte Folgesätze daraus gezogen und alle Theile in einem Zusammenhang verbunden werden"[31].

Tafinger kritisiert die Anwendung der induktiven Methode in der Rechtswissenschaft[32], mit der schon Pütter, Reitemeier und Hugo gearbeitet haben. Der dieser Methode zugrunde liegende Empirismus ist von Kant, auf den sich Tafinger hier bezieht, scharf kritisiert worden[33].

Sein ganzer Zorn gilt indessen der Philosophie des positiven Rechts, die Reitemeier vorbereitet und der Hugo den Namen gegeben hatte. Sie hat für Tafinger „als Wissenschaft keinen Nutzen"[34], sie ist nicht

---

[26] W. G. Tafinger, Versuch einer juristischen Methodologie, 1796, § 3.

[27] W. G. Tafinger, Die Rechtswissenschaft nach den Verhältnissen und Bedürfnissen der neuesten Zeit, S. 52.

[28] W. G. Tafinger, Ecyclopädie und Geschichte der Rechte in Teutschland, § 19.

[29] Ebenda, § 8.

[30] W. G. Tafinger, Die Rechtswissenschaft nach den Verhältnissen und Bedürfnissen der neuesten Zeit, S. 61.

[31] W. G. Tafinger, Versuch einer juristischen Methodologie zum Gebrauch bey seinen Vorlesungen, 1796, § 44.

[32] W. G. Tafinger, Die Rechtswissenschaft, S. 61 - 75. Tafinger beschreibt das Verfahren der Induktion in der positiven Rechtswissenschaft: „Man vergleicht Einzelheiten einzelner Gesetzgebungen mit Einzelheiten, freut sich, wenn der Code Napoleon mit dem römischen Recht, oder wenn er mit einzelnen statuarischen Gesetzen da und dort zusammentrifft oder abweicht. Nun sucht man die nächsten Gründe nachzuweisen, warum es hier so und dort anders ist oder warum alle Beyspiele glücklicherweise übereinstimmen. Da ist man denn schon einem Prinzip näher gerückt, und nun fängt das Philosophiren an" (ebenda, S. 64).

[33] Ebenda, S. 74.

[34] Ebenda, S. 73.

mehr „als ein allgemeines Räsonnement über einzelne Lehren des positiven Rechts"[35], und sie verdient „den Namen Philosophie nicht einmal in subjectiver Hinsicht"[36]. Hingegen ist Philosophie im eigentlichen Sinne „eine Wissenschaft von den Vernunfterkenntnissen, die rein apriorisch in Absicht auf ihren Ursprung sind. Sie ist die Wissenschaft der letzten Zwecke der Vernunft und umfaßt a priori den Menschen selbst nach den Gränzen seines Daseyns und seines Verhältnisses zu dem Weltganzen. Ihr ganzer Zweck ist nicht, die Erfahrung von dem Creise unseres Wissens auszuschließen, sondern vielmehr die Gesetze zu ergründen, nach welcher Erfahrung möglich wird. Aber nie wird sie die Erfahrung als einzelne Erscheinung zur Erkenntnisquelle des Allgemeinen erheben, weil sie sonst immer Gefahr läuft, vom Besondern auf das Allgemeine zu schließen"[37]. Die Philosophie des positiven Rechts ist nach Auffassung von Tafinger als Erfahrungswissenschaft ein Philosophieren von unten herauf, ein Bestreben, das Allgemeine zu erkennen, aber immer aus dem Besonderen. „Es mag ein Anfang des Philosophirens seyn, um sich zur Idee eines Ganzen zu erheben. Aber es ist noch keine Philosophie in jener höheren Bedeutung, welche von Ideen ausgeht und das Ganze von seiner Grundidee aus als seinen Mittelpunkt umfaßt[38]."

Die Philosophie des positiven Rechts sei keine „synthetische Entwicklung eines rechtlichen Zustandes unter gesetzlichen a priori gedachten, stufenweisen Bedingungen"[39]. Sie sei Ersatz dafür, daß man die philosophische Rechtslehre im Anschluß an Kant zu einer bloßen Wissenschaft der Form machen wollte[40]. Tafinger wendet sich gegen eine formale Kant-Interpretation, wie sie beispielsweise Gustav Hugo geübt hat[41].

Für Tafinger ist der kategorische Imperativ, „so zu handeln, daß die Freyheit eines Jeden mit der Freyheit Aller nach einem allgemeinen Gesetz zusammenstimme" nicht bloße Form[42]. Denn frei zu sein, sei

[35] Ebenda, S. 74.
[36] Ebenda, S. 74.
[37] Ebenda, S. 71.
[38] Ebenda, S. 72.
[39] Ebenda, S. 73.
[40] Ebenda, S. 73.
[41] Ebenda, S. 67; Kant wollte das Reale nicht aus der Rechtslehre ausschließen, „aber aus der Erfahrung wollte er es nicht erkannt wissen". Nach Gesetzen des Denkens wollte er es a priori erkannt wissen. Er erweiterte das Rechtssystem synthetisch. „Es war eine transcendentale Deduction des Freyheits- und des Rechtsbegriffs auf die Anwendung in der Erfahrung gestellt, aber nach den Gesetzen des Denkens a priori gedacht."
[42] Ebenda, S. 69.

das Realste des menschlichen Daseins, worin sich der menschliche Geist erkennt und in welchem die Würde des Menschen besteht[43]. Dagegen ist für Gustav Hugo das Rechtsgesetz bloße Form, so daß es auf alles paßt. Es legitimiert sogar die Sklaverei. Daran stößt sich Tafinger, denn die Vernunfterkenntnis Hugos aus Begriffen, „an welchen die Vernunft durchaus keinen Antheil hat, als den, daß sie eine völlig leere Form an die Hand giebt", weist nach Tafingers Ansicht keine Merkmale auf, über das was vernünftig oder unvernünftig ist[44].

d) Würdigung

Tafinger ragt aus dem Kreise der naturrechtlich-systematischen Richtung wegen seiner Kritik an der Philosophie des positiven Rechts und durch die Vereinigung von Philosophie und Geschichte zu einer geschichtsphilosophisch orientierten Rechtswissenschaft heraus. Tafinger schreibt über das Verhältnis von Philosophie und Geschichte: „Wer Philosophie und Geschichte versteht, der wird erkennen, daß sie obgleich als Erkenntnisart durchaus von einander verschieden, dennoch nicht so weit von einander entfernt liegen. Es ist eine Vernunft, welche als Philosophie die Entwicklung der Menschheit in ihrem geselligen Zustande nach Gesetzen sich denkt, die sie auf die letzten Zwecke der Vernunft bezieht, und welche in der Geschichte die Entwicklungen des gesellschaftlichen Zustandes, wie sie in der Zeitreyhe erfolgt sind, nach ihrem inneren Zusammenhang zu erkennen strebt[45]." Das Naturrecht, die Rechtsphilosophie ist die Wissenschaft der Rechtsgesetze, wie sie entstehen. Die Kenntnis, wie die Rechtsgesetze entstanden sind, hingegen ist Geschichte[46]. „Die Geschichte wird den Zustand erkennen, wie er ist, und wie er das geworden ist. Die Philosophie wird die Idee aufstellen, welche unter Zeitbedingungen fortschreitend zur Wirklichkeit gelangen soll[47]." Hier zeigt sich die Bedeutung der Vereinigung von Philosophie als apriorische Vernunfterkenntnis mit Geschichte, die nicht pragmatisch oder organologisch verstanden wird, sondern von der Idee der Entwicklung des rechtlichen Zustands bis zum Weltbürgerrecht ausgeht. Dies ist der Versuch, mit der Philosophie Kants, die Tafinger material interpretiert, die Rechtswissenschaft als apriorische (Naturrecht) und empirische (positive) Wissenschaft zu begründen. Auf die Vereinigung von historischen und philosophischen Elementen, die den

---

43 Ebenda, S. 69.
44 Ebenda, S. 70.
45 Ebenda, S. 84 und 85.
46 Ebenda, S. 50.
47 Ebenda, S. 81.

Gegenstand der Rechtswissenschaft konstituiert, weist Tafinger auch in seinem Enzyklopädiebegriff hin[48].

Die Enzyklopädie ist die allgemeine Rechtslehre der Rechtswissenschaft. „Sie ist nicht Rechtsgeschichte allein und nicht Rechtsphilosophie allein, sondern eines durch das andere, Vernunfterkenntnis aus Begriffen und zugleich auch, wenn man will, durch Begriffe von den Verhältnissen des gesellschaftlichen Zustandes unter den Menschen und den Gesetzen ihrer Entwicklung[49]“: Rechtsgeschichte und Rechtsphilosophie bedingen einander. Als Vernunfterkenntnis aus Begriffen ist die Rechtswissenschaft rein apriorisch und geht von der Idee des Rechts aus, wie sich dieselbe durch alle Richtungen eines öffentlich-rechtlichen Zustandes ausbreitet[50]. „Als Vernunft- oder Verstandeserkenntnis durch Erfahrung ist sie (die Rechtswissenschaft) Rechtsgeschichte, welche die Entstehung des gegenwärtigen rechtlichen Zustandes, dem wir angehören, nach seinem innern Zusammenhang darstellt, wie er das Product der Zeiten ist, und durch den Einfluß älterer Gesetze und Gesetzgebungen auf die neuen sich fortgepflanzt und entwickelt hat...[51].“ Diese neue Rechtswissenschaft, die aus der Vereinigung der apriorischen Vernunft und der aposteriorischen Geschichte entsteht, ist nicht an einen erstarrten Zustand der Gegenwart gebunden, sondern enthält eine in die Zukunft greifende fortschrittliche Entwicklung, die durch die Idee der Geschichte der Menschheit vermittelt ist[52]. Tafinger versucht, mit Hilfe einer materialen Interpretation der kantischen Rechtslehre den sich Anfang des 19. Jahrhunderts ausbreitenden Rechtspositivismus, der seine Argumente aus einem formalen Kantverständnis gewinnt, zu bekämpfen. Tafinger ist trotz seiner originellen, in vielen Aussagen abweichenden Rechtslehre zu den naturrechtlich-systematischen Juristen zu zählen. So bearbeitet er beispielsweise die Rechtswissenschaft nur mit Hilfe der deduktiven Methode. Außerdem ist bei ihm die positive Rechtswissenschaft nicht völlig unabhängig vom Naturrecht, obwohl er kaum Begriffe und Institute des Naturrechts in das positive Recht überträgt. Vielmehr liegt bei ihm allen positiven Rechtsnormen die determinierende Idee zugrunde, die sich in einem Zustand des

---

[48] 1800 versteht Tafinger die Enzyklopädie der Jurisprudenz „als die summarische Darstellung des Inhalts und des wechselweisen Verhältnisses der einzelnen Rechtstheile, welche die in Teutschland geltenden Rechtsbestimmungen enthalten. Sie ist der einzig mögliche Weg, die Kenntnis unseres ganzen Rechtscörpers zu der Würde eines systematischen geordneten Ganzen zu erheben“ (Tafinger, Encyclopädie und Geschichte der Rechte in Teutschland, § 9).

[49] W. G. Tafinger, Die Rechtswissenschaft nach den Verhältnissen und Bedürfnissen der neuesten Zeit, S. 87.

[50] Ebenda, S. 87.

[51] Ebenda, S. 87.

[52] Ebenda, S. 88.

öffentlichen Rechts, dessen Ziel das Weltbürgerrecht als letzter Ausdruck der Freiheit der Menschen ist, verwirklichen kann, aber nicht muß.

11. Zusammenfassung

Die Rechtslehren der Anhänger der naturrechtlich-systematischen Richtung weichen in manchen Punkten von einander ab. So sind beispielsweise Schott, Eisenhart und Terlinden Anhänger der demonstrativen Methode, während Gildemeister, Gönner, Tafinger und Kohlschütter der systematisch-deduktiven Methode folgen. Zwar hat die Rechtsgeschichte insgesamt für die naturrechtlich-systematische Richtung nur geringe Bedeutung, dennoch fehlen bei Schmalz, Gönner und Buhle jeglicher Bezug zur Geschichtlichkeit des Rechts. Hingegen bekennen sich Gildemeister und Tafinger zum pragmatischen Geschichtsverständnis. Dabelow, Eisenhart und — wiederum — Tafinger unterscheiden innere und äußere Rechtsgeschichte.

Auch in der Einschätzung der Funktion der Naturrechtslehren und des Verständnisses von Rechtswissenschaft gibt es abweichende Stellungnahmen. Während für Buhle und Kohlschütter das Naturrecht die Kontrollinstanz des positiven Rechts darstellt, ist es bei Dabelow, Gildemeister, Eisenhart, Schott, Schmalz und Terlinden völlig unkritisch und nur apologetisch. Für Tafinger und Kohlschütter ist die Naturrechtslehre eine philosophische, d. h. systematische Wissenschaft und die positive Rechtswissenschaft eine historische, d. h. empirische Wissenschaft. Dagegen sehen die übrigen Anhänger der naturrechtlich-systematischen Richtung die Naturrechtslehre und die positive Rechtswissenschaft als durch die systematische Methode bestimmte Wissenschaften an. Trotz dieses vielfältigen Erscheinungsbildes, das die Rechtslehren Schotts, Gildemeister, Dabelows, Eisenharts, Buhles, Gönners, Schmalz, Kohlschütters, Tafingers und Terlindens bilden, stellen sie eine wissenschaftsgeschichtliche Schule in der Jurisprudenz dar. Denn sie bekennen sich alle zu einem materialen Naturrechtsverständnis, gehen von einer der verschiedenen Spielarten der systematisch-deduktiven Methode, wozu auch die demonstrative Methode gehört, aus und üben mit Ausnahme von Tafinger keine Kritik an dem Zustand der Rechtswissenschaft Ende des 18. Jahrhunderts.

III. Die Göttinger Rechtsschule

Nein: NR tut das!

Sie leitet die Diskussion um die methodologische Erneuerung der Rechtswissenschaft mit ihrer Kritik an der naturrechtlich-systematischen Richtung und der eleganten Jurisprudenz ein. Mit Pütter und seinen Schülern Reitemeier, Hufeland und Hugo beginnt eine neue Epoche in der Rechtswissenschaft, nämlich der Versuch, Geschichte und Erfahrung mit der Philosophie zu vereinen. Damit verbunden war die Aufgabe der demonstrativen Methode Christian Wolffs. An die Stelle des reinen Systematisierens trat die Empirie, die Geschichte, die von der naturrechtlich-systematischen Strömung vernachlässigt worden waren. Die Göttinger Rechtsschule zeichnet sich durch ihre Kritik am Zustand der Rechtswissenschaft Ende des 18. Jahrhunderts, durch die Einführung der pragmatischen Geschichtstheorie in die Rechtsgeschichte und durch ihren Versuch, die Autonomie der positiven Rechtswissenschaft zu gewinnen und die positive Rechtswissenschaft zugleich als philosophische und historische Wissenschaft zu verstehen, aus.

1. Johann Stephan Pütter

(1725 - 1807)

Ebel?

Pütter war der berühmteste Staatsrechtslehrer des 18. Jahrhunderts und der erste Jurist, der den Kampf mit den Wolffianern aufnahm. Er leitete mit seinen methodologischen Schriften die Diskussion um die Reform der Rechtswissenschaft ein.

a) Die Kritik am Zustand der Rechtswissenschaft Ende des 18. Jahrhunderts

Pütter war Zeit seines Lebens Gegner der mathematischen Methode des Demonstrierens und Ableitens aus angenommenen Begriffen, die die juristischen Schüler Christian Wolffs überall in der Rechtswissenschaft angewandt hatten. Diese Methode stieß auf seine scharfe Kritik: „Nur das war gefehlt, daß manche jetzt solche Wahrheiten, die man aus ganz anderen Quellen schöpfen muß, bloß philosophisch und am Ende meist nur aus angenommenen Begriffen und Sätzen demonstrieren wollte, indem zu einer gründlichen Wissenschaft es ihnen genug zu sein schien, wenn eine Reihe von Begriffen und Sätzen in gewissen Zusammenhang geknüpft und in das äußerliche Gewand eines so genannten Beweises eingehüllt wäre. Darüber glaubten insbesondere oft junge Leute schon vieles zu wissen, die noch nichts wußten. Und das schlimmste war, man fing an Sprachen, Philologie, Althertum, Geschichte, Erfahrungen, Beobachtungen, Gesetze und alle Quellen von der Art, zu denen der Zutritt etwas mühsamer als eine bloß durch

Nachdenken herausgebrachte Definition und Demonstration ist, so zurückzusetzen, daß Teutschland allerdings Gefahr lief, in eine wahre Barbarey zurückzufallen, wenn dieser Geschmack noch allgemeiner geworden wäre[1].“ Pütter versucht, an die Stelle der demonstrativen Methode, die von der naturrechtlich-systematischen Richtung stark vernachlässigte Rechtsgeschichte, auf den ihr gebührenden Platz zu stellen. Er wendet sich weiterhin gegen die Rechtsgelehrten, die nur eine mechanische Kenntnis des Inhalts einzelner Gesetze haben, also an der Oberfläche stehen bleiben. „Nur dann lernt man der Rechtsgelehrsamkeit rechten Geschmack abzugewinnen, wenn man in jedem Gegenstand bis auf dessen tiefsten Grund gehet, den man bald in den Sitten jedes Volkes, bald in der Verfassung jedes Landes, bald in allen diesen Dingen zusammengenommen, fast nie vergeblich, gewiß nicht ohne Nutzen nachsucht[2].“

b) Das Verständnis von Rechtswissenschaft

Pütter definiert die Rechtswissenschaft von ihrem Gegenstand her. „Der eigentliche Gegenstand der ganzen Rechtsgelehrsamkeit und aller Rechtswissenschaft bestehet in Gerechtsamen und Verbindlichkeiten, und zwar im genauern Verstande, d. i. in solchen zu deren Erfüllung Zwangsmittel stattfinden[3].“ Der Zwang ist also für ihn Merkmal des Rechtsbegriffs.

Alle Rechtsnormen lassen sich auf zwei Grundsätze zurückführen, die naturrechtlichen Ursprung haben: „Beleidige niemanden; gib und laß einem jeden das Seinige[4].“ Dies sind für Pütter „die einzigen ächten Quellen aller Rechte, und die wahren Grenzbestimmungen aller Rechtsgelehrsamkeit“[5].

Die Rechtswissenschaft besteht in seiner Rechtslehre aus zwei Teilen, dem Naturrecht und dem positiven Recht.

Beim Naturrecht unterscheidet er zwischen

a) von Gott gegebenen Gesetzen,

b) durch „Nachdenken aufgefundene“ Gesetze und

c) aus der Natur des Menschen abgeleitete Gesetze[6].

---

[1] Pütter, Literatur des teutschen Staatsrechts, Bd. 1, 1776, S. 444 und 445.
[2] Pütter, Beyträge zum teutschen Staats- und Fürstenrecht, 1777, Teil I, S. 8 (fortan zitiert als Beyträge).
[3] Pütter, Neuer Versuch einer juristischen Encyclopädie und Methodologie, 1767, § 8.
[4] Ebenda, § 8.
[5] Ebenda, § 8.
[6] Ebenda, §§ 12, 20, 21.

Zu den geoffenbarten göttlichen Gesetzen zählt Pütter sowohl israelitische als auch allgemein verbindliche Gesetze[7]. Ihre Geltung ergibt sich aus dem Willen Gottes als höchster Rechtsquelle.

Aus dem gesunden Menschenverstand folgt für Pütter, daß Verträge zu halten, daß willkürliche oder doch nicht unverschuldet zugefügte Schäden zu ersetzen, daß Kinder, so lange sie der Erziehung bedürfen, von ihren Eltern zu ernähren sind[8]. Anthropologische Elemente des Naturrechts findet Pütter darin, daß jedem Menschen von Natur aus auch ohne große Vernunftschlüsse einleuchtet, „daß er sein Leben, seinen Körper, die Freiheit seiner Handlungen, und was er rechtmäßig an sich gebracht, dergestalt als das Seinige ansehen kann, daß ohne seine Einwilligung und sein Verschulden kein anderer Mensch Anspruch darauf machen dürfe, daß er vielmehr gegen alle Beleidigungen Zwangsmittel gebrauchen könne, daß er aber auch seinen Nebenmenschen auf eben die Art bei dem Seinigen zu lassen schuldig sei, und daß er sich also auch hinwiederum gefallen lassen müsse, wenn der andere sich mit Zwangsmitteln gegen Beleidigungen schützt"[9].

Das Naturrecht ist für Pütter eine selbständige Rechtsquelle, die durch ihre allgemeinen Grundsätze das positive Recht ergänzt[10]. Das Naturrecht ist also integrierter Bestandteil der positiven Rechtswissenschaft.

c) Die Methoden der Rechtswissenschaft

aa) Die induktive Methode und die Lehre von den allgemeinen Grundsätzen

Als Alternative zu dem logisch stringenten Systemdenken der naturrechtlich-systematischen Richtung entwickelt Pütter die Lehre von den allgemeinen Grundsätzen. Für ihn machen erst sie den eigentlichen Wissenschaftscharakter der Rechtswissenschaft aus. So schreibt er: „Gleichwohl ist ein Lehrgebäude des Staatsrechts, sobald man es als eine Wissenschaft behandelt, wenn es irgend den Namen verdienen und brauchbar seyn soll, ohne richtig bestimmte Grundsätze ganz unmöglich[11]." An anderer Stelle heißt es ähnlich: „Ohne allgemeine Grundsätze ist keine gründliche Rechtsgelehrsamkeit, kein Rechtssystem, das den Namen einer Wissenschaft verdient ... jemals möglich[12]."

---

[7] Ebenda, § 21.

[8] Pütter, Beyträge, Teil II, S. 10.

[9] Pütter, Neuer Versuch einer juristischen Encyclopädie und Methodologie, § 12.

[10] Ebenda, § 120.

[11] Pütter, Beyträge, Teil I, S. 10.

[12] Ebenda, S. 5.

Die allgemeinen Grundsätze sind nach Pütter in jedem positiven
Gesetz, Gewohnheitsrecht und vor allem in der Rechtswissenschaft enthalten. Er beschreibt die Methode des Auffindens von allgemeinen
Grundsätzen so: „Es ist erforderlich, erst eine Anzahl solcher Fälle,
wie sie durch Gesetze oder Gewohnheitsrecht entschieden sind, in Reihen zu stellen, wie sie nach gewissen Fächern und Ähnlichkeiten zusam-
mengehören, damit andere ähnliche oder entgegenstehende Fälle zu
vergleichen; über die Veranlassung und den wahren Grund eines jeden
Gesetzes oder Gewohnheitsrechts nachzudenken, die Folgen eines jeden
Satzes, wenn er so oder anders bestimmt wird, reiflich zu überlegen,
überall eigne und andere Erfahrungen und Beobachtungen zu Hilfe zu
nehmen, um daraus erst eine richtige Bestimmung der darunter zum
Grunde liegenden allgemeinen Grundsätze herauszubringen[13].“ Man
kann Pütters Methode als induktiv bezeichnen. Ihre Herkunft stammt
von den englischen Empiristen und wurde in Deutschland von dem
Popular- und Erfahrungsphilosophen H. G. Feder verbreitet, der in
Göttingen zur gleichen Zeit wie Pütter lehrte.

Diese induktive Verfahrensweise unterscheidet sich stark von der
organologischen Sichtweise der Historischen Rechtsschule Savignys.
Es fehlt vor allem die romantische Geschichtsphilosophie als geistesgeschichtlicher Hintergrund. Vielmehr ist bei Pütters Methode eine
Verwandtschaft mit den Naturwissenschaften zu erkennen. So vergleicht Pütter die allgemeinen Grundsätze der Rechtswissenschaft mit
der Bildung von Hypothesen in anderen Wissenschaften. „Ohne solche
Hypothesen würden die Kenntnisse unseres Zeitalters in der Physik,
Astronomie und Philosophie unstreitig bey weitem noch nicht so aufgeklärt seyn, als sie wirklich sind[14].“ Hypothesen sind Sätze, „die man
nicht völlig als unbezweifelte Wahrheiten beweisen kann, die man aber
aus erheblichen Gründen einstweilen für wahr annimmt, bis man in
der Folge etwa eines bessern belehrt wird, da es dann freylich keinem
wohldenkenden Gelehrten Mühe machen darf, seine Hypothesen, sollten es auch rechte Lieblingshypothesen seyn, willig zu verlassen oder
doch nach Befinden, mehr Bestimmung und Richtigkeit hinein zu bringen“[15]. Hypothesen gelten also als wahr, solange sie nicht falsifiziert
sind. Pütter sieht auch grundsätzlich keine schweren Nachteile darin,
mit allgemeinen Grundsätzen, die sich später als falsch herausstellen,
zu arbeiten, solange sie nur als Hypothesen benutzt werden und nicht
als absolute Wahrheitsaussagen. „Wenn ein Staatsrechtslehrer nur da,
wo er ohne Grundsätze in seinem Lehrgebäude nicht fortzukommen

---

13 Ebenda, S. 4.
14 Ebenda, S. 6.
15 Ebenda, S. 6.

weiß, zu Hypothesen seine Zuflucht nimmt; wenn er alle Vorsicht und
Mäßigung dabey braucht, um so wenig mit Übereilung als mit Vorsatz
und Frevel zu fehlen, wenn er allenfalls selbst seine noch nicht bis zur
höchsten Stufe der Gewißheit gebrachten Sätze einstweilen nur für
Hypothesen ausgibt; wenn er jede Prüfung, jede nähere Beleuchtung
mit Dank und Bescheidenheit annimmt, so dächte ich nicht, daß er
Tadel verdiente[16]."

bb) Die historische Methode

Pütter bezeichnet seine historische Methode als pragmatisch[17]. Jedoch
fehlt seiner pragmatischen Betrachtungsweise das normative Element.
Pütter verzichtet in seinen rechtshistorischen Schriften vollständig auf
moralische Werturteile. Daher spricht manches dafür, seine geschichtliche Methode nicht pragmatisch zu nennen, sondern empirisch. Ein
weiteres Argument für die Bezeichnung empirisch ist, daß er sich häufig
auf den Wert der Erfahrung beruft[18]. So stellt Pütter fest: Kodifikationen haben nur dann Erfolg, „wenn sie schon auf Erfahrung vergan-
gener Zeiten und wirklich vorgekommener Fälle gegründet sind"[19].
Zur emprischen Erkenntnis gehört für ihn auch die Rechtsvergleichung.
„Zur Belohnung zeigt sich nicht selten ein Zusammenhang oft ganz von
einander entfernt scheinender Rechte, die eben aus diesem Zusammenhang ein neues Licht erhalten. Denn da die Erfahrung auch in der
Kunst Gesetze zu geben, den besten Lehrer abgibt, so ist billig jeder
Gesetzgeber froh, wenn er schon gute Muster durch Erfahrung anderer
Völker bewährter Gesetze vor sich findet[20]."

Für Pütter ist die Rechtsgeschichte ein Abbild der jeweiligen historischen Veränderungen im Staat. „Deswegen ist nicht leicht ein positives
Recht zu denken, zu dessen gründlicher Kenntniß nicht die Historie des
Staats, den es betrifft", zuvor gewußt werden muß[21]. Pütter definiert
die Staatsgeschichte als eine Geschichte der politischen Veränderungen
im Staat und als eine Geschichte des Staatsrechts. „Die Geschichte eines
jeden Staats, wenn sie irgend pragmatisch eingerichtet ist, muß wenigstens zugleich die Geschichte des Staatsrechts desselben Staats in sich
fassen[22]."

---

[16] Ebenda, S. 13.

[17] Pütter, Neuer Versuch einer juristischen Encyclopädie und Methodologie, §§ 107, 123, 129 und 148.

[18] Pütter, Beyträge, Teil I, S. 3 und Teil II, S. 5.

[19] Pütter, Beyträge, Teil II, S. 5.

[20] Pütter, Neuer Versuch einer juristischen Encyclopädie und Methodologie, § 44.

[21] Ebenda, § 122.

[22] Ebenda, § 123.

Der Sinn der Rechtsgeschichte ergibt sich für Pütter daraus, daß die Gesetze „zu verschiedenen Zeiten, auf verschiedene Veranlassungen, von verschiedenen Urhebern, über unterschiedliche Gegenstände errichtet worden" sind[23].

d) Würdigung

Pütters Rechtsdenken ist beeinflußt von dem Vertragsdenken der Aufklärungszeit. Durch Vertrag allein sichert er Recht und Freiheit. Keinen Menschen hält er dafür berechtigt, „dem anderen, Gesetze vorzuschreiben, sondern alle Verbindlichkeiten, die vom menschlichen Willen abhängen, müssen eigentlich in Verträgen ihren letzten Grund haben"[24].

Pütter leitet mit seiner Rechtslehre eine neue Epoche in der Rechtswissenschaft ein. Gegen die rein deduktive Methode der systematisch-naturrechtlichen Strömung entwickelte er als Alternative die induktive Methode. Mit ihr gewann er empirisch allgemeine Grundsätze und Hypothesen zur dogmatischen Bearbeitung der Rechtswissenschaft. Zwar gelang ihm noch nicht die Vereinigung von Philosophie und Geschichte zu einer neuen Rechtswissenschaft, obwohl er das Bewußtsein hatte, daß die Philosophie mit der Jurisprudenz noch ganz anders verbunden werden müsse, als das gewöhnlich geschehe. Eine Theorie, die Geschichte, Erfahrung, Beobachtung und apriorische (nach dem Sprachgebrauch der Zeit metaphysische) Rechtslehre als Rechtswissenschaft verband, schuf er noch nicht[25].

2. Johann Friedrich Reitemeier
(1755 - 1839)

a) Kritik am Zustand der Rechtswissenschaft Ende des 18. Jahrhunderts

Reitemeier übt an den Vertretern der Rechtswissenschaft des 18. Jahrhunderts eine ähnliche Kritik wie Savigny 30 Jahre später[1]. Er hält die Jurisprudenz erst für bruchstückhaft entwickelt und noch unfertig. „Ob man diese Wissenschaft bereits in ihrem vollen Umfange bearbeitet, nach ihrer Natur methodisch behandelt und in einer unverbesserlichen Sprache vorgetragen hat, dies sind Fragen, welche der Ausspruch des Kenners nicht zum Lobe der Wissenschaft beantworten wird. ... Wie

---

[23] Ebenda, § 123.

[24] Ebenda, § 23.

[25] Vgl. Blühdorn, Zum Zusammenhang von Positivität und Empirie im Verständnis der deutschen Rechtswissenschaft zu Beginn des 19. Jahrhunderts in „Positivismus im 19. Jahrhundert", 1971, S. 141.

[1] Zu Reitemeier vgl. Stintzing / Landsberg, III, 1. Halbband, S. 498 - 501.

groß aber noch überhaupt die Unvollkommenheit dieser Wissenschaft in Rücksicht auf Darstellung, auf Ordnung und Vortrag sei, wie mangelhaft die Anlage des Systems, wie unvollständig die Verkettung der Teile, wie unaufgeschlossen der Geist der Gesetze und wie barbarisch und widrig die Sprache der Kunst sei, dies beweisen die wiederholten Klagen der Eingeweithen so wohl, als der Laien in der Rechtswissenschaft[2]."

Reitemeier kritisierte die Arbeiten der reinen Systematiker. „Es ist wahr, von den hierher gehörigen Untersuchungen der Philosophen ließ sich nicht geradezu ein Gebrauch in der Jurisprudenz machen; da sie zu sehr bei dem Allgemeinen stehen blieben, ihre Forschungen drangen nicht tief genug in die einzelnen Gesetzgebungen der Völker ein und ihre Beobachtungen waren nicht selten eine Folge von Hypothesen, denen sie, um Stützen für ihre Meinungen zu finden, einzelne, von verschiedenen Völkern entlehnte Facta anpassend machten, ohne die Verschiedenheiten des Zustandes, der Zeiten und der Ursachen, die dabei wirkten, in gehörige Erwägung zu ziehen[3]." Den Naturrechtlern wirft Reitemeier vor: „Man hat, wie es scheint, alles aus den Grundsätzen des natürlichen Rechts entwickeln zu können geglaubt, und ist in dieser Vorstellung zu sehr über die eigentlichen Gränzen desselben hinausgegangen. Anstatt bey dem Allgemeinen, das bey allen Völkern und zu allen Zeiten gelten muß und bey dem aus dem Begriffe von Freyheit und Eigenthume unwidersprechlich fließenden Rechte stehen zu bleiben, hat man so vieles, das seinen Grund bloß in der Localität und den Zeitumständen hat, (naturrechtlich) zu erklären gesucht[4]."

b) Das Verständnis von Rechtswissenschaft und die Theorie des allgemeinen positiven Rechts

Die Rechtswissenschaft besteht für Reitemeier aus zwei Normbereichen, dem Naturrecht und dem positiven Recht. Daher enthält das Recht einen abstrakten und einen individuellen Teil[5]. „Der erstere ist ein Stück der Philosophie und enthält die zu allen Zeiten unveränderlichen Sätze, der zweite gehört eigentlich zur Geschichte und ist ein Inbegriff der individuellen, nach Ort, Zeit und andern Eigenschaften veränderlichen Sätze. Jeder Theil hat seine eigenen Grundsätze, die der Gesetzgeber bey Abfassung der Verordnungen vor Augen behalten muß. In dem erstern Theile, dessen Inhalt das Allgemeine und Abstracte ist,

---

[2] Reitemeier, Encyclopädie und Geschichte der Rechte in Deutschland, Vorrede S. XI und XII.

[3] Ebenda, Vorrede S. XX.

[4] Reitemeier, Allgemeines Deutsches Gesetzbuch, 1801, Vorrede S. IV und V.

[5] Reitemeier, Encyclopädie und Geschichte der Rechte in Deutschland, Vorrede S. XVII.

müssen die Grundwahrheiten aus den Vorschriften der Vernunft und des Gewissens abgeleitet werden[6]." Dies sind die Grundsätze des absoluten Naturrechts. Sie sind allenhalben anwendbar, unveränderlich und jedem vernünftigen Menschen einleuchtend[7]. Reitemeier benutzt, wie sein Lehrer Pütter, allgemeine Grundsätze des Naturrechts und arbeitet nicht mit einem geschlossenen materialen Naturrechtssystem. Die allgemeinen Grundsätze des Naturrechts in Reitemeiers Rechtslehre zielen „auf die Erhaltung der persönlichen Eigenschaften des Lebens, der Gesundheit, der Freyheit und Achtung und, auf die Erlangung, Erhaltung und Verbesserung der Sachen, deren Besitz und Gebrauch uns vortheilhaft sein kann"[8]. Als Beweis für die Existenz allgemeiner Grundsätze des Naturrechts führt Reitemeier innere Triebe an[9].

Reitemeier geht davon aus, daß die Kenntnis der allgemeinen Grundsätze des abstrakten Rechts für die Bildung der Rechtswissenschaft nicht ausreicht, „sondern man muß auch die Gründe (der Gesetze), die aus den individuellen Lagen und Beschaffenheiten der Staaten auf die Bestimmung der Gesetze wirken, aufsuchen und bei der Erklärung dieser Verordnungen zu Hülfe nehmen"[10]. Seine Theorie des allgemeinen positiven Rechts baut Reitemeier auf der Lehre von den „drei Ständen" oder den drei Epochen der Menschheitsgeschichte auf. Diese drei Stände sind „der Stand der Freyheit oder der außergesellschaftliche", „der Stand der Familie" und „der Stand der bürgerlichen Gesellschaft oder der öffentliche Stand"[11]. Diese Lehre enthält historische wie konstruktiv philosophische Elemente. Durch induktive Arbeit und mit Hilfe der „drei Ständelehre" will Reitemeier allgemeine Grundsätze des individuellen Rechts der jeweiligen Zeitepoche finden. Den individuellen Teil des Rechts erkennt Reitemeier in der Familien- und bürgerlichen Gesellschaft, aber nicht im außergesellschaftlichen Zustand, wo das gleichförmige Naturrecht herrscht. „So bald aber Gesellschaften, vornehmlich die Familien- und bürgerlichen Gesellschaften entstehen, so bilden sich, nach der Verschiedenheit des Locals, der Größe, der Wohlhabenheit, der Verfassung, der Religion, der Sitten und Cultur in diesen Gesellschaften, ungleiche und immer veränderliche Lagen und Verhältnisse und eben daher auch ungleiche und veränderliche Gesetze, die nicht mehr ganz nach den Grundsätzen des allgemeinen, abstracten Rechts bestimmt werden können, sondern nach der jedesmaligen Be-

---

6 Ebenda, Vorrede S. XVII.
7 Ebenda, Vorrede S. LIII.
8 Ebenda, S. 8.
9 Ebenda, S. 8.
10 Ebenda, Vorrede S. XVIII und XIX.
11 Ebenda, Vorrede S. XXVIII.

schaffenheit der individuellen Lagen und nach den Regeln einer diesen Lagen angemessenen Politik abgefaßt werden müssen[12]."

Die Lehre von den allgemeinen Grundsätzen zeigt, im Gegensatz zu Savignys Behauptung, daß das staatlich gesetzte positive Recht nicht unbedingt Produkt menschlicher Willkür sein muß. Das positive Recht hat in Reitemeiers Rechtslehre die Funktion eines historisch gebundenen, eines relativen Naturrechts inne. Das Erkennen der allgemeinen Grundsätze gibt Aufschluß über den Geist der Gesetze[13]. Die häufige Erwähnung des Wortes „Geist der Gesetze" verweist auf Montesquieus Werk „l'esprit des lois". Reitemeier benutzt als erster Montesquieus Methode für die Rechtswissenschaft[14]. Die Methode, wie man allgemeine Grundsätze des positiven Rechts finden kann, beschreibt Reitemeier in der Enzyklopädie nur sehr vage: „Man gehe in dieser Absicht auf den ersten Zustand der Gesellschaften zurück und beobachte die allmählichen Veränderungen in demselben mit den Ursachen, welche diese Veränderungen hervorbrachten. Denn auf diesem Wege werden sich sichere Grundsätze entdecken lassen, aus denen man die Eigenheiten der Gesetzgebungen bey allen Völkern und zu allen Zeiten erklären kann[15]."

1806 beschreibt Reitemeier konkreter den Inhalt allgemeiner Grundsätze der bürgerlichen Gesellschaft. Er stellt jeweils zwei Grundsätze im öffentlichen Recht und im Privatrecht auf.

Die zwei induktiv aufgefundenen Grundsätze des öffentlichen Rechts sind:

„Erster Grundsatz: Jeder Staatsbürger hat ein Recht auf die Hülfe des Staats und auf den unschädlichen Gebrauch der öffentlichen Anstalten[16]."

„Zweiter Grundsatz: Jeder Staatsbürger muß, um öffentliche Vorteile zu genießen, auch öffentliche Lasten für seinen Teil tragen und einen nach dem Staatszwecke erforderlichen Freiheitszwange dulden[17]."

Im Privatrecht, das „die Bestimmung des Mein und Dein" ist, lauten die beiden Grundsätze des positiven Privatrechts der bürgerlichen Gesellschaft:

---

[12] Ebenda, Vorrede S. XIX.

[13] Ebenda, Vorrede XIX.

[14] Thieme, SZ Germ. Abt. 56, S. 213.

[15] Reitemeier, Encyclopädie, Vorrede XXI.

[16] Reitemeier, Über Gesetzgebung, insbesondere in den Deutschen Reichsstaaten, 1806, S. 12.

[17] Ebenda, S. 14.

„Erster Grundsatz: Jeder kann Privatrechte erwerben, insofern dies die Gesetze nicht beschränken[18].“

„Zweyter Grundsatz: Jeder hat, in sofern die Gesetze keine Einschränkung machen, den freien und ausschließlichen Genuß der rechtmäßig erworbenen Privatrechte[19].“

Diese allgemeinen Grundsätze des positiven Rechts der bürgerlichen Gesellschaft sind formal und nicht inhaltlich bestimmt. Sie sind offen und mit den Wertentscheidungen des jeweiligen Gesetzgebers zu füllen. Reitemeier ist nicht Kantianer. Er ist noch, wenn auch eingeschränkt, Anhänger des vorkritischen Naturrechts.

Die Theorie von dem allgemeinen positiven Recht enthält das Allgemeine der jeweiligen Gesetzgebungen der verschiedenen Völker[20].

c) Die Methoden der Rechtswissenschaft

aa) Die historische Methode

Reitemeier hat die pragmatische Geschichtsschreibung Montesquieus in die Rechtswissenschaft eingeführt, obwohl Gildemeister sich schon zwei Jahre vor Reitemeiers Enzyklopädie, nämlich 1783, auf Montesquieu beruft. Jedoch hat Gildemeister die Bedeutung von Montesquieus Methode für die Rechtswissenschaft unterschätzt. Reitemeier geht davon aus, ähnlich wie Pütter, daß der Geschichte der Gesetze die Geschichte des Staates zugrunde liegt[20]. „Die Geschichte des Staats nach den verschiedenen Graden der Cultur oder die Beschreibung von dem Zustande und den Veränderungen der Nation in der Volksmenge und Landesgröße, in der Wohlhabenheit und Armuth, in der Stärke und Schwäche, in der Rohheit und Verfeinerung, in der Aufklärung und Unwissenheit macht die Grundlage aus, auf welche die Geschichte der Gesetze als auf ihren eigentlichen Boden gebauet ist[21].“ Reitemeier faßt im Anschluß an Montesquieu unter den Begriff der Geschichte Bildungs- aber auch Sozialgeschichte zusammen[22]. Seine historische Methode bezeichnet er als pragmatisch[23].

---

[18] Ebenda, S. 92.

[19] Ebenda, S. 93.

[20] Reitemeier, Encyclopädie und Geschichte der Rechte in Deutschland, Vorrede, S. XXIV.

[21] Ebenda, Vorrede S. XXIV.

[22] Auch die Ökonomie als Bedingung von Rechtssätzen vernachlässigt Reitemeier nicht. So beschreibt er z. B. den Zustand Deutschlands seit der Herrschaft Rudolf von Habsburg sozialgeschichtlich und wirtschaftsgeschichtlich: „Die Gewinnung der Produkte durch Ackerbau, Bergbau und andere Arten der Beschäftigung wurde stärker und die Verarbeitung derselben durch neue Erfindungen vielfacher; der Umsatz der Produkte und Fabrikate

Durch Montesquieu waren die verschiedenen möglichen Gründe für den Erlaß von Gesetzen beträchtlich erweitert worden. Montesquieu hatte als Faktoren der Rechtsbildung außer der Regierungsform (Buch 2 - 13), das Klima (14 - 17), die Bodenbeschaffenheit (18), Sitten, Gebräuche und Volksgeist (19), Wirtschaftslehre (20 - 22), Bevölkerungszahl (23) und Religion (24 - 25) angesehen. Klima, Religion, Staatsverfassung, Kultur, Wohlhabenheit und Wachstum sind auch für Reitemeier Ursachen der Rechtsveränderung[24].

„Mit diesem Wechsel in dem Zustande der Völker ging allemal das positive Recht neue Verwandlungen durch und die bisherigen Gesetzbücher wurden allmählich unbrauchbar in der neuen Lage, worin ein Volk getreten war[25]." Geschichte ist die allgemeine Kulturgeschichte der Völker, die Grundlage einer philosophischen Geschichte des positiven Rechts sein muß[26].

Herder ?

Reitemeier stellt das Programm einer vergleichenden Rechtsgeschichte auf, er fordert sogar eine Universalgeschichte der Gesetzgebungen[27]. „Diese Geschichte sollte dem angenommenen Plane gemäß auf die Gesetzgebungen nicht bloß der Römer und Deutschen, sondern aller Nationen aus jedem Zeitalter sich erstrecken und eine Universalgeschichte der Gesetzgebungen ausmachen. Eine solche allgemeine Historie, die uns bis jetzt noch ganz und gar fehlt, könnte durch den höheren Gesichtspunkt, den sie verschaffte, und durch die Vergleichung, die sie unter mehreren Gesetzgebungen anzustellen Gelegenheit gäbe, unsere Einsichten in das Feld der Gesetzgebung ungemein erweitern und vervollkommnen und den Einfluß, welchen die Gesetze des einen Volks auf die des andern bald unmittelbar bald mittelbar gehabt haben, selbst zu mehrerer Aufklärung der in Deutschland gültigen Rechte, vor Augen legen[28]."

Reitemeiers pragmatische Methode enthält keine normativen „moralisierenden" Elemente. Sie will die Gegenwart aus der Vergangenheit

---

war bei dem fortdauernden Flor des Handels, besonders von der Hanse sehr erträglich." (Ebenda, S. 188.)

Auf die Abhängigkeit des Rechts von Ökonomie geht Reitemeier an anderer Stelle ein: „Man fühlt es gleich, daß die wirkliche Welt, die vorliegende Bürgerliche Gesellschaft, die Geschäfte und der Verkehr der Bürger unter sich und mit Freunden die eigentliche Quelle sind, aus der die Gründe der Gesetze ... geschöpft werden müssen" (Allgemeines Deutsches Gesetzbuch, Vorrede S. VI).

[23] Reitemeier, Encyclopädie und Geschichte der Rechte in Deutschland, Vorrede S. XXV.

[24] Ebenda, S. 20.

[25] Ebenda, S. 21.

[26] Ebenda, S. 20.

[27] Ebenda, Vorrede S. XXIII.

[28] Ebenda, Vorrede S. XXIII.

erklären und nicht, wie es das Anliegen der genetischen Methode ist, die Geschichte nur aus sich selbst heraus zu verstehen.

bb) *Die systematische Methode*

Reitemeier fordert ein „pragmatisches" System, „wodurch die Gründe der Gesetze und der Einfluß der Sitten auf dieselben dem Auge einleuchten"[29]. Dieses System darf nicht registermäßig oder alphabetisch geordnet sein[30]. Es handelt sich also dabei um kein klassifikatorisches System. Reitemeier unterscheidet zwei Hauptabteilungen in seinem Rechtssystem, das traditionelle und das pragmatische[31] und fügt hinzu, daß der herkömmlichen Hauptabteilung die wesentlichen Verschiedenheiten des Rechts und der menschlichen Handlung zu Grunde liegen. „In dieser Rücksicht unterscheide ich an dem Recht eine doppelte Seite, erstlich die Natur des Rechts nebst der Erlangung und dem Verlust desselben und zweytens die Behauptung desselben; was aber die Handlungen anbelangt, so sind sie erstlich ihrer Natur nach entweder unschädliche und erlaubte, oder schädliche und beleidigende Handlungen; zweytens gehen beyde Arten in Ansehung des Objects theils auf Personen theils auf Sachen[32]." Diesem System fehlt jedoch noch eine pragmatische Abteilung, die in den bisherigen Rechtssystemen nicht vorhanden war, und die allein zur Einsicht in die wirklichen Gründe der Geschichte und der Gesetze führt[33]. Die fehlende Abteilung beruht auf der historisch begründeten Verschiedenheit der Verhältnisse zwischen Personen und Sachen. Reitemeier betrachtet nun Personen und Sachen aus einem doppelten Gesichtspunkte, „einmal im außergesellschaftlichen Zustande und zweytens in der Gesellschaft, und zwar in der Familie und in dem Staate ... Hieraus bildet sich nun ein dreyfacher Stand, worin die Handlungen der Menschen auf Personen und Sachen von Seiten des Rechts beurtheilt werden, der Stand der Freyheit oder der außergesellschaftliche, der Stand der Familie und der Stand der bürgerlichen Gesellschaft oder der öffentliche Stand[34]." Diese drei Stände haben ihre eigenen allgemeinen Grundsätze und stehen unter dem Einfluß der verschiedenen Sitten[35]. Sie dienen als pragmatische Gesichtspunkte, um die vereinzelten und zerrissenen Rechtssätze zu einer zweiten Hauptabteilung des Rechtssystems zu ordnen[36]. Reitemeier nennt

---

[29] Ebenda, Vorrede S. XXV.
[30] Ebenda, Vorrede S. XXV.
[31] Ebenda, Vorrede S. XXVII und XXVIII.
[32] Ebenda, Vorrede S. XXVII.
[33] Ebenda, Vorrede S. XXVIII.
[34] Ebenda, Vorrede S. XXVIII.
[35] Ebenda, Vorrede S. XXIX.
[36] Ebenda, Vorrede S. XXXI.

sein System pragmatisch, weil es eine Anpassungsfähigkeit an veränderte Umstände besitzt, und schließt seine Ausführungen über das Rechtssystem mit den Worten: „Hoffentlich wird man ... diesem System nicht absprechen, daß es alle Zweige des Rechts genau umfasse und sie in ihrer natürlichen Verbindung zeige, und daß es so wohl im Naturrecht als in allen positiven Rechten anwendbar sey und durch diese allgemeine Gleichförmigkeit die Vortheile der Einfachheit und der leichten Vergleichung sowohl unter dem natürlichen und positiven Recht als unter den positiven Rechten entweder mehrerer Völker oder eines Volks aus verschiedenen Zeiten verschaffe[37].“ Es handelt sich bei Reitemeiers Rechtssystem nicht um ein starres, statisches System, sondern um ein dynamisches, historisches.

d) Die Lehre von der Gesetzesauslegung

Reitemeier teilt die Rechtswissenschaft in die Lehre von der Gesetzgebung und von der Gesetzeskunde auf[38]. „Die richtige Interpretation, die Seele der Gesetzeskunde, schließt nur aus der Sprache und den Gründen der Gesetze den wahren Sinn des Gesetzgebers auf[39].“

Philosophie und Geschichte sind notwendig zur Gesetzesauslegung. „Denn die abstrakten, der Philosophie zugehörigen Begriffe des Rechts und die pragmatische Geschichte der Gesetze können die entfernten und nahen Gründe der Gesetze aufschließen ...[40].“

An anderer Stelle heißt es: „In die Begriffe des Rechts und in die juristische Sprache bringt die Philosophie Bestimmtheit und Deutlichkeit; in der Anwendung der Gesetze hebt die gesammelte Erfahrung der Vorwelt das Schwankende und Unsichere und bei der Aufsuchung der näheren Gründe des Rechts gibt die pragmatisch bearbeitete Geschichte befriedigende Aufschlüsse[41].“ Reitemeier fordert eine Wissenschaft der Sprachgeschichte. „Die Kenntnis der Sprache, als des Vehikels zum richtigen Verstande der Gesetze, darf sich nicht auf klare Begriffe der Worte einschränken, sondern muß bis zur größten Bestimmtheit der mit den Worten und Ausdrücken der Gesetze verknüpften Begriffe gehen, und aus diesem Grunde sich selbst auf die Geschichte der dem Gesetzgeber eigenen, mit der Zeit veränderten, Sprache erstrecken[42].“ Reitemeier kennt noch keine vier Kanones. Wir finden nämlich nur zwei bei ihm, die wörtliche und die historische Auslegung, die den

---

[37] Ebenda, Vorrede, S. XXXIII.
[38] Ebenda, Vorrede S. XLVIII.
[39] Ebenda, S. 250.
[40] Ebenda, S. 249, 250.
[41] Ebenda, S. 258, 259.
[42] Ebenda, S. 250.

wahren Sinn des Gesetzgebers ergeben sollen. Reitemeier folgt der subjektiven Auslegungstheorie. Das überrascht, da er bei seiner Theorie des positiven Rechts auf die objektiven Gründe der Gesetze abstellt, die dem Gesetzgeber selbst unbekannt sein können. Den Sinn des Gesetzes zu finden, heißt „in den Geist ihres Verfassers einzudringen"[43], „den wahren Sinn des Gesetzgebers" aufzuspüren[44].

Wichtig ist, daß Reitemeier die Auslegung des usus modernus von der moderner Gesetze trennt. So sagt er zur Rolle des Richters: „Dunkelheiten in den Gesetzen, welche den Sinn derselben zu verfehlen besorgen lassen, kann natürlicherweise kein anderer als der Gesetzgeber selbst durch eine Erklärung heben[45]."

e) Würdigung

Zwar gelingt es Reitemeier noch nicht, durch die Vereinigung von philosophischer und historischer Methode den Gegenstand der modernen Rechtswissenschaft zu konstituieren. Sein pragmatisches System wird jedoch aus philosophischen und historischen Elementen gebildet, wobei die philosophischen Elemente teils naturrechtlichen Ursprungs sind, teils allgemeine Grundsätze sind, die induktiv aus dem positiven Recht gewonnen worden sind.

Reitemeiers Verdienst beruht darauf, daß er Montesquieus l'esprit des lois als erster Jurist in Deutschland wirklich verwertete, daß er eine originelle allgemeine Theorie des positiven Rechts schuf, eine vergleichende Rechtsgeschichte forderte und außerdem das Recht nicht nur als Kulturprodukt, sondern auch durch die ökonomischen und politischen Verhältnisse bedingt begriff. Hufeland, ein anderes Mitglied der Göttinger Rechtsschule, hält Reitemeier für den Begründer der modernen Rechtsgeschichte[46].

Zu Unrecht zählt Landsberg Reitemeier zu den Vorläufern der Historischen Rechtsschule[47], dem es angeblich nur an der Formulierung des Programms der Historischen Schule mangelte. Im Gegensatz zu Savigny enthält Reitemeiers Rechtslehre viele materiale naturrechtliche Elemente, das Naturrecht ist für ihn Teil der Rechtswissenschaft. Hinzu kommt, daß Reitemeiers Geschichtsverständnis pragmatisch ist und nicht, wie das Savignys, organologisch.

---

[43] Ebenda, S. 249.
[44] Ebenda, S. 250.
[45] Ebenda, Vorrede S. LVIII.
[46] Hufeland, Lehrbuch der Geschichte und Encyclopädie aller in Deutschland geltenden positiven Rechte, 1796, § 4.
[47] Landsberg ADB Bd. 28, S. 155.

3. Gottlieb Hufeland   *Fehl am Platze*
(1760 - 1817)

Landsberg zählt Hufeland zu den Kantianern[1], der in seiner Jugend mit Savigny befreundet war.

a) Kritik am Zustand der Rechtswissenschaft des 18. Jahrhunderts

viele
oder
ebe falls

Ähnlich wie Pütter und Reitemeier erkennt Hufeland, daß die Jurisprudenz in einer Krise steckt: Die Rechtswissenschaft bedarf einer gänzlichen Reform und gründlichen Verbesserung, denn noch steht sie weit von dem Ideal entfernt, das sie eigentlich zu erreichen hat[2]. Die meisten Systematisierungsversuche in der Jurisprudenz mußten scheitern, weil „man ein schon fertiges System in die Bearbeitung mitbrachte. Bald hatte man es irgend einem schon bearbeiteten Rechtssystem, bald der Vorstellungsart irgend eines Volkes abgeborgt, bald — und das war oft das schlimmste — hatte man sich selbst ein System gleichsam a priori geschaffen, worunter denn das a posteriori gegebene meist willkürlich bestimmte positive Recht sich beugen und schmiegen sollte[3]."

Diese Systeme enthielten keinen wissenschaftlichen Zusammenhang: „es waren bloße Classificationen und tabellarische Anordnungen, welche sich leicht finden lassen, die aber auch so willkürlich sind, daß sie wenig befriedigen[4]." Diese Art von systematischer Arbeit genügt jedoch nicht den Erfordernissen der wissenschaftlichen Behandlung, „sondern nur durch wahren inneren Causalzusammenhang wird denselben Genüge getan"[5].

---

[1] Stintzing / Landsberg, III 1. Halbband, S. 512.

[2] Hufeland, Beyträge zur Berichtigung und Erweiterung der positiven Rechtswissenschaften, Jena 1792, Vorrede S. 2 und 3 (fortan zitiert als Beyträge).

[3] Hufeland, Beyträge, Rechtfertigung meiner Abhandlung der gesammten positiven deutschen Rechtsgelahrtheit, S. 43. An anderer Stelle schreibt er: „Man suchte nun ein neues zweckmäßigeres System; aber wieder nicht in der Sache selbst, aus der es allein hervorgehen konnte. Man brachte es schon fertig, schon a priori zusammengestellt, mit; ohne Unterschied, auch zu solchen Lehren, welche allein aus der Erfahrung und Willkühr hervorgehen mußten.
(Institutionen des gesammten positiven Rechts oder systematische Encyclopädie der sämmtlichen allgemeinen Begriffe und unstreitigen Grundsätze aller in Deutschland geltenden Rechte, 1803).

[4] Hufeland, Institutionen des gesammten positiven Rechts oder systematische Encyclopädie, Vorrede S. XVIII und XIX.

[5] Ebenda, Vorrede S. XIX.

b) Sein Verständnis von Rechtswissenschaft

Hufeland setzt Wissenschaft mit Wissenschaftssystem gleich. „Eine Wissenschaft ist eine in ein zusammenhängendes Ganze verbundene Summe von Erkenntnissen[6]." Rechtswissenschaft definiert er einmal rein formal: „Rechtswissenschaft, Rechtsgelahrtheit, Rechtsgelehrsamkeit ist die Wissenschaft von den Rechten und der Art ihrer Anwendung[7]." Eine inhaltsreichere Definition gibt Hufeland an einer anderen Stelle: „Durch die systematische Verbindung aller bisher genannten Erzeugnisse entsteht die Theorie des Rechts, die Rechtswissenschaft[8]." Am konkretesten wird Hufeland, als er sich mit der wissenschaftlichen Bearbeitung des deutschen Privatrechts beschäftigt: „Der Zweck der Wissenschaft des deutschen Privatrechts kann kein anderer seyn, als die Theorie von solchen Instituten aufzustellen, welche das gemeine Recht nicht kennt und welche doch in mehreren Theilen von Deutschland gelten, damit

1) die Particulargesetze, welche jene Institute festsetzen, verstanden, und

2) falls sie für manche Rechtsfragen keine Bestimmung enthalten, diese Lücken durch die Folgerungen aus dem Begriffe und der allgemeinen Theorie ausgefüllt werden können[9]."

Nach Hufeland besteht die Rechtswissenschaft aus Naturrecht und positivem Recht. „Das Naturrecht im engern Sinne ist die Wissenschaft, welche die Rechte, vorzüglich aber die Zwangsrechte des Menschen im Naturzustande lehrt[10]."

Zu den naturrechtlich geschützten Rechtsgütern des Menschen gehören „sein Leben, die Kräfte seines Geistes und Körpers, sein Leib, seine Gesundheit, seine Ehe"[11].

c) Die Methoden der Rechtswissenschaft

aa) Die historische Methode

Hufeland trennt die allgemeine Geschichtswissenschaft von der Rechtsgeschichte. Die Rechtsgeschichte gehört zu der Rechtswissen-

---

[6] Hufeland, Abriß der Wissenschaftskunde und Methodologie der Rechtsgelehrsamkeit, § 2.

[7] Ebenda, § 3.

[8] Hufeland, Lehrbuch des in den deutschen Ländern geltenden gemeinen oder subsidiarischen Civilrechts, 1806, S. 72.

[9] Hufeland, Einleitung in die Wissenschaft des heutigen deutschen Privatrechts, 1796, § 19.

[10] Hufeland, Lehrsätze des Naturrechts, 2. Aufl. 1795, § 33.

[11] Hufeland, Lehrbuch der Geschichte und Encyclopädie aller in Deutschland geltenden positiven Rechte, 1796, § 48.

schaft, die allgemeine Geschichte ist wie die Philosophie Hilfswissenschaft der Rechtswissenschaft[12]. Rechtsgeschichte definiert Hufeland als die Geschichte des Ursprungs und der Veränderung von Rechten[13].

Den Nutzen der Rechtsgeschichte sieht er darin, daß es ohne die Rechtsgeschichte schlechterdings unmöglich sei, deutliche und vollständige Einsicht in die Rechtswissenschaft selbst, ihrer praktischen Anwendung und ihren Systemen zu finden[14]. Hufeland unterteilt die Rechtsgeschichte in Universalrechtsgeschichte (die Geschichte aller Rechte in der Welt), Staatsrechtsgeschichte (die Geschichte aller Rechte in einem bestimmten Staate)[15], innere und äußere Rechtsgeschichte, wobei die innere Rechtsgeschichte von dem Geist und Inhalt des Rechts und dessen Abänderung Nachricht gibt, die äußere Rechtsgeschichte hingegen die Quellen des Rechts übermittelt[16]. Obwohl Hufeland seine geschichtliche Methode nie pragmatisch nennt, sind Spuren einer „soziologischen" und pragmatischen Geschichtsbetrachtung vorhanden. So heißt es an einer Stelle im Anklang an Montesquieus l'esprit des lois: „Veranlassung sowohl als Ausführung der Gesetze sind unter verschiednen Völkern verschieden, ihre Verschiedenheiten hängen vom Klima, von der Natur, Lage und Größe des Landes, der Art des Bodens, der Lebensart, den Neigungen, der Zahl, der Religion, Staatsverfassung und besonders der Cultur des Volkes ab. Diese allgemeine Culturgeschichte der Menschen ist daher die beste Grundlage des allgemeinen positiven Rechts[17]." Hufelands Geschichtsauffassung ist von Reitemeier beeinflußt worden, den Hufeland für den Begründer der modernen Rechtsgeschichte hält[18]. Montesquieu hingegen, auf den sich Reitemeier stützt, wird von Hufeland nie namentlich erwähnt.

---

[12] Hufeland, Abriß der Wissenschaftskunde und Methodologie der Rechtsgelehrsamkeit, 1797, §§ 71 und 54.

[13] Hufeland, Lehrbuch der Geschichte und Encyclopädie aller in Deutschland geltenden positiven Rechte, § 1.

[14] Ebenda, § 5.

[15] Ebenda, § 3.

[16] Hufeland, Abriß der Wissenschaftskunde und Methodologie der Rechtsgelehrsamkeit, § 72.

[17] Hufeland, Lehrbuch der Geschichte und Encyclopädie aller in Deutschland geltenden positiven Rechte, § 87.

[18] Ebenda, § 4. „Bis auf Reitemeier waren die Verbesserungen nur auf Nachrichten von den Quellen der Gesetze eingeschränkt und man trug den Geist oder Inhalt der Gesetze in den verschiedenen Perioden, entweder gar nicht oder doch nicht nach Perioden, sondern nach einzelnen Lehren in der sogenannten *chronologischen* Rechtsgelahrtheit vor, Reitemeier aber machte den Geist oder Inhalt der Gesetze zum Hauptgegenstand der Rechtsgeschichte und ihm folgten bald mehrere ..."

bb) Die systematische Methode

Hufeland wendet sich in programmatischer Form gegen die Deduktion und befürwortet die Anwendung der induktiven Methode, die er wie folgt beschreibt: „Ich fing mit dem kleinsten Detail an, ging jede einzelne Lehre durch, suchte jeden einzelnen Satz in den ihm eigenthümlichen Gesichtspunkt zu stellen, und aus dieser Bearbeitung des einzelnen ergab sich allmählich für mich Verbindung, Uebersicht und vollkommner Zusammenhang[19]." Hufeland fordert zwar in der Theorie induktive Arbeit und daraus gewonnene allgemeine Grundsätze des Rechts, in seinen dogmatischen Werken bleibt er jedoch der deduktiven Methode treu. Über sein angestrebtes Rechtssystem schreibt Hufeland: „Jede Abtheilung der positiven Rechtsgelahrtheit muß eben ihrer Natur nach selbst positiv, aus der positiven Rechtswissenschaft allein hervorgegangen, seyn[20]."

Hufeland spricht sich hiermit für ein formales Rechtssystem aus, das unabhängig vom Naturrecht ist und daher keine materialen naturrechtlichen Begriffe oder Grundsätze enthält. Sein System ist also nicht pragmatisch, wie das von Reitemeier, sondern der formalen Systemvorstellung Savignys ähnlich.

d) Hufeland und Kant

Hufeland war der erste Jurist des 18. Jahrhunderts, der versuchte, Kants Philosophie auf das Naturrecht zu übertragen[21]. Von Kant übernahm er den Rechtsbegriff: „Der Grundsatz aller Rechte ist demnach: Jeder Mensch hat ein Recht alles zu wollen, was nicht als verboten nach allgemeingültigen Gesetzen gedacht werden muß. Man kann es auch so ausdrücken: Jeder Mensch hat ein Recht, alles zu wollen, womit die Würde der menschlichen Natur, die Persönlichkeit des Menschen, bestehen kann; wobei der Mensch nicht als Mittel zu etwas andern behandelt wird[22]." Der oberste Grundsatz der Sittlichkeit ist bei Hufeland in Anlehnung an Kants kategorischen Imperativ folgender: „Die Vorschriften, die du dir selbst für deine Handlungen giebst (Maximen), sollen so beschaffen seyn, daß sie allgemeine Gesetze seyn können, oder doch daß du wollen kannst, daß sie allgemeine Gesetze würden[23]."

---

[19] Hufeland, Beyträge, Rechtfertigung meiner Abhandlung der gesammten positiven deutschen Rechtsgelahrtheit, S. 44.

[20] Ebenda, S. 43.

[21] Stintzing / Landsberg, III. 1. Halbband, S. 512.

[22] Hufeland, Lehrsätze des Naturrechts, 2. Aufl. 1795, § 94.

[23] Ebenda, § 86.

Hufeland definiert das Recht, als „ein durch sittliches für den Handelnden und für andere gültige Gesetze bestimmtes Vermögen zu ciner Willensbestimmung"[24]. Es bleibt jedoch bei diesen Anfängen eines kantischen Naturrechts. Ansonsten ist Hufeland noch stark von den Naturrechtlern der vorkantischen Zeit geprägt. Deshalb hält Schmalz ihn auch nicht für einen Kantianer (s. S. 93).

e) Die Lehre von der Gesetzesauslegung

Im Gegensatz zu vielen seiner Zeitgenossen zeichnet sich Hufeland durch eine ausführliche juristische Hermeneutik aus. Auslegung ist für ihn „die Entwickelung des wahren Sinns eines dunkeln oder zweydeutigen Gesetzes"[25]. Ein klares Gesetz braucht also nicht ausgelegt zu werden. Hufeland unterscheidet die gesetzliche und die wissenschaftliche Auslegung. Die gesetzliche Auslegung hat Gesetzeskraft[26] und ist im Gesetz selbst niedergelegt. Interessant für die Gegenwart ist allein die wissenschaftliche Auslegung. Sie besteht aus zwei Auslegungsarten, der philologischen und der logischen. „Die philologische entsteht entweder durch Berichtigung der Worte, damit gewiß werde, was eigentlich ausgelegt werden solle oder durch Entwicklung ihres Sinns. Jene heißt kritisch, diese grammatisch[27]." Die logische Interpretation ist die Auslegung nach dem Zweck oder Rechtsgrunde des Gesetzes[28].

Bei der grammatischen Auslegung ist die zur Zeit der Abfassung der gesetzlichen Vorschrift gewöhnliche Wortbedeutung verbindlich[29]. Hufeland glaubt, zwischen einer Gesetzesauslegung und einer allgemeinen Rechtsfortbildung einen Unterschied machen zu können. Die Gesetzesauslegung läßt er uneingeschränkt zu, die Rechtsfortbildung will er so weit wie möglich einschränken: „Kein Privatmann darf unter dem Scheine der Auslegung das Gesetz abändern"[30], „keine Auslegung kann über den Wortverstand hinausgehen, den nämlich die gesetzliche Vorschrift in ihrer jetzigen Stelle und Verbindung haben kann"[31].

Eine kritische Verbesserung des Textes der älteren Gesetze ist nur dann erlaubt, wenn sie wegen entschiedener Mängel notwendig ist

---

[24] Hufeland, Institutionen des gesamten positiven Rechts, 1803, § 31.
[25] Hufeland, Lehrbuch des in den deutschen Ländern geltenden gemeinen oder subsidiarischen Civilrechts, § 28.
[26] Ebenda, § 29.
[27] Ebenda, § 33.
[28] Ebenda, § 32.
[29] Ebenda, § 39.
[30] Ebenda, § 34.
[31] Ebenda, § 35.

und auf sichere Gründe gebaut werden kann[32]. Deshalb steht die logische Auslegung, die allein aus dem gewissen Zweck oder Rechtsgrund des Gesetzes abzuleiten ist, der grammatischen nach[33].

Hufeland gehört daher zu den wenigen Juristen der damaligen Zeit, die eine Reihenfolge der Interpretationsmethoden aufstellten. Er ist sogar der einzige, der den Begriff der ratio legis genauer untersucht. Er erkennt, daß es verschiedene Bedeutungen dieses Ausdrucks in der damaligen zeitgenössischen juristischen Literatur gibt. Ratio legis wird in ihr mit Ursache, Zweck, Absicht des Gesetzgebers, Absicht des Gesetzes oder Grund des Gesetzes bezeichnet. Ursache des Gesetzes ist jede Ursache, „aus welcher das Gesetz als eine Folge, so wie es da liegt, hervorgegangen ist"[34]. Jedes Gesetz ist durch geschichtliche Ereignisse veranlaßt worden, „man mag darunter irgend eine bestimmte Begebenheit verstehen, die den Gesetzgeber aufmerksam machte und aufrief, oder sonst eine Lage von Umständen, die sich gerade damals vorfand"[35]. „Die wichtigste (Ursache) von allen ist, daß man damit den Zweck anzeigt, den der Gesetzgeber durch das Gesetz erreichen wollte und der um so unstreitiger als Ursache erscheinen muß, weil der Gesetzgeber nur um seinetwillen, um ihn zu erreichen, das Gesetz gab[36]." Hufeland setzt also den Zweck des Gesetzes mit der subjektiven Absicht des Gesetzgebers gleich. Diese Absicht des Gesetzgebers ist nicht identisch mit der Absicht oder dem Willen des Gesetzes.

„Unter dieser (der Absicht des Gesetzes nämlich) ist wohl sprachgemäß nur diejenige zu verstehen, welche der Gesetzgeber nicht durch Aussprechen des Gesetzes, sondern durch dessen Befolgung erreichen will[37]." Die Absicht des Gesetzgebers wird nach Hufeland, im Gesetz ausgesprochen; die Absicht des Gesetzes hingegen ist das nicht ausgesprochene, sondern angestrebte Ziel des gesetzgeberischen Handelns.

Neben dem Zweck des Gesetzes kann als Ursache noch der Grund desselben angesehen werden. „Grund des Gesetzes ist diejenige Ursache, aus welcher das Gesetz, so wie es da ist, als Folge hervorgegangen erscheint[38]." Der Grund des Gesetzes ist also nicht die geplante Folge des erlassenen Gesetzes, sondern der unmittelbare historische Anlaß für die

---

[32] Ebenda, § 38.

[33] Ebenda, § 40.

[34] Hufeland, Über den eigenthümlichen Geist des Römischen Rechts 2. Abhandlung. Versuchte Berichtigung einiger bisher angenommener juristischer Grundsätze über die Ableitung der Rechtsbestimmungen aus den Rechtsquellen, S. 13.

[35] Ebenda, S. 14.

[36] Ebenda, S. 14.

[37] Ebenda, S. 16.

[38] Ebenda, S. 17.

Was ist eigentl. "systemat. Methode"?
→ Mittelweg   (Methode - nicht verarbeitet)   / WS 76

134   C. Die Rechtslehre Ende des 18. und Anfang des 19. Jahrhunderts

betreffende gesetzgeberische Handlung. Diese verschiedenen Auslegungen der ratio legis weisen zwar mancherlei Ähnlichkeit auf. Sie unterscheiden sich jedoch darin, daß die Absicht des Gesetzes den objektiven Zweck des Gesetzes darstellt; der Zweck des Gesetzes in der Sprache Hufelands aber die subjektive Absicht des Gesetzgebers ausdrückt und Ursachen und Gründe des Gesetzes als die allgemeinen historischen Bedingungen der betreffenden Gesetzgebung verstanden werden.

Für Hufeland ist der subjektive Wille des Gesetzgebers verbindlich: „Der Sinn, nach welchem die Auslegung ausschließlich zu forschen hat, ist einzig allein derjenige, welchen das Gesetz zu der Zeit, da es Gesetz ward, haben könnte; es ist darum jeder Versuch geradezu verwerflich, der darauf hinausläuft einen Sinn desselben hervorzubringen, den die Worte des Gesetzes haben könnten, wenn das Gesetz erst jetzt gegeben würde[39].“

Hufeland bekennt sich also zur subjektiven Auslegungsmethode.

f) Würdigung

Unter den Mitgliedern der Göttinger Rechtsschule gehört Hufeland nicht zu den großen Reformern in der Rechtswissenschaft. Obwohl er von Reitemeier beeinflußt worden ist, übernimmt er nicht dessen Theorie des allgemeinen positiven Rechts. Die Rechtswissenschaft ist für ihn eine systematische Wissenschaft. Philosophie und Geschichte sind nur Hilfswissenschaften und nicht integrierte Bestandteile der Rechtswissenschaft. Interessant ist seine Idee eines formalen Systems, das unabhängig ist von dem materialen Naturrecht. Bei seiner juristischen Hermeneutik ist allein seine Überlegung, bei dem Begriff der ratio legis zu differenzieren, originell. Ansonsten kennt er im Gegensatz zu Savigny nur zwei Kanones.

4. Gustav Hugo
(1764 - 1844)

a) Gustav Hugo als Kritiker der Rechtswissenschaft und der Naturrechtssysteme des 18. Jahrhunderts

Gustav Hugo, Zivilrechtler und Rechtsphilosoph, gehört zu den schärfsten Kritikern der vorkantischen Naturrechtssysteme, der herkömmlichen systematischen Methode und der antiquarischen Geschichtsforschung.

Für Hugo ist die Rechtswissenschaft in ihrer Entwicklung stehengeblieben. So urteilt er 1791: „Seit wenigstens fünfzig Jahren hat das civilistische Studium im Ganzen gar keine Fortschritte gemacht, es ist

---

[39] Ebenda, S. 41.

im Gegentheil gesunken[1]." Das ausschließliche Systematisieren und Demonstrieren a priori aus Begriffen des römischen Rechts wird für den immer problematischer, der mit der Dogmengeschichte vertraut ist[2]. Hugo nennt die systematische Methode von Christian Wolff und seiner juristischen Schüler eine „Pest", vor der Göttingen, seine Universitätsstadt, bewahrt bleiben sollte, und ihre Anhänger „Sektirer"[3]. Er kritisiert das Wolffsche Naturrecht aus zwei Gründen: Es ist zu umfassend, läßt dem positiven Recht keinen Raum mehr und führt dazu, juristische Begriffe zu konstruieren und damit alles und nichts zu beweisen. Außerdem vernachlässigt es die Geschichte völlig[4]. „Bekanntlich ist es ein charakteristisches Stück der Wolffischen Schule, daß sie um das Naturrecht hübsch brauchbar zu machen, bey weitem nicht blos die Metaphysik des Rechts, die letzten Gründe aller Rechte und Pflichten, darin vorträgt, sondern von allen bey uns vorkommenden Rechtsgeschäften Definitionen, die aus dem positiven Recht genommen sind, und worin schon die Keime zu allen positiven Bestimmungen liegen, zum Naturrecht zählt, und *alsdann aus diesen Definitionen das wieder herausnimmt, was hinein gepackt worden ist.* Auf diese Art giebt es denn schlechterdings gar nichts Positives, was nicht in dem Naturrechte seine Stelle findet, und ein Wolffianer und Nettelbladtianer müßte nicht im mindesten in Verlegenheit seyn, nicht nur die neue Französische Constitution, sondern auch die Staatsverfassung des heiligen Römischen Reiches, auf deren Entstehung doch gewiß das Raisonnement a priori wenig Einfluß gehabt hat, so bald es verlangt würde, im Naturrechte aus lauter Definitionen zu demonstriren ... Die natürliche Folge dieser Behandlungsart ist, ... daß jeder juristische Irrthum nur um so tiefer wurzelt, wenn man glaubt, er lasse sich schon a priori demonstriren, und daß man durch nichts in der Welt zum Studium des Rechts, wie es bey andern Völkern ist, oder in frühern Zeiten war und zur gesetzgebenden Klugheit, wie es werden könnte und sollte, weniger verbreitet, als durch ein solches, blos von einem einzelnen positiven Rechtssystem unserer Nation und unseres Zeitalter abstrahirtes Naturrecht[5]." Das Recht der Natur ist deshalb in den Gerichtshöfen so wenig anzuwenden, wie die metaphysische Körperlehre in den Fabriken[6]. Im Gegensatz zu den Wolffianern geht Hugo davon aus, daß es keine vollständig geschlossene Rechtssysteme gibt[7].

---

1 Gustav Hugo, Civilistisches Magazin, 1. Bd. Berlin 1791, S. 10.
2 Gustav Hugo, Civilistisches Magazin, 2. Bd. Berlin 1797, S. 25.
3 Ebenda, S. 23.
4 Ebenda, S. 39, 40 und 41.
5 Ebenda, S. 39, 40 und 41.
6 Gustav Hugo, Beyträge zur civilistischen Bücherkenntniß der letzten vierzig Jahre, 1. Bd. 1829, S. 5.
(fortan zitiert als Beyträge).
7 Gustav Hugo, Encyclopädie, 2. Aufl., 1799, S. 8 und 81.

b) Der Begriff der Rechtswissenschaft

Hugo definiert die Rechtswissenschaft als eine Lehre „von den äußeren Zwangsverhältnissen als solchen, von der Einschränkung der äußeren Freyheit Anderer, von der juristischen Möglichkeit"[8].

Diese juristische Möglichkeit gibt an, was positives Recht sein kann. Hugo versteht darunter eine material-objektive Möglichkeit, ein „Seinkönnen" gemäß begrifflich verarbeiteter Erfahrung und keine ontologische Aussage[9].

Es gibt für Gustav Hugo drei Fragen, wodurch der Inhalt der Rechtswissenschaft dargestellt wird. Diese Fragen sind in dem Begriff des positiven Rechts enthalten:

I. „*Was ist Rechtens?* — Die juristische Dogmatik. Sie macht das Handwerkmäßige der Jurisprudenz aus und könnte auch empirisch gelernt werden, selbst ohne alle gelehrten Kenntnisse."

II. „*Ist es vernünftig, daß es so sey?* — Die Philosophie des Rechts, theils die Metaphysik über die bloße Möglichkeit (Censur und Apologetik des positiven Rechts nach Prinzipien der reinen Vernunft), theils die Politik über die Rathsamkeit eines Rechtssatzes (Bedeutung der technischen und pragmatischen Zweckmäßigkeit (nach) empirischen Daten der juristischen Anthropologie)."

III. „*Wie ist es Rechtens geworden?* Die Rechtsgeschichte."

„Durch diese Eintheilung steht die Rechtsgelehrsamkeit zwischen den zwei Hauptarten von wissenschaftlichen und gelehrten Kenntnissen in der Mitte, mit welchen sie sich übrigens in so ferne im Widerstreite befindet, als weder Philosophie noch Geschichte mit dem heutigen Recht ganz zusammentreffen[10]."

Die Quellen der modernen Rechtswissenschaft sind teils die Metaphysik, teils die Geschichte und Erfahrung[11]. Von einer Metaphysik des Rechts hält Hugo nicht viel. Er sieht ihre Prinzipien als rein formal an. Mit ihr „stimmt gewisser Maßen nichts, und gewisser Maßen Alles, im wirklichen Recht überein"[12]. Hugo unterscheidet den juristischen Handwerker von dem Rechtsgelehrten, der die ganze Rechtswissenschaft bearbeitet. Der Handwerker beschäftigt sich nur mit der Frage: „Was

---

[8] Ebenda, § 2.

[9] Blühdorn, Naturrechtskritik und „Philosophie des positiven Rechts", zur Begründung der Jurisprudenz als positiver Fachwissenschaft durch Gustav Hugo in Tijdschrift voor rechtsgeschiedenis, Bd. 41 (1973) S. 5.

[10] Gustav Hugo, Encyclopädie, 6. Aufl. 1820, § 35 (S. 46).

[11] Ebenda, § 53, S. 61.

[12] Ebenda, § 37, S. 46. An anderer Stelle (Lehrbuch des Naturrechts, 2. Aufl. 1799) heißt es: „. . . das Resultat der *Metaphysik* kann hier kein anderes seyn, als daß alles das möglich ist, was die Erfahrung als wirklich lehrt, mithin muß alles dasjenige positives Recht seyn können, was positives Recht ist."

ist Rechtens? — Der Dogmatik[13]." Der wissenschaftliche Rechtsgelehrte fragt auch nach den Gründen des Rechts, den Vernunftgründen und den geschichtlichen[14]. „Das positive Recht ohne Geschichte und Philosophie ist und bleibt ein bloßes Handwerk, und ein guter Kopf wird daran nie Geschmack finden[15]." Im letzten Satz klingt schon der Versuch Hugos an, durch die Verbindung von Rechtsphilosophie und Rechtsgeschichte die Schwächen der damaligen Rechtswissenschaft zu beseitigen. „Die wissenschaftliche Jurisprudenz ist schlechterdings nicht Anderes als Philosophie auf historische Data angewendet[16]." Diese historisch-systematische Methode soll nämlich „das Ende der Barbarey" bringen, „worin die positive Jurisprudenz im Ganzen genommen, hinter den übrigen Facultätswissenschaften geblieben ist"[17].

Die Rechtswissenschaft muß zwischen der Philosophie, wohin auch die Politik gehört, und den historischen Studien in der Mitte stehen, wenn sie wissenschaftlich sein will[18]. Um sich die Beziehung zwischen Rechtswissenschaft, Geschichte und Philosophie vorzustellen, ist nun auf das konkrete Geschichts- und Philosophieverständnis Gustav Hugos einzugehen.

c) Das Geschichtsverständnis

Obwohl Gustav Hugo Montesquieu kennt[19] und die pragmatische Bearbeitung der Geschichte als vortrefflich ansieht[20], kann man ihn nicht der pragmatischen Richtung der Geschichtswissenschaft zurechnen, wie z. B. Reitemeier. Es fehlt bei ihm das „Moralisieren" in seiner Geschichtsschreibung, das normative Element. Jedoch ist sein Geschichtsverständnis auch nicht organologisch wie Savignys, dafür war er absolut kein Romantiker, sondern es ist ausschließlich empirisch. Das wird in folgendem deutlich: „Der wirkliche (rechtliche) Zustand ist a posteriori empirisch, nach Zeit und Ort verschieden, zufällig, durch eigene und fremde Erfahrung von Thatsachen zu erlernen, geschichtlich[21]."

---

[13] Gustav Hugo, Encyclopädie, 6. Aufl., 1820, § 35, S. 46.

[14] Ebenda, § 35, S. 46.

[15] Gustav Hugo, Lehrbuch der Geschichte des Röm. Rechts, 2. Aufl. 1799, S. 12/13.

[16] Gustav Hugo, Beyträge zur civilistischen Bücherkenntnis der letzten vierzig Jahre, Bd. 1, S. 391.

[17] Ebenda, S. 215, 216.

[18] Gustav Hugo, Beyträge, Bd. 2, 1829, S. 88.

[19] Gustav Hugo, Lehrbuch des Naturrechts, 4. Aufl., 1819, S. 27.

[20] Gustav Hugo, Lehrbuch der Geschichte des Röm. Rechts, 2. Aufl. 1799, Vorrede.

[21] Gustav Hugo, Encyclopädie, 6. Aufl. 1820, § 26, S. 31.

Gustav Hugo zeigt Verbindungen zwischen seiner Philosophie des positiven Rechts und der Rechtsgeschichte auf: „Die Rechtsgeschichte steht zu der Philosophie des positiven Rechts in dem Verhältnisse, wie alle Geschichte zu aller Philosophie. Jene muß nach dieser beurtheilt werden, aber diese muß durch beständige Rücksicht auf jene sich vor einseitiger Spekulation bewahren[22]." Die Philosophie muß also ihre Beispiele aus der Geschichte nehmen[23]. Philosophie und Geschichte ergänzen einander. Geschichte ohne Philosophie führt nach Hugo zu keinen wissenschaftlich haltbaren Ergebnissen[24].

Gustav Hugo ist nach Pütter einer der ersten, der eine empirische und keine kantische, pragmatische oder „organische" Geschichtsauffassung vertritt.

Im Anschluß an Reitemeiers „Encyclopädie und Geschichte der Rechte in Deutschland" von 1785 unterscheidet Gustav Hugo innere und äußere Rechtsgeschichte. „Die äußere Rechtsgeschichte erzählt nur die Schicksale der Quellen des Rechts, in so ferne von deren Entstehung, Veränderung und nachherigen Schicksalen Nachrichten vorhanden sind. Sie grenzt an die politische Geschichte des Staats, und sie ist in einiger Verbindung mit der juristischen Geschichte eine Zeit lang allein unter dem Nahmen Rechtsgeschichte bearbeitet worden[25]." Hugo kritisiert diejenigen Juristen, die nur Quellengeschichte betreiben, wie z. B. Heineccius, Bach, Selchow u. a.[26].

„Die innere Rechtsgeschichte hingegen beschäftigt sich mit den Begriffen und Sätzen des positiven Rechts selbst, ihrem sehr rohen Umfange, ihrer allmähligen Verfeinerung, und wohl auch ihrer nachherigen Verunstaltung. Sie sieht bey den Quellen, die die äußere Rechtsgeschichte erwähnt, auf den Inhalt, aber sie bereichert sich noch gar sehr durch die Rücksicht auf diejenigen Wahrheiten, von deren Quellen die äußere Geschichte nichts weiß und wohl auch nichts wissen kann[27]."

d) Das Philosophieverständnis

Aus der Antwort auf die Frage, „ist es vernünftig, daß etwas Rechtens sei?"[28], ergibt sich Gustav Hugos Philosophiebegriff. Die Philoso-

---

[22] Gustav Hugo, Lehrbuch des Naturrechts, 3. Aufl. 1809, S. 4.
[23] Gustav Hugo, Lehrbuch des Naturrechts, 4. Aufl. 1810, S. 4 und 5.
[24] Gustav Hugo, Lehrbuch des Naturrechts, 3. Aufl. 1809, S. 36/37.
[25] Gustav Hugo, Lehrbuch der Geschichte des Röm. Rechts, 1799, 2. Aufl. S. 2 und 3.
[26] Gustav Hugo, Beyträge zur civilistischen Bücherkenntniß Bd. 1, S. 176.
[27] Gustav Hugo, Lehrbuch der Geschichte des Röm. Rechts, 2. Aufl. 1799, § 5.
[28] Gustav Hugo, Encyclopädie, 6. Aufl. 1820, § 16, S. 25, § 37, S. 46.

phie des Rechts ist „theils die Metaphysik über die bloße Möglichkeit (Censur und Apologetik des positiven Rechts nach Principien der reinen Vernunft), theils die Politik über die Rathsamkeit eines Rechtssatzes (Beurtheilung der technischen und pragmatischen Zweckmäßigkeit nach empirischen Daten der juristischen Anthropologie"[29]. Philosophie enthält also keinen absoluten Systemgedanken mehr wie bei den abstrakten Naturrechtsdenkern des 18. Jahrhunderts. „Ein System im strengen philosophischen Sinne kann ein positives Recht nie seyn[30]." Philosophie ist demnach nicht identisch mit einem materialen oder formalen Systemdenken. Die Metaphysik des Rechts als ein Teil der Rechtslehre kann vernachlässigt werden, da mit ihr im wirklichen Recht „gewisser Maßen Nichts und gewisser Maßen Alles" übereinstimmt[31].

Die Philosophie des Rechts ist also für Hugo hauptsächlich eine Zweckmäßigkeitserwägung auf der Grundlage einer juristischen Anthropologie.

aa) Die Philosophie des positiven Rechts

Hugo bezeichnet sein Naturrecht als Philosophie des positiven Rechts. „Die Philosophie des positiven Rechts oder der Jurisprudenz ist Vernunfterkenntniß aus Begriffen, über das, was im Staate Rechtens seyn kann[32]." Alles das, was möglich ist, ob vernünftig oder unvernünftig, kann Recht werden. Die Philosophie des positiven Rechts grenzt an mehrere Wissenschaften, von denen sie sich aber doch leicht unterscheiden läßt, nämlich an die Geschichte des positiven Rechts, an die Moral und an die Politik[33]. Die Quellen der Philosophie des positiven Rechts sind uneingeschränkt alle Rechtssätze, unabhängig, ob es römische, englische oder deutsche Rechtssätze sind[34]. Damit weist Hugo auf den Wert der Rechtsvergleichung hin. Hinzu kommen eigene Beobachtungen des täglichen Lebens und unzählige Bücher, Geschichtsbücher und Reisebeschreibungen[35]. Die Aufgabe der Philosophie des positiven Rechts ist es, von allen positiven Rechten die Möglichkeit ihres Bestehens nachzuweisen. Das tut sie, in dem sie die Anklagen gegen irgend ein einzelnes Rechtsinstitut generalisiert, und so zu dem Ergebnis kommt, daß entweder gar kein positives Recht sein kann,

---

[29] Gustav Hugo, Encyclopädie, 2. Aufl., 1799, § 16.
[30] Ebenda, 2. Aufl., 1799, S. 81.
[31] Gustav Hugo, Encyclopädie, 6. Aufl. 1820, S. 46 (§ 37).
[32] Gustav Hugo, Lehrbuch des Naturrechts, 3. Aufl. 1809, § 1.
[33] Gustav Hugo, Lehrbuch des Naturrechts, 2. Aufl. 1799, § 52, S. 57.
[34] Gustav Hugo, Civilistisches Magazin, Bd. 3, S. 93.
[35] Gustav Hugo, Lehrbuch des Naturrechts, 4. Aufl. 1819, § 36, S. 42.

„oder daß alles Das *muß* positives Recht seyn können, was positives
Recht ist[36].“

bb) Die juristische Anthropologie

Die Philosophie des positiven Rechts benötigt empirische Vorkenntnisse. Diese liefert ihr die juristische Anthropologie. „Die Lehren,
welche an sich nicht juristisch sind, auf welchen aber das Juristische
beruht, zerfallen ganz natürlich in drey Abschnitte, wovon der erste
den Menschen als Thier, der zweyte als vernünftiges Wesen, der dritte
als Mitglied eines Volkes betrachtet[37].“ Erst danach kann das ganze
Privatrecht nach seinen drei Teilen Personenrecht, Sachenrecht und
Recht der Forderungen apologetisch und technisch (pragmatisch) durchgegangen werden[38].

Die juristische Anthropologie macht den allgemeinen Teil aus, „worauf dann als besonderer Theil das ganze Rechtssystem philosophisch
geprüft werden soll“[39]. Diese philosophische Prüfung ist eine kritische,
in dem sie auch andere Erscheinungsformen des betreffenden Rechtsinstituts für möglich hält, die auch vernünftiger und zweckmäßiger
sein können, als die jetzt bestehende Erscheinungsform. Sie ist apologetisch, in dem sie nicht auf den rechtlichen Inhalt der Norm abstellt,
sondern nur auf ihr Bestehen als solches, damit überhaupt ein rechtlicher Zustand gegeben ist und keine Anarchie eingreift. Denn der
Zweck des positiven Rechts ist kein anderer als die „Gewißheit, Zuverlässigkeit einer Regel, sie sey entstanden, wie sie wolle, und in den
meisten Fällen sogar auch ohne Rücksicht auf ihren Inhalt; denn
Sätze des Privatrechts sind fast immer gut, so wie sie nun einmahl
sind“[40]. An zwei Rechtsinstituten, der Sklaverei und des Privateigentum, kann die Methode der Philosophie des positiven Rechts dargestellt
werden.

Zuerst kritisiert Hugo die *Sklaverei* aufs schärfste. Er nennt sie eine
„übel angewandte Menschenliebe“. Sie ist grausam, „wobey die Art
Neger zu bekommen, die Ersparung bey dem Hinschaffen in wahren
Mördergruben, die Berechnung bei ihrer übermäßigen Anstrengung, ihre Behandlung wegen der Verschiedenheit der Rassen,
und selbst ihr Gebrauch zur Hervorbringung von bloßen entbehrlichen

---

[36] Gustav Hugo, Beyträge zur civilistischen Bücherkenntniß, Bd. 1, 1828,
S. 373 und 374.
[37] Gustav Hugo, Lehrbuch des Naturrechts, 4. Aufl. 1819, S. 49.
[38] Gustav Hugo, Encyclopädie, 2. Aufl. 1799, § 116, S. 88.
[39] Gustav Hugo, Lehrbuch des Naturrechts, 3. Aufl. 1809, § 3.
[40] Gustav Hugo, Civilistisches Magazin, 4. Bd., Berlin 1815, S. 127.

Waaren, alles menschliche Gefühl empören"[41]. Mit dieser Kritik steht Hugo im Einklang mit den Philosophen der Aufklärung, die im Zeichen der Freiheit die Abschaffung der Sklaverei forderten. Nach dieser Kritik setzt nun seine Apologie ein. Die Frage, ob Sklaverei rechtens sein kann, „ist eigentlich schon dadurch beantwortet, daß die Sklaverey Jahrtausende hindurch bey so vielen Menschen cultivierter Staaten wirklich Rechtens war, und daß weder Socrates, noch Platon, noch Scipio, noch Christus, nach Marc Aurel, noch Papinian, — Männer, deren moralisches Gefühl eben nicht in üblem Rufe steht — noch irgend einer ihrer Zeitgenossen, vielleicht ein paar Sophisten ausgenommen, an der Rechtmäßigkeit der Sclaverey je gezweifelt haben"[42].

Für Hugo ist die Sklaverei unnatürlich, aber nur so unnatürlich wie Ehe, Eigentum und das Verhältnis zwischen Gläubiger und Schuldner[43]. Hugo prüft nun die Rechtmäßigkeit der Sklaverei an Hand der drei Kategorien der juristischen Anthropologie nach, nämlich der Menschen als Tier, als vernünftiges Wesen und Bürger eines einzelnen Staates. Unter Rechtmäßigkeit versteht Hugo die rechtliche Möglichkeit des Bestehens der Sklaverei, nicht auch die rechtliche Notwendigkeit.

„Vergleichen wir also die Sclaverey in ihren Folgen mit der durch das Privateigentum gesetzten Armuth, so ist in Ansehung der *thierischen Natur*, derjenige offenbar mehr vor Mangel gesichert, welcher einem Reichen gehört, der etwas mit ihm verliert, und der seiner Noth gewahr wird, als der Arme, welcher als Sclave des ganzen Publicums anzusehen ist[44]."

Dann fährt Hugo fast zynisch fort: „Das Recht, Sclaven zu tödten oder zu mißhandeln und zu verstümmeln, ist nicht wesentlich, und wenn es auch Statt findet, so ist es nicht viel schlimmer, als der Krieg, von welchen Sclaven, als solche, überall frey seyn müssen. Die Schönheit findet sich eher bey einer Circassischen Sclavinn, als bey einem Bettler-Mädchen[45]."

„Für die *vernünftige Natur* hat die Sclaverey vor der Armuth den Vorzug, daß viel eher der Eigenthümer an den Unterricht eines Sclaven, der Talent zeigt, selbst aus wohlverstandener Oeconomie, etwas wenden wird, als dies bey einem Bettlerkinde der Fall ist[46]."

Nach der *bürgerlichen Natur* oder als *Bürger eines Staates* bleibt gerade der Sklave von sehr vielen Arten des Druckes verschont,

---

41 Gustav Hugo, Lehrbuch des Naturrechts, 4. Aufl., 1819, § 186, S. 243.
42 Gustav Hugo, Lehrbuch des Naturrechts, 2. Aufl., 1799, § 141, S. 139, 140.
43 Ebenda, § 142, S. 142.
44 Gustav Hugo, Lehrbuch des Naturrechts, 3. Aufl. 1809, § 144, S. 156.
45 Ebenda, § 144, S. 156.
46 Ebenda, § 145, S. 159.

„welche theils im öffentlichen Recht, theils im Privatrecht den Freyen überhaupt und besonders den Armen treffen. Unter den Fehlern der Verfassung, unter dem Despotismus, unter den zu zahlreichen und leichtsinnig aufgeopferten Heeren, unter den Abgaben und so vielem Andern leidet Niemand weniger als er[47].“

Die drei Kategorien der juristischen Anthropologie dienen dazu, Argumente und Gegenargumente für das rechtlich mögliche Bestehen oder rechtlich unmögliche Bestehen des Instituts der Sklaverei zu finden. Hugo kommt nun nach Abwägen aller Gründe zu dem Ergebnis, daß Sklaverei rechtens sein kann. Denn „es giebt einen Umstand, unter welchem selbst die Unfreiheit als provisorisches Recht besser ist, als das Gegentheil, und dieser besteht darin, daß ein positives Recht nun einmal die Unfreiheit als ein wesentliches Stück“ enthält[48]. Hugo zieht daraus den Schluß: Die Vernunft befiehlt uns deshalb, „die Härte der Unfreiheit nach und nach zu mildern, aber nicht sie mit einem Mahle aufzuheben“[49].

Aus Hugos Stellungnahme zur rechtlichen Möglichkeit der Sklaverei ergibt sich nicht, wie man annehmen könnte, eine ausgesprochen reaktionäre politische Einstellung. Vielmehr kritisiert er scharf bürgerliche Institutionen, wie die Ehe und das Privateigentum; so daß sein Lehrbuch des Naturrechts in Wien verboten worden ist[50].

Die politische Beurteilung seines Naturrechts durch seine Zeitgenossen sieht Gustav Hugo voraus, den Aufgeklärten, den Liberalen muß ein solches Buch eine Torheit sein, ihren Gegnern, den Eiferern für das Gesetz, ein Ärgernis[51]. Ein Zeichen für eine nicht gerade reaktionäre Einstellung ist Hugos Stellungnahme zum Privateigentum. Er hält es nicht für notwendig[52]. Er zeigt seine Nachteile für den Staat an[53], für die Familienverhältnisse[54] und beschreibt die dadurch hervorgerufene Armut mit revolutionärem Pathos[55].

---

[47] Gustav Hugo, Lehrbuch des Naturrechts, 4. Aufl. 1819, § 192, S. 254 und 255.

[48] Ebenda, § 195, S. 259.

[49] Ebenda, § 195, S. 259.

[50] Gustav Hugo, Beyträge, Bd. 1, S. 417.

[51] Ebenda, S. 417.

[52] Gustav Hugo, Lehrbuch des Naturrechts, 4. Aufl. 1819, § 104, S. 134.

[53] Ebenda, § 103, S. 133.

[54] Ebenda, § 94, S. 117.

[55] Ebenda, § 99, S. 125 und 126 über die Armut: „Die Kriegsverfassung lastet gewöhnlich allein oder doch am Meisten auf den Armen, ungeachtet, daß diese, seit dem die Servitus wegfällt, am Wenigsten im Kriege zu verlieren haben. Selbst die wegen ihrer Gleichförmigkeit für so drückend gehaltene Pflicht zu dienen, eröffnet ihnen, bey dem Mangel der Vorkenntnisse, nicht die Aussichten zu höherer Stelle, wie den Reichen. Die Rechtspflege hilft dem Armen wenig, im Gegenteil, sie kann ein Mittel mehr seyn,

Obwohl Gustav Hugo keinen vernünftigen Grund für den Bestand des Privateigentums findet, akzeptiert er es schließlich doch: „Der entscheidende Grund, warum die Beybehaltung der im Privat-Rechte liegenden Vereinzelung der Menschen doch vernünftig ist, liegt darin, daß die Menschheit dieses nun ein Mahl gewohnt ist[56].“

e) Der Positivismus

Im letzten Satz klingt er schon an. Weitere Anzeichen dafür findet man in folgenden Aussagen: Alles Juristische ist die Sache „des Erlernens, des Sichfügens in Das, was nun ein Mahl ist"[57]. Entweder gibt es gar kein Recht, oder „alles Das muß positives Recht seyn können, was positives Recht ist"[58]. „Die Frage: ist es vernünftig, daß etwas rechtens sey, geht nicht blos auf das Metaphysische, das rein Philosophische ..., sondern auch auf das in der Erfahrung Gegebene, auf die guten und schlimmen Folgen, nach welchen dann aber freylich meistens jeder Satz da, wo man ihn gewöhnt ist, auch wirklich den Vorzug verdient[59]." Es ist gleichgültig, was bei dieser Untersuchung herauskommt, entscheidend ist, „daß wir uns dem Recht, wie es ein Mahl ist, fügen sollen"[60].

Hugo legitimiert das positive Recht als das einzig bestehende Recht und verneint die Möglichkeit eines Naturrechts. Er geht auf Grund einer formalen Kantinterpretation von einem Vernunftbegriff aus, der so „kritisch" ist, daß er alle materialen „Wert"- oder Rechtserkenntnisse negiert, und deshalb, um einen anarchischen Rechtszustand zu vermeiden, jedes positive Recht, unabhängig von dem Regelungsinhalt, akzeptiert. Das wird im folgenden Satz sehr deutlich: „Es ist durchaus kein einziges Rechtsverhältnis möglich, das sich nicht schicanieren ließe, das heißt, von dem man nicht zeigen könnte, es sey der Freyheit irgend eines Menschen entgegen, es beruhe auf dem Zufall — es könne vom Berechtigten unklug und unmoralisch gebraucht werden und den Ver-

---

wodurch der Reiche ihn unterdrückt. Die Anstalten gegen Verbrechen sind überall im Verfahren viel härter gegen die Armen, nur diese wirft man leicht ins Gefängnis. Die Verbrechen der Armen werden überall viel strenger bestraft, als die der Reichen und bey demselben Verbrechen, wenn es beyde Mahle entdeckt wird, droht das Recht oft eine andere Strafe, je nachdem, ob ein Reicher oder ein Armer der Thäter sey. Selbst dies ist schon vorgekommen, daß ein Reicher einen Armen erkaufte, der sich für ihn bestrafen ließ. Auch die öffentlichen Abgaben, welcher ihrer Natur dies am Wenigsten können, schonen gar oft die Reichen."

56 Gustav Hugo, Lehrbuch des Naturrechts, 6. Aufl. 1819, § 111, S. 142.
57 Ebenda, § 1, S. 1 und 2.
58 Gustav Hugo, Beyträge, Bd. 1, S. 374.
59 Gustav Hugo, Encyclopädie, 6. Aufl. 1819, § 37, S. 46.
60 Gustav Hugo, Lehrbuch des Naturrechts, 4. Aufl. 1819, § 113, S. 143.

pflichteten an Erfüllung der Pflichten hindern, und es wäre bey grö-
ßerer Moralität oder bey einer vollkommenen Staatsverfassung gar
wohl zu entbehren[61]." Der Zweck alles positiven Rechts ist Gewißheit
und Zuverlässigkeit einer Regel, sei sie entstanden, wie sie wolle, ohne
Rücksicht auf ihren Inhalt[62].

Folgt man Hugos Aussage, so bleibt nichts weiter übrig, als jeden
Rechtssatz, wie er nun einmal ist, anzuerkennen und uns ihm zu unterwerfen, da alles angreifbar ist und wir keinen anderen Halt finden, als
den durch die Geschichte gegebenen Rechtsstoff. Weil die Rechtswissenschaft bei Hugo den kritischen Geist der Aufklärung verloren hat, ist
sie herrschaftsmäßig verfügbar geworden. So liest man dann auch die
fast zynische Anmerkung bei ihm: „Außerdem führt sie (die Jurisprudenz) in Deutschland zu großem Einflusse im Staate und zu Stellen,
... sie ist selbst bey Revolutionen ziemlich gesichert, weil keine Verfassung sie entbehren kann, und derjenige, welcher ein positives Recht
studiert hat, am natürlichsten dazu taugt, ein anderes machen und anwenden zu helfen[63]."

Die Philosophie des positiven Rechts führt also zu einer unkritischen
Theorie einer positiven und empirischen Rechtswissenschaft. Gustav
Hugo ist damit der Vater des rechtswissenschaftlichen Positivismus.

Schon Hegel und Marx weisen auf den der Rechtslehre Gustav Hugos
zugrundeliegenden Positivismus hin. Nach Hegel verwechselt Gustav
Hugo die Entwicklung von Rechtsinstituten aus historischen Gründen
mit der Entwicklung aus dem Begriffe. Die geschichtliche Erklärung
und Rechtfertigung darf nicht zur Bedeutung einer an und für sich
gültigen Rechtfertigung ausgedehnt werden[64]. „Es geschieht der geschichtlichen Rechtfertigung, wenn sie das äußerliche Entstehen mit
dem Entstehen aus dem Begriffe verwechselt, daß sie dann bewußtlos
das Gegentheil dessen thut, was sie beabsichtigt. Wenn das Entstehen
einer Institution unter ihren bestimmten Umständen sich vollkommen
zweckmäßig und nothwendig erweist und hiermit das geleistet ist, was
der historische Standpunkt erfordert, so folgt, wenn dieß für eine allgemeine Rechtfertigung der Sache selbst gelten soll, vielmehr das
Gegentheil, daß nämlich, weil solche Umstände nicht mehr vorhanden
sind, die Institution hiermit vielmehr ihren Sinn und ihr Recht verloren hat. So, wenn z. B. für Aufrechterhaltung der Klöster ihr Verdienst um Urbarmachung und Bevölkerung von Wüsteneien, um Erhaltung der Gelehrsamkeit durch Unterricht und Abschreiben u. s. f.

---

[61] Gustav Hugo, Beyträge, Bd. 1, S. 376.
[62] Gustav Hugo, Civilistisches Magazin, 4. Bd. 1815, S. 127.
[63] Gustav Hugo, Encyclopädie, 2. Aufl. 1799 Berlin, § 14, S. 11.
[64] Hegel, Rechtsphilosophie, § 3.

geltend gemacht und dieß Verdienst als Grund und Bestimmung für ihr Fortbestehen angesehen worden ist, so folgt aus demselben vielmehr, daß sie unter den ganz veränderten Umständen, in so weit wenigstens überflüssig und unzweckmäßig geworden sind[65]."

Karl Marx schreibt über Hugos unkritische Philosophie des positiven Rechts: „Wenn das Positive gelten soll, weil es positiv ist, so muß ich beweisen, daß das Positive nicht gilt, weil es vernünftig ist, und wie könnte ich dies evidenter, als durch den Nachweis, daß das Unvernünftige positiv und das Positive nicht vernünftig ist, daß das Positive nicht durch die Vernunft, sondern trotz der Vernunft existiert? Wäre die Vernunft der Maßstab des Positiven, so wäre das Positive nicht der Maßstab der Vernunft[66]."

Hugos Rechtsphilosophie als Zensur und Apologetik des positiven Rechts nach Prinzipien der reinen Vernunft führt nach Marx dazu, daß Hugo alles entheiligt, „was dem rechtlichen, dem sittlichen, dem politischen Menschen heilig ist, aber er zerschlägt diese Heiligen nur, um ihnen den historischen Reliquiendienst erweisen zu können, er schändet sie vor den Augen der Vernunft, um sie hinterher zu Ehren zu bringen vor den Augen der Historie, zugleich aber auch, um die historischen Augen zu Ehre zu bringen"[67].

Marx schließt seine Kritik an Hugos Positivismus mit den Worten: „Der Deutsche, der seine Tochter als das Kleinod der Familie erzieht, ist (für Gustav Hugo) nicht positiver als der Rasbute, der sie tötet, um sich der Nahrungssorge für sie zu überheben. Mit einem Wort: der Hautausschlag ist so positiv als die Haut[68]."

f) Das Verhältnis zu Kant

Gustav Hugo erwähnt Kant häufig und zählt sich zu den wahren Kantianern. Er gesteht, „mit den Werken keines Schriftstellers hat sich der Autor mit mehr Nutzen beschäftigt, als mit den von Kant"[69]. Hugo ist stolz darauf, daß Fries seine (Hugos) ansonsten nicht gerade sehr erfolgreiche Philosophie des positiven Rechts „ein consequenter

---

[65] Ebenda, § 3.

[66] Karl Marx, Das philosophische Manifest der historischen Rechtsschule, S. 79 in Marx — Engels Werke 1972, Bd. 1.

[67] Ebenda, S. 79. Zur Kritik von Marx an Hugo vgl. Wolfgang Paul, Marxistische Rechtstheorie als Kritik des Rechts, 1974, S. 58 f.

[68] Karl Marx, Das philosophische Manifest der historischen Rechtsschule, S. 80.

[69] Gustav Hugo, Lehrbuch des Naturrechts, 2. Aufl. 1799, Vorrede S. X. Vgl. zum Verhältnis von Hugo und Kant auch Viehweg, Festschrift Konrad Engisch, 1969, S. 85 ff. und Stintzing / Landsberg III, 2. Halbband, S. 37 ff.

Kantisches Naturrecht als Kants eigene Rechtslehre" genannt hat[70]. Obwohl Hugo sich häufig auf Kant beruft, weicht er doch in wichtigen Punkten von ihm ab: Hugo hat Kants Rechtsbegriff und insoweit auch Kants Freiheitsbegriff nicht verwandt. So vermeidet er die Schwierigkeit aus einem seiner Ansicht nach formalen Prinzip, dem Rechtsprinzip, ein inhaltlich bestimmtes Rechtssystem abzuleiten, wie es nach Hugos Ansicht Kant versucht hat. Hugo interpretiert Kant rein formal. Darauf beruht seine „positivistische" Philosophie des positiven Rechts. Zwei weitere entscheidende Unterschiede zwischen Hugos und Kants Rechtslehre sind: Hugo hält Überlegungen, über das was das Naturwesen, Vernunftwesen und Sozialwesen „Mensch" glücklich macht, für sinnvoll[71].

Kant hingegen gibt zwar zu, daß die Glückseligkeit für den Menschen „ein durch seine endliche Natur ihm selbst aufgedrängtes Problem" ist[72], aber er hält dieses Problem für unlösbar. Außerdem erkennt Kant die Freiheit als ein angeborenes Recht an. „Freiheit (Unabhängigkeit von eines Andern nöthigender Willkür), sofern sie mit jedes Andern Freiheit nach einem allgemeinen Gesetz zusammen bestehen kann, ist dieses einzige, ursprüngliche, jedem Menschen kraft seiner Menschheit zustehende Recht[73]." Hugo hingegen verneint ein Urrecht, das für ihn zu sehr Produkt der spekulativen Philosophie der Aufklärungszeit ist.

Er erkennt vielmehr eine Pflicht a priori zu einem positiven Recht an. An die Stelle eines Rechts tritt die Pflicht, an die Stelle des kritischen Postulats der Veränderung tritt der Respekt vor dem historisch Gegebenen, die Angst vor Revolutionen geistiger oder politischer Art. Hugos Rechtsphilosophie könnte man mit den Worten Kants beschreiben; „eine empirische Rechtslehre ist wie der hölzerne Kopf in Phädrus Fabel, ein Kopf, der schön sein mag, nur schade, daß er kein Gehirn hat"[74].

g) Das Verhältnis zu Savigny

Savigny hatte Hugo nur einmal auf der Durchreise in Göttingen gehört, ohne daß er einen tiefen Eindruck von ihm mitnahm. Hugo dagegen hat Savigny Zeit seines Lebens bewundert und als Überlegenen anerkannt. Bei Erscheinung des „Beruf" schreibt er: „Wie freute sich nun Recensent, als er von seinem Freunde Savigny erfuhr, daß Dieser

---

[70] Gustav Hugo, Beyträge Bd. 1, S. 406.

[71] Gustav Hugo, Lehrbuch des Naturrechts, 4. Aufl., § 39, S. 50, 2. Aufl., § 77, S. 59 und § 144, S. 144.

[72] Kant, § 3 Kritik der praktischen Vernunft 1788.

[73] Kant, Akademie Ausgabe, Die Metaphysik der Sitten, S. 237.

[74] Ebenda, S. 230.

... doch in einer eigenen Schrift die Wissenschaft gegen die Gesetzbücher retten wollte! Und wie freute er sich, als er das Buch las und
ganz Savigny darin fand! Den sollt ihr hören, möchte er Juristen und
Nichtjuristen zurufen[75]." In seiner Rechtslehre geht Gustav Hugo wie
Savigny vom Vorrang des Gewohnheitsrechts vor dem Gesetzesrecht
aus[76]. Auch vergleicht Hugo die Entstehung des Rechts mit der der
Sprache oder der Sitte[77].

Dennoch bestehen größere Unterschiede zwischen der Rechtsauffassung Hugos und Savignys. Hugo bleibt Empiriker und Rationalist,
wo Savigny organologisch denkt und das Vokabular der Romantik verwendet. Zwar verstehen sowohl Hugo als auch Savigny die Rechtswissenschaft als eine historische und philosophische Wissenschaft zugleich.
Jedoch ist das Geschichtsverständnis des ersteren empirisch und des
letzteren genetisch. Philosophie hingegen ist für Gustav Hugo die Zensur und Apologetik des positiven Rechts nach Prinzipien der reinen
Vernunft und für Savigny ist sie identisch mit der Idee eines formalen
Wissenschaftssystems. Ein letzter Beweis für Meinungsverschieden-
heiten zwischen Hugo und Savigny ist die Kritik Hugos an dem Namen
der Historischen Rechtsschule, zu der er sich selbst nicht rechnet[78].

h) Würdigung Gustav Hugos

Gustav Hugo zeichnet sich als konservativer Reformer der Rechtswissenschaft aus. Er ist zwar nicht Gründer der Historischen Rechtsschule, aber objektiv ihr Wegbereiter[79]. Es sind drei Punkte, die ihn als
Reformer auszeichnen: seine Philosophie des positiven Rechts, seine
Verbindung von Rechtsphilosophie, Rechtsgeschichte und Rechtsdogmatik zu einer modernen Rechtswissenschaft und die erreichte Autonomie
der positiven Rechtswissenschaft durch die Absage an das materiale
Naturrecht.

aa) Würdigung seiner Philosophie des positiven Rechts

Hugos Philosophie des positiven Rechts ist etwas Neues, könnte aber
einen Vorläufer in Reitemeiers Theorie des allgemeinen positiven
Rechts haben. Es bestehen allerdings größere Unterschiede. Zwar soll
auch Reitemeiers Theorie dazu dienen, die Rechtswissenschaft zu ord-

---

[75] Gustav Hugo, Beyträge, Bd. 2 S. 212.
[76] Gustav Hugo, Beyträge, Bd. 1 S. 108, 212, 286.
[77] Gustav Hugo, Civil. Magazin Bd. 4, 1815, S. 121.
[78] Gustav Hugo, Beyträge, Bd. 2 S. 254.
[79] Stintzing / Landsberg, III, 2. Halbband, S. 40.
Wieacker, Privatrechtsgeschichte der Neuzeit, 2. Aufl. 1967, S. 379 und 381.

nen und in ein System zu bringen[80], jedoch enthält sie mehr soziologische als anthropologische Aussagen. Die Drei-Ständelehre, die der Theorie des allgemeinen positiven Rechts Reitemeiers zugrundeliegt, hat einen ganz anderen Inhalt als Hugos juristische Anthropologie. Der Mensch wird bei Reitemeier betrachtet

1. im Stande der Freiheit,
2. im Stande der Familie und
3. im öffentlichen Stand[81]

und nicht wie bei Hugo

1. als Tier,
2. als vernünftiges Wesen und
3. als Mitglied eines Staates[82].

Nur die dritte Kategorie stimmt bei Hugo und Reitemeier überein. Definiert Hugo die Philosophie des positiven Rechts als Vernunfterkenntnis aus Begriffen über das, was im Staate rechtens sein kann[83], so dient Reitemeier die Theorie des allgemeinen positiven Rechts dazu, durch induktive Arbeit allgemeine Grundsätze des Rechts aufzufinden. Reitemeier gelangt dabei zwar auch zu sehr formalen Grundsätzen, jedoch stehen sie dem staatlichen Absolutismus kritischer gegenüber und wirken nicht apologetisch wie Hugos Rechtslehre. Hugo will hingegen durch seine Philosophie des positiven Rechts beweisen, daß alles das „rechtens" sein kann, was in der Rechtsgeschichte geschehen ist.

Einer der schärfsten Kritiker der Philosophie des positiven Rechts ist Tafinger, der sie vollständig ablehnt und ihr Unwissenschaftlichkeit vorhält. Sie hat „als Wissenschaft keinen Nutzen"[84], sie ist nicht mehr „als ein allgemeines Räsonnement über einzelne Lehren des positiven Rechts"[85], und sie verdient „den Namen Philosophie nicht einmal in subjektiver Hinsicht"[86]. Die Fehler der Philosophie Gustav Hugos beruhen nach Ansicht Tafingers auf seiner formalen Kantinterpretation[87].

Die gleiche rechtliche Indifferenz, die Hugo den Systematikern der Wolffschen Schule vorwirft, gibt es auch in Hugos Philosophie des

---

80 Reitemeier, Encyclopädie und Geschichte, 1785, Vorrede, S. XXXI.

81 Ebenda, Vorrede, S. XXVIII.

82 Gustav Hugo, Lehrbuch des Naturrechts, 4. Aufl. 1819, § 38, S. 49.

83 Gustav Hugo, Lehrbuch des Naturrechts, 3. Aufl., 1809, § 1.

84 Tafinger, Die Rechtswissenschaft nach den Verhältnissen und Bedürfnissen der neuesten Zeit, 1806, S. 74.

85 Ebenda, S. 74.

86 Ebenda, S. 71.

87 Ebenda, S. 67.

positiven Rechts. Sie legitimiert aus Angst vor einem rechtlosen Zustand das bestehende Recht.

bb) Die Verbindung von Philosophie und Geschichte

Ansätze für eine moderne Rechtswissenschaft finden sich auch in Hugos Reformprogramm für die Rechtswissenschaft. Zu ihrer Bearbeitung empfiehlt Hugo eine historisch-systematische Methode[88]. Die Rechtswissenschaft ist „schlechterdings nichts Anderes, als Philosophie auf historische Data angewendet"[89]. „Die Gründe des positiven Rechts sind philosophische und geschichtliche. Das ergibt sich aus den Fragen, warum etwas Recht sei und wie es Recht geworden ist[90]." Diese beiden Fragen unterscheiden die Rechtswissenschaft von der handwerksmäßigen Rechtskenntnis, der Rechtsdogmatik[91]. Hugo geht davon aus, daß Geschichte und Philosophie nicht Hilfsmittel und Hilfskenntnisse, wie viele seiner Zeitgenossen sie nannten, sondern Hauptbestandteile der methodologischen Bearbeitung der Rechtswissenschaft sind. „Die Rechtsgeschichte steht zu der Philosophie des positiven Rechts in demselben Verhältnisse, wie alle Geschichte und Erfahrung zu aller Philosophie, die nicht blos Metaphysik ist. Die Geschichte muß nach der Philosophie beurtheilt werden, ... auf der andern Seite muß die Philosophie ihre Beispiele auch aus der Geschichte nehmen, so gut wie aus dem heutigen Rechte, und die Geschichte muß so gut wie das heutige Recht uns davor bewahren, daß wir nicht glauben, ein Satz könne bey einem vernünftigen Volke gar nicht Rechtens seyn, der doch wohl Jahrhunderte lang bey den gebildetsten Völkern des Alterthums vorkommt[92]."

Aus diesen Sätzen wird das Verhältnis zwischen Philosophie und Geschichte bei Gustav Hugo deutlich. Die Geschichte wird nicht von der Philosophie normativ betrachtet, für gut oder schlecht gehalten, vielmehr ist die Philosophie apologetisch in bezug auf historische Tatsachen. Das bedeutet, daß sie an Hand der Geschichte die verschiedenen rechtlichen Möglichkeiten einer Regelung nachweist und damit ihre kritische Funktion verliert. Die Philosophie ist positivistisch, aber auch die Geschichte ist bei Hugo eine positive, d. h. sie ist ohne Sinn und Vernunft. Gustav Hugos Philosophie legitimiert eine unvernünftige Geschichte. So entwickelt sich aus einem unkritischen Empirismus die Geschichtstheorie des Historismus oder in der Rechtswissenschaft die

---

[88] Gustav Hugo, Beyträge zur civilistischen Bücherkenntniß der letzten vierzig Jahre, Bd. 1, 1828, S. 215.

[89] Ebenda, S. 391.

[90] Gustav Hugo, Encyclopädie, 6. Aufl. § 36, S. 45.

[91] Ebenda, § 36, S. 45. Lehrbuch des Naturrechts, 4. Aufl., 1819, § 33, S. 39.

[92] Gustav Hugo, Lehrbuch des Naturrechts, 4. Aufl., 1819, § 4, S. 4 und 5.

Historische Rechtsschule. Savigny kann daher später schreiben: Die historische Methode „geht vielmehr dahin, jeden gegebenen Stoff bis zu seiner Wurzel zu verfolgen und so sein organisches Princip zu entdecken, wodurch sich von selbst das, was noch Leben hat, von demjenigen absondern muß, was schon gestorben ist, und nur noch der Geschichte angehört"[93]. Savignys Geschichtsbegriff bleibt also ohne kritische Unterstützung, da er Philosophie mit System gleichsetzt.

cc) Die Autonomie des positiven Rechts

Das was Pütter, Reitemeier und Hufeland angestrebt haben, gelingt Hugo, nämlich die positive Rechtswissenschaft vom materialen und formalen Naturrecht zu emanzipieren[94]. Hugo greift bei seiner rechtsdogmatischen Arbeit nicht mehr auf die Begriffe, Institute und allgemeine Grundsätze des Naturrechts zurück. Das Naturrecht hört auf für ihn, als Rechtsquelle zu bestehen. Das positive Recht wird aus sich selbst heraus ergänzt.

Trotz dieser methodologischen Fortschritte, vor allem im Privatrecht, ist das Ergebnis seiner Rechtstheorie ambivalent. Zwar hat sich die positive Rechtswissenschaft bei Hugo von den konservativen Werten des damaligen Naturrechts lösen können, ihr eigenes Arbeitsfeld gefunden und könnte nun sich der reformatorischen bürgerlichen Rechtspolitik öffnen, doch die Diskreditierung der Vernunft in seiner Philosophie des positiven Rechts und seine Wertdifferenz verhindern dies.

5. Resumé

Der Göttinger Rechtsschule ist es gelungen, der deutschen Rechtswissenschaft des ausgehenden 18. und des beginnenden 19. Jahrhunderts das Gefühl des Unbehagens an dem bisher Geleisteten einzuflößen. Sie hat mit ihrer Kritik an der naturrechtlich-systematischen Richtung die Diskussion um die methodologische Erneuerung der Rechtswissenschaft vorangetrieben. An die Stelle der deduktiven Methode tritt bei ihr die induktive. Die Göttinger Rechtsschule öffnet sich der Empirie und verabschiedet die Mathematik als wissenschaftliches Vorbild für die dogmatische Arbeit am positiven Recht. Ihre weiteren Verdienste bestehen darin:

---

[93] Savigny, Vom Beruf unserer Zeit für Gesetzgebung und Rechtswissenschaft, 1814, S. 117.

[94] Vgl. Jürgen Blühdorn, Zum Zusammenhang von „Positivität" und „Empirie" im Verständnis der deutschen Rechtswissenschaft zu Beginn des 19. Jahrhunderts in „Positivismus im 19. Jahrhundert", 1971, S. 158.

1. die pragmatisch-historische Methode nach dem Vorbilde Montesquieus in die Rechtswissenschaft eingeführt zu haben,

2. in der Rechtsgeschichte zwischen innerer und äußerer unterschieden zu haben und

3. Rechtsvergleichung gefordert zu haben, was später von der Historischen Rechtsschule völlig vernachlässigt werden wird.

Reitemeier, der originellste Kopf der Göttinger Rechtsschule, ist der Begründer der modernen Privatrechtsgeschichte[1]. Zwar gelingt es Pütter, Hufeland und Reitemeier im Gegensatz zu Gustav Hugo noch nicht, die positive Rechtswissenschaft vom materialen Naturrecht des 18. Jahrhunderts zu emanzipieren, sie als historische und philosophische Wissenschaft zugleich anzusehen und damit die moderne Rechtswissenschaft zu konstituieren, doch haben sie methodologisch schon so weit vorgearbeitet, daß die Historische Rechtsschule und die historisch-philosophische Richtung auf ihr aufbauen konnten. In der Göttinger Rechtsschule wurzelt deshalb sowohl die historisch-philosophische Richtung als auch die Historische Rechtsschule. Die erstere konnte sich auf Pütter, Reitemeier und Hufeland stützen, auf deren pragmatische Methode in der Rechtsgeschichte, auf die Forderung nach Rechtsvergleichung, Kodifikation und durch die Aufklärung geprägte bürgerliche Rechtspolitik; die letztere auf Gustav Hugos Absage an jegliches Naturrecht, dessen Rechtspositivismus und dessen Vorstellung von einer Rechtswissenschaft, die aus philosophischen und historischen Elementen besteht.

IV. Die historisch-philosophische Richtung

1. Karl Salomo Zachariä
(1769 - 1843)

Er gehört zu den wenigen Juristen Ende des 18. und Anfang des 19. Jahrhunderts, die sich mit allen Rechtsgebieten beschäftigt haben. Als Kantianer hat er auch ausführlich die wissenschaftliche Begründung der Jurisprudenz behandelt.

a) Der Rechtsbegriff

Zachariä entwickelt den Rechtsbegriff in Analogie zu Kants Rechtslehre: „Eine Person ist nur in sofern befugt, ihre äußere Freyheit durch Zwang zu vertheidigen, als diese Freyheit nicht mit der Freyheit aller anderen Personen, die gegenseitig im Verhältnisse der Wechselwirkung stehen, im Widerspruche ist: (oder, in wie fern ihre äußere Freyheit mit der äußeren Freyheit Anderer nach einem allgemeinen Gesetz über-

---

[1] Gustav Hugo, Beyträge zur civilistischen Bücherkenntniß, Erster Band 1788 - 1807, 1828, S. 7.

einstimmt)[1]." „Der Inbegriff der praktischen Bedingungen aber, unter welchen die äußere Freyheit einer Person mit der äußeren Freyheit aller andern in Uebereinstimmung steht, soll hier das äußere Recht oder das Recht schlechthin genannt werden[2]."

b) Das Verständnis von Rechtswissenschaft

aa) Der allgemeine Wissenschaftsbegriff

Unter Wissenschaft versteht Zachariä eine systematische, d. h. nach Prinzipien geordnete Erkenntnis[3]. Er setzt formales System mit Wissenschaft gleich und hält die theoretische Vernunft für das Erkenntnismittel von Wissenschaft. „Das erste Bedürfnis der theoretischen Vernunft ist Wissenschaft. Das Gebiet der erstern endet da, wo die letztere aufhört. Unsystematische Erkenntnis ist für die Vernunft keine Erkenntnis. Denn eine Wissenschaft ist eben ein Mannigfaltiges von Erkenntnissen, das die Vernunft dadurch gleichsam in sich selbst aufnahm, daß sie ihm ihre eigene Form mitteilte. Daher ist es nur die Vernunft, welche Erkenntnisse zu wissenschaftlichen Erkenntnissen erhebt[4]."

Zachariä trennt echt kantisch Stoff und Form der wissenschaftlichen Erkenntnis: Der Stoff oder die Materie von Wissenschaft ist ein Mannigfaltiges von Erkenntnissen, insofern es durch die Vernunft zu einem wissenschaftlichen Ganzen verbunden wird[5]. „Dasjenige, wodurch diese Erkenntnisse zu einer Wissenschaft, zu einem systematischen Ganzen werden, wird die Form der Wissenschaft genannt[6]."

bb) Der Begriff von Rechtswissenschaft

Die Rechtswissenschaft ist für Zachariä entweder eine Wissenschaft des philosophischen (oder natürlichen) oder eine Wissenschaft des positiven Rechts[7]. „In dem erstern Falle ist das philosophische Recht dasjenige Recht, dessen unmittelbarer Verpflichtungsgrund in der Ver-

---

[1] Zachariä, Anfangsgründe des philosophischen Privatrechts — Nebst einer Einleitung in die philosophische Rechtslehre überhaupt, Leipzig 1804, S. 7 (fortan zitiert als Anfangsgründe).

[2] Ebenda, S. 8.

[3] Ebenda, § 17.

[4] Zachariä, Grundlinien einer wissenschaftlichen juristischen Encyclopädie, Leipzig 1795, S. 5 u. 6 (fortan zitiert als Encyclopädie).

[5] Ebenda, S. 6.

[6] Ebenda, S. 6.

[7] Zachariä, Anfangsgründe, S. 37.

nunft liegt; das positive aber dasjenige Recht, dessen unmittelbarer Verpflichtungsgrund in der nöthigenden Willkühr einer Person liegt[8]."

Zachariä bestimmt die Rechtswissenschaft insgesamt als eine systematische Erkenntnis der Rechtsgesetze[9]. Die Rechtswissenschaft ist aber auch eine analytische Wissenschaft und die Grundsätze derselben sind mithin Grundsätze a priori[10]. Der erste Grundsatz der Rechtswissenschaft ist der Begriff der äußeren Freiheit einer Person[11]. Zachariä beschreibt das analytische Verfahren: Die Rechtswissenschaft verfährt nun, von diesem Grundprinzip ausgehend, analytisch, in dem sie den Begriff der äußeren Freiheit zergliedert und unter diesem Begriff die in dieser Erfahrung gegebenen Bedingung dieser Freiheit bringt[12]. Sie wird daher zu einer Wissenschaft der notwendigen praktischen Bedingungen, unter welchen die äußere Freiheit einer Person mit der äußeren Freiheit aller Andern in Übereinstimmung steht[13].

Aus dem ersten Grundprinzip der Rechtswissenschaft, dem Rechtsbegriff, entwickelt er verschiedene daraus abgeleitete Grundsätze:

1. „Ein Erlaubnis-Gesetz: Zwang ist rechtmäßig, in so fern es zur Vertheidigung der äußern Freyheit angewendet wird."

2. „Ein Verbot: Thue Niemanden Unrecht."

3. „Ein Gebot: Thue alles das, worauf die Übereinstimmung dieser äußern Freyheit mit der äußern Freyheit aller andern beruht[14]."

Die Rechtswissenschaft ist also nach Zachariä sowohl eine analytische, als auch eine systematische Wissenschaft. Analytisch ist sie, in dem sie den Rechtsbegriff zergliedert, systematisch, in dem sie die verschiedenen Prinzipien der besonderen Rechtswissenschaft zu einem systematischen Ganzen verbindet[15].

---

[8] Ebenda, S. 38. In seiner Encyclopädie auf S. 23 heißt es ähnlich: „Die Rechtswissenschaft, in wie fern sie sich mit dem Rechte beschäftiget, das der Mensch als bloßes Naturwesen hat, heißt Naturrecht ... Die Rechtswissenschaft, in wie fern sie sich mit dem Rechte beschäftiget, das der Mensch vermöge eines Actus der Willkühr hat, heißt positives Recht."

[9] Zachariä, Anfangsgründe, § 18.

[10] Zachariä, Die Wissenschaft der Gesetzgebung. Als Einleitung zu einem allgemeinen Gesetzbuch, Leipzig 1806, S. 173.

[11] Ebenda, S. 16.

[12] Zachariä, Anfangsgründe, S. 47. Das analytische Verfahren beschreibt Zachariä genauer in seiner Encyclopädie auf S. 35: „Aber freylich ist die Analysis nicht immer von derselben Art. Sie ist entweder Zergliederung der in einem Begriffe enthaltenen Merkmale oder Aufzählung der zu einem bestimmten Zwecke führenden Mittel. Im erstern Fall liegen die Merkmale entweder ursprünglich in dem Begriffe oder sie können nur, in wie fern ich diesen Gegenstand mit andern in Verbindung setze, daraus gefolgert werden."

[13] Zachariä, Anfangsgründe, § 5.

[14] Zachariä, ebenda, § 4 (S. 8).

[15] Zachariä, Encyclopädie, S. 19.

cc) *Die Philosophie des positiven Rechts*

Zachariä versucht, wie vor ihm Pütter und Reitemeier, für das positive Recht allgemeine Grundsätze zu finden. Deshalb arbeitet er eine Philosophie des positiven Rechts aus. Sie ist „eine Wissenschaft der Principien, aus welchen das positive Recht, seinem Inhalt nach abzuleiten ist oder mit andern Worten, aus welchen es sich erklären läßt, warum dieser Inhalt in einem jeden Falle so und nicht anders beschaffen war"[16].

Die Philosophie des positiven Rechts ist „einer von den mannigfaltigen Versuchen, die Erfahrung und die Geschichte gewissen allgemeinen Principien und mithin der Herrschaft der Vernunft zu unterwerfen..."[17].

Zachariä will also historische Gesetze a posteriori entdecken. Er unterscheidet in seiner Lehre der Philosophie des positiven Rechts ursprüngliche oder abgeleitete Prinzipien des positiven Rechts. Die ursprünglichen Prinzipien beziehen sich auf die gesetzgebende Gewalt überhaupt, die abgeleiteten Prinzipien auf eine ihrer Form nach bestimmten Staatsgewalt[18].

Das erste *ursprüngliche* Prinzip „kann nur ein Gesetz seyn, welchem der menschliche Geist und mithin der Nationalcharakter unbedingt unterworfen ist, mit einem Worte, ein Naturgesetz[19]. Dieses Naturgesetz ist die Idee der menschlichen Freiheit[20].

„Eine zweite Art von Principien bezieht sich auf die Thätigkeit des menschlichen Geistes und mithin der gesetzgebenden Gewalt überhaupt, ohne Rücksicht auf die Verschiedenheit der Gegenstände, auf welche die Gesetzgebung gerichtet ist. Alles das, was zur Cultur des menschlichen Geistes überhaupt beyträgt, alles das, was ihn insbesondere über den Zweck, über den Inhalt und die Methode der Gesetzgebung aufklärt, gehört auch theils mittelbar, theils unmittelbar in die Philosophie des positiven Rechts[21]."

„Endlich die dritte Art von Principien begreift diejenigen Principien unter sich, wodurch die gesetzgebende Gewalt eine bestimmte Richtung erhält, zu einer bestimmten Thätigkeit aufgefordert wird[22]."

---

[16] Zachariä, Die Wissenschaft der Gesetzgebung, S. 65.
[17] Ebenda, S. 66.
[18] Ebenda, S. 68.
[19] Ebenda, S. 70.
[20] Ebenda, S. 72 und 73.
[21] Ebenda, S. 74.
[22] Ebenda, S. 75 und 76.

Alle diese Prinzipien modifizieren die Gesetzgebung auf eine bestimmte Weise. Zachariä unterteilt die dritte Art von ursprünglichen
Prinzipien in zwei Unterarten:

Die erste geht „aus dem politischen Charakter der Menschen überhaupt, oder in wie fern von der Philosophie die Rede ist, aus dem
Nationalcharakter dieses Volkes hervor. Die vollständige Darstellung
dieser Prinzipien würde eine eigene Wissenschaft, unter dem Namen
der politischen Psychologie, bilden"[23]. Diese Worte klingen wie ein Vor-
griff auf Savignys Lehre vom Volksgeist.

„Die zweyte Art bezieht sich theils auf das gegenseitige Verhältniß
der Menschen, (z. B. auf den Grad, in welchem ein Land bevölkert ist,
auf die Lebensart des Volkes, auf die auswärtigen Verhältnisse des
Staates usw.), theils auf das Verhältniß, in welchem der Mensch zu der
Natur stehet (mithin z. B. auf das Clima, auf die Beschaffenheit des
Landes, auf den Nationalwohlstand usw.)[24]."

Die *abgeleiteten* Prinzipien des positiven Rechts beruhen auf der
Natur der verschiedenen möglichen Staatsformen[25]. Als Beispiel dafür
führt Zachariä das Prinzip der Gleichheit an:

„Das Wesen der Monarchie ist Ungleichheit, das Wesen der Demokratie Gleichheit, das Wesen der Aristokratie Gleichheit unter den
Mitgliedern des souverainen Körpers, Ungleichheit im Verhältniss
des Souverains zum Volke[26]."

Diese Aussage ergibt sich für Zachariä in Anlehnung an Montesquieu
daraus, daß er Ehre als das Prinzip der Monarchie, Mäßigung als das
Prinzip der Aristokratie, Tugend als das Prinzip der Demokratie ansieht[27].

Während Reitemeiers Theorie des allgemeinen positiven Rechts den
Versuch darstellt, ein historisch sich veränderndes Naturrecht zu schaffen, versucht Zachariä hingegen mit seiner Philosophie des positiven
Rechts, Erklärungsprinzipien für alle positiven Gesetze aufzustellen[28].
Damit unterscheidet er sich auch von Gustav Hugos Philosophie des
positiven Rechts, das seine Funktion nur darin sieht, das positive Recht
als allein mögliches Recht in jeder historischen Erscheinungsform zu

---

[23] Ebenda, S. 76 und 77.
[24] Ebenda, S. 77.
[25] Ebenda, S. 78.
[26] Ebenda, S. 79 und 80.
[27] Ebenda, S. 79.
[28] Zachariä spricht von „Erklärungsprincipien für alle positiven Gesetze",
Anfangsgründe, S. 41.

legitimieren. Zachariäs Grundsätze seiner Philosophie des positiven Rechts sind sehr vage oder formal formuliert. Er wird nie konkret. Deshalb sind seine Prinzipien ausfüllungsbedürftig.

b) Die Methoden der Rechtswissenschaft

aa) Die historische Methode

Zachariä bekennt sich zur pragmatischen Geschichtsschreibung[29]. Montesquieu, der sie vervollkommnet hat, wird mehrmals, jedoch selten überschwenglich lobend erwähnt[30]. Die Aufgabe der Rechtsgeschichte sieht Zachariä darin, die Ursachen zu ermitteln, „welche zur Einführung neuer Gesetze, zur Abschaffung, Veränderung oder näheren Bestimmung der schon bestehenden Gesetze, Veranlassung gaben"[31]. Ein weiteres Anliegen der Rechtsgeschichte besteht darin, das Dasein bestimmter Gesetze ihrer Notwendigkeit nach zu erklären[32], was eigentlich mehr Aufgabe der Philosophie ist.

Zachariä ist einer der wenigen Juristen der damaligen Zeit, der die ökonomische und soziale Bedingtheit der Politik und damit auch der staatlichen Gesetzgebung anerkennt. „Nicht weniger entscheidend ist der Einfluß des Staats auf die Vermehrung des Nationalwohlstandes. Dieser Einfluß ist so sichtbar, daß gewöhnlich der Character der Staatsverfassung und Regierung in seinen Hauptzügen aus dem ökonomischen Interesse der Nationen erklärbar ist. Seitdem man z. B. angefangen hat, eine blühende Handlung als das Wesen des National-Reichthums zu betrachten, seit dem hat sich der Kaufmannsgeist, ein Geist der Unduldsamkeit, in dem Grade aller Europäischen Regierungen bemächtigt, daß fast alle ihre Schritte im Innern des Staates, so wie in der auswärtigen Politik, nichts als Eingebungen dieses Geistes sind[33]."

Zachariä geht in Gegensatz zu der Historischen Rechtsschule davon aus, daß Geschichte mehr Herrschafts- oder Sozialgeschichte und weniger Kulturgeschichte ist. So kommt er zu dem Ergebnis: „Drey Mächte beherrschen die Menschen: Die Geldmacht, die Handelsmacht und die Macht der Meinungen. Die Geschichte der Staaten und Völker kann

---

[29] Zachariä, Die Wissenschaft der Gesetzgebung, S. 60.

[30] Ebenda, S. 69 und 79.

[31] Ebenda, S. 61.

[32] Zachariä, Über die wissenschaftliche Behandlung des Römischen Privatrechts, Wittenberg 1795, S. 45.

[33] Zachariä, Die Wissenschaft der Gesetzgebung, S. 49 u. 50.

gewissermaßen als eine Geschichte von Streitigkeiten unter diesen drei Mächten betrachtet werden[34]."

bb) Die systematische Methode

Sie ist ein nach Prinzipien geordnetes Erkenntnisverfahren[35], das das positive Privatrecht aus gewissen Grundsätzen ableitet[36]. Zachariä bekennt sich zur axiomatischen Methode des Heineccius[37] und fordert gleichzeitig, daß der Gesetzgeber den systematischen Geist zu beachten habe: „Es muß in der Gesetzgebung ein systematischer Geist herrschen. Das heißt nicht so viel, als ob der Gesetzgeber sein Werk auf ein System darzustellen, zu begründen und zu rechtfertigen hätte; sondern der Sinn der Regel ist der, daß einer jeden Gesetzgebung die Idee eines Systems zum Grunde liegen müsse, obwohl das Gesetz nur die Folgen dieser Idee, nicht aber die Gründe, auf welchen die systematische Einheit des Ganzen beruht, enthalten soll[38]."

Zachariä geht danach von einem formalen System aus, das dem Wissenschaftsideal der damaligen Zeit entsprach.

d) Die Lehre der Gesetzesauslegung

Zachariä kennt, wie die meisten seiner Zeitgenossen, nur zwei Methoden der wissenschaftlichen Auslegung; eine *grammatische* und eine *logische*. Jene bestimmt den Sinn aus den Worten, diese aus der Absicht, die der Gesetzgeber mit dem Gesetz hatte[39].

Zweck der Theorie der grammatischen Auslegung des Rechts ist, „die Regeln aufzustellen, nach welchen eine juristische Willenserklärung, die in einer im allgemeinen verständlichen Sprache abgefaßt ist, wörtlich auszulegen"[40]. Der Zweck der Theorie der logischen Auslegung besteht hingegen darin, eine juristische Willenserklärung, die unverständlich ist, aus der bekannten Absicht des Gesetzgebers verständlich zu machen[41].

---

[34] Ebenda, Vorrede, S. III. Auch an anderer Stelle verweist Zachariä auf die Bedeutung des Handels für Gesetzgebung und Politik: „Bis ins 17. Jahrhundert war es die Religion, seit dieser Zeit war es die Handlung, die der Europäischen Politik bald als Zweck, bald als Mittel zum Grunde lag" (ebenda, S. 121).

[35] Zachariä, Anfangsgründe, S. 17.

[36] Zachariä, Über die wissenschaftliche Behandlung des römischen Privatrechts, S. 8.

[37] Zachariä, Encyclopädie, S. 36.

[38] Zachariä, Die Wissenschaft der Gesetzgebung, S. 323 und 324.

[39] Zachariä, Versuch einer allgemeinen Hermeneutik des Rechts, Meissen, 1805, § 5.

[40] Ebenda, § 91.

[41] Ebenda, § 102.

Die grammatische Auslegung verfährt synthetisch; denn sie setzt aus den einzelnen Worten das Ganze, den Sinn der Aussage zusammen. Die logische Auslegung verfährt analytisch, in dem sie die Bedeutung der einzelnen Teile durch den Sinn des Ganzen und durch die Absicht des Aussagenden bestimmt[42]. Zachariä stellt eine Reihenfolge der Interpretationsmethoden auf. Dabei kommt er zu dem Ergebnis, daß die grammatische Auslegung der logischen vorangeht[43]; denn die logische Auslegung ist im Grunde selbst eine Gesetzgebung[44]. Von einer historischen, teleogologischen oder systematischen Auslegung findet sich bei Zachariä keine Spur. Originell ist sein Hinweis, daß der Ausleger den Grundsatz, im Zweifel für die Freiheit, zu beachten habe: „Es ist ... diejenige Auslegung vorzuziehen, welche die Freyheit am meisten begünstiget ... Gesetze sind so auszulegen, daß dadurch die Freyheit des Einzelnen eher begünstiget als beschränkt wird[45]." „Verträge sind auszulegen für den verpflichteten und gegen den berechtigten Theil[46]."

e) Politische Stellungnahme

Zachariä kommentiert die Ereignisse der Französischen Revolution. Er ist einer der wenigen Deutschen, der sie auch nach der Hinrichtung des Königs und der Herrschaft der Jakobiner nicht völlig verurteilt, sondern in ihr auch Positives erblickt. Zwar gesteht er ein, daß „eine Revolution auch abgesehen von ihren Schrecknissen schon als Glücksspiel von keinem verständigen Mann gebilligt werden kann"[47]. Jedoch bekennt sich Zachariä zu den liberalen Errungenschaften der Französischen Revolution: „Daß diese Hoffnungen zu dem Gelingen des großen Unternehmens getäuscht, sehr bitter getäuscht worden sind, ist bekannt genug. Wenn jedoch Viele an der Möglichkeit des Bessern und Besten geradezu verzweifeln, wenn so Viele in der Französischen Revolution ein schlechthin verunglücktes Unternehmen erblicken, alle die Tausende, die für diese Sache bluteten, als vergeblich hingeopfert betrauern; so gehen sie offenbar in ihrem Mißmuthe zu weit ...[48]." Denn, „wenn man das Jetzt und das Vormals miteinander vergleicht", ist „dann der Vortheil so ganz auf der Seite des Letztern? Liegen nicht in der Französischen Verfassung Keime des Bessern, die in spätern ruhigen Zeiten eine herrliche Entwicklung versprechen[49]?"

---

[42] Ebenda, § 5.
[43] Ebenda, § 48.
[44] Zachariä, Die Wissenschaft der Gesetzgebung, S. 318.
[45] Zachariä, Versuch einer allgemeinen Hermeneutik des Rechts, S. 125.
[46] Ebenda, S. 126.
[47] Zachariä, Die Wissenschaft der Gesetzgebung, S. 225 und 226.
[48] Ebenda, S. 224/225.
[49] Zachariä, a.a.O., S. 226.

Das zweite Argument Zachariäs gegen eine totale Kritik an der Französischen Revolution besteht in seinem Bestreben, nicht vorschnell zu verurteilen: „Man muß sich sehr hüten, über den Werth oder Unwerth einer Verfassung, bald nachdem sie eingeführt worden ist, abzuurtheilen zu einer Zeit (15 Jahre später), wo der Staat einem Meere gleicht, auf welchem noch kurz vorher ein Orkan wüthete[50]." Er folgert aus den gescheiterten Ideen der Französischen Revolution: Die Erwartung war falsch, daß „die Grundsätze des Rechts (des Naturrechts) überall und ohne Ausnahme in der Erfahrung dargestellt werden können"[51]. Deshalb sind „die Grundsätze des Rechts nur mit Behutsamkeit, mit Rücksicht auf den Charakter und den Zustand der Nation, bey der Organisation einer Staatsverfassung zu befolgen"[52].

Zachariä bekennt sich dennoch nachdrücklich zu einem der Grundsätze der Französischen Revolution, der Forderung nach Gleichheit vor dem Gesetz. Deshalb wendet er sich gegen die damals in Deutschland bestehenden Adelsprivilegien: „Alle Privilegien sind widerrechtlich, es muß ein Jeder im Staate zu dem Platz gelangen können, zu welchem ihm Glück oder Talent verhelfen kann[53]."

Zachariä fordert weiterhin bei aufsteigender politischer Aufklärung die Freiheit der Auswanderung, die Freiheit des Handels und die Freiheit der Presse[54]. Damit vertritt er ausgesprochen liberale Ideen.

f) Würdigung

Zachariä gehört zu den Rechtsgelehrten, die stark von Kant beeinflußt worden sind. Dies zeigt sich bei Zachariäs Rechtsbegriff[55], dem kategorischen Imperativ[56], dem Verhältnis von Recht und Ethik[57], der wichtigen Bedeutung des Urrechts auf Selbständigkeit[58] und dem Widerspruch gegen staatlich verordnete Glückseligkeit[59].

Obwohl Zachariä einen sehr modernen Geschichtsbegriff vertritt, nämlich einen sozial-ökonomischen, bleibt die Geschichte für ihn Hilfs-

---

[50] Zachariä, a.a.O., S. 226.
[51] Ebenda, S. 225.
[52] Ebenda, S. 225.
[53] Zachariä, Anfangsgründe, S. 67.
[54] Zachariä, Die Wissenschaft der Gesetzgebung, S. 171.
[55] Ebenda, S. 124, Anfangsgründe, S. 8.
[56] Zachariä, Die Wissenschaft der Gesetzgebung, S. 46.
[57] Zachariä, Anfangsgründe, S. 25 und 27.
[58] Zachariä, Die Wissenschaft der Gesetzgebung, S. 135, Anfangsgründe, § 31.
[59] Zachariä, Die Wissenschaft der Gesetzgebung, S. 186.

wissenschaft der Rechtswissenschaft[60] und wird nicht zu einem integrierten Bestandteil der Rechtswissenschaft. Zwar ist das Naturrecht für ihn noch Teil der Rechtswissenschaft, dennoch kann Zachariä zu der historisch-philosophischen Richtung gezählt werden; denn er geht davon aus, daß das positive Recht historisch und wissenschaftlich zu bearbeiten ist[61], wobei er wissenschaftlich mit systematisch gleichsetzt. „Das, wodurch sich wissenschaftliche Kenntnis von der historischen ganz eigentlich unterscheidet, und wovon das erstere (die Ordnung der Materien) größtentheils nur eine Folge ist, und seyn soll — besteht in der Ableitung besonderer Begriffe und Sätze von allgemeinen Prinzipien, und in der Einsicht in den nothwendigen Zusammenhang des Ganzen[62]."

Zu einer Autonomie der positiven Rechtswissenschaft gelangt Zachariä noch nicht. Sowohl Naturrecht als auch positive Rechtswissenschaft sind auf dem kantischen Rechtsbegriff gegründet, der eine Erkenntnis a priori ist. Außerdem bestimmt das Naturrecht als „Grundwissenschaft" des Rechts dem positiven Rechte seine Stelle im System der Rechtswissenschaft[63].

2. Carl F. Mühlenbruch
(1785 - 1843)

a) Kritik am Zustand der Rechtswissenschaft Ende des 18. und Anfang des 19. Jahrhunderts

Mühlenbruch wendet sich gegen die naturrechtlich-systematische Strömung in der Rechtswissenschaft des 18. Jahrhunderts. An Daniel Nettelbladt, einem Wolffianer, kritisiert er dessen System- und Formsucht, bemängelt dessen zu geringe historischen Kenntnisse und hält seine demonstrative Methode für zu trocken und zu abschreckend[1].

Auch das Philosophieverständnis der Wolffianer teilt Mühlenbruch nicht: „Nur muß man sich vor der Art zu philosophiren sehr in Acht nehmen, daß man von einigen allgemeinen, sehr willkührlichen Begriffen ausgeht, daraus gewisse Folgerungen ableitet, und so das Gegebene aus dem Gegebenen erklärt. Gerade dieses ist, was die vielen einseitigen Meinungen und die Intoleranz in der Philosophie hervorgebracht, sie oft zu einer Vorrathskammer von nackten Terminologien gemacht . . .

---

[60] Ebenda, S. 60.

[61] Zachariä, Über die wissenschaftliche Behandlung des Römischen Privatrechts, 1795, S. 6.

[62] Ebenda, S. 7.

[63] Zachariä, Encyclopädie, S. 33.

[1] C. F. Mühlenbruch, Lehrbuch der Encyclopädie und Methodologie des positiven in Deutschland geltenden Rechts, 1807, S. 410 (§ 260).

hat[2]. " Diese Art von Philosophieren führt zu einer Methode, „die das Naturrecht zu einer Sammlung von Definitionen und Grundbegriffen aller nur möglichen positiven Rechtsinstitute macht; und die wissenschaftlichen Ungeheuer eines natürlichen Lehnrechts und eines natürlichen Kirchenrechts, schreiben sich daher"[3],

b) Der Rechtsbegriff

Mühlenbruch definiert Recht als „die moralische Möglichkeit, etwas zu tun oder zu unterlassen... Freyheit des Willens oder die Selbstbestimmung im Menschen ist die Bedingung eines jeden rechtlichen Zustandes, der zugleich auch nur unter Voraussetzung einer Wechselwirkung vernünftig-freyer Wesen denkbar ist. Das innere Vernunftgesetz lehrt uns was Recht sey, und gebietet dem einen sich seine Freyheit beschränken zu lassen, damit die Freyheit des andern bestehen kann"[4]. Mühlenbruchs Rechtsbegriff weist Ähnlichkeit mit Kants Rechtsbegriff aus. Allerdings fehlt in Mühlenbruchs Definition des Rechts das allgemeine Gesetz und damit auch der kategorische Imperativ.

c) Das Verständnis von Rechtswissenschaft

Im Gegensatz zu den meisten seiner Zeitgenossen zählt Mühlenbruch das Naturrecht nicht mehr zur Rechtswissenschaft. Vielmehr ist das Naturrecht als Teil der praktischen Philosophie nur eine von mehreren Hilfswissenschaften[5]. Dennoch ist das Naturrecht dem Rechtsgelehrten unentbehrlich, „nicht eben, um das positive Recht daraus zu ergänzen, und seine Mängel zu berichtigen, sondern um in seiner Sphäre philosophiren zu lernen"[6]. Das Naturrecht dient also nur noch dazu, um dogmatische Gedankenenge zu sprengen, über das rein Handwerkmäßige hinauszukommen. Mühlenbruch definiert die Rechtswissenschaft als „die rechtlichen Wahrheiten, die in eine wissenschaftliche Ordnung oder System" gebracht werden[7]. „Ein Rechtssystem kann so mannichfaltig seyn als der Inhalt der Gesetze und richtet sich hauptsächlich nach dem Princip, welches als höchster Eintheilungsgrund angenommen wird[8]." Höchster Einteilungsgrund ist die Trennung des Rechts in Privatrecht und Öffentliches Recht[9]. Es handelt sich also um kein logisch

---

2 Ebenda, S. 502 (§ 298).
3 Ebenda, S. 503 und 504 (§ 298).
4 Ebenda, S. 10 und 11 (§ 6).
5 Ebenda, S. 502 und 503 (§ 299).
6 Ebenda, S. 503 (§ 299).
7 Ebenda, S. 29 und 30 (§ 22).
8 Ebenda, S. 30 (§ 22).
9 Ebenda, S. 30 (§ 22).

stringentes Rechtssystem. Mühlenbruch stellt folgende allgemeingültige Erfordernisse für ein Rechtssystem auf:

„1) Das Einfache muß dem Zusammengesetzten, das Vorbereitende dem Resultate vorangehen.

2) Das Gleichartige muß zusammengestellt und auf den gemeinschaftlichen Gattungsbegriff zurückgeführt werden; jedoch darf

3) durch die Rücksicht auf logischen Zusammenhang dem positiven Stoff kein Eintrag geschehen[10]."

Danach entwickelt Mühlenbruch drei Klassen von Rechten:

„a) Die Lehre von den Personen, den rechtlichen Verschiedenheiten derselben und den damit unmittelbar zusammenhängenden Rechten;

b) die Lehre von den Sachen und insbesondere den darin unmittelbar, d. h. ohne Vermittlung durch Obligatio, zustehende Rechte (dem sog. unmittelbaren Sachenrecht);

c) die Lehre von dem auf einer Obligatio beruhenden Rechtsverhältnissen zwischen bestimmten Personen[11]."

d) Philosophie und Geschichte
als Hilfswissenschaften der Rechtswissenschaft

Mühlenbruch gehört noch nicht zu den Juristen, die den Gegenstand der positiven Rechtswissenschaft durch eine Verbindung von philosophischen und historischen Elementen konstituieren. Vielmehr zählt er Geschichte, Philosophie und Hermeneutik zu den Hilfswissenschaften der Rechtswissenschaft[12]. Juristische Hilfswissenschaften sind diejenigen Wissenschaften, deren „Kenntniß für die gründliche Erlernung der Rechtswissenschaft entweder als ganz unentbehrlich, oder doch als vorzüglich nützlich angesehen wird"[13].

Die Rechtswissenschaft bedarf der historischen Disziplinen, da ihr Inhalt nicht auf bloßen Vernunfterkenntnissen beruht, sie also keine a priorische, sondern eine empirische Wissenschaft ist. Aufgabe der Geschichte ist es, die Entstehung der Rechtsinstitute zu erklären: „Die Geschichte der politischen Verhältnisse, der Verfassung, der Gesetzgebung und der Cultur, aller Zeiten und Völker (Universalgeschichte) und besonders der europäischen Hauptnationen (europäische Staatengeschichte), wie wichtig erscheint sie nicht dem gründlichen Gesetzforscher, dem es darum zu thun ist, seine Wissenschaft nach ihrem Grunde zu erklären, durch die Kenntniß der Umstände, die irgend ein

---

[10] C. F. Mühlenbruch, Lehrbuch des Pandekten-Rechts, 3. Aufl. 1839, Erster Theil, S. 25 und 26 (§ 28).

[11] Ebenda, S. 26 (§ 28).

[12] C. F. Mühlenbruch, Lehrbuch der Encyclopädie und Methodologie, S. 482 bis 511.

[13] Ebenda, S. 484 (§ 290).

wichtiges Rechtsinstitut veranlaßten[14]." Mühlenbruch empfiehlt dem
Juristen, „sich mit der Verfassung, den Sitten, den politischen Verhältnissen, der Lage, dem Charakter und der Größe und Macht eines Volks,
... bekannt zu machen"[15]. Mühlenbruchs Geschichtsverständnis ist also
nicht mit Kulturgeschichte identisch, wie später bei Savigny, sondern
enthält auch politische Elemente. Aufgabe der Philosophie, einer anderen Hilfswissenschaft der Rechtswissenschaft, ist es, „die höchsten
Gründe alles menschlichen Wissens zu erforschen, also auch die des
empirischen Wissens"[16]. Der Rechtsgelehrte soll „seine Wissenschaft nun
nicht wie der bloße Empiriker ohne irgend eine Idee erlernen und
mechanisch auffassen, sondern sie von einem höheren speculativen
Standpunkte aus betrachten, und sich bemühen, Einheit in die Vielheit
zu bringen, um sie sich als ein großes zusammenhängendes Ganzes
erscheinen zu lassen"[17].

e) Die Trennung von Theorie und Praxis als Kritik an Savigny

Mühlenbruch kritisiert, daß es als Folge der Herrschaft der Historischen Rechtsschule zu einer Entfremdung von Theorie und Praxis
gekommen ist: Es besteht ein auffallender Widerspruch zwischen Theorie und Praxis. „In den Theorien über Civilrecht, über Civilprozeß und
über Criminalrecht insonderheit, werden eine Menge von Begriffen und
Grundsätzen als dem anwendbaren Rechte angehörig vorgetragen, die
man doch in der Praxis ganz entschieden nicht beachtet, d. h. entweder
geradezu verwirft oder umgeht[18]." „Diese künstliche Umgehung der
Theorie nun ist es ganz besonders, welche den nachtheiligsten Einfluß
auf die Praxis äußert: sie raubt ihr ihre eigentliche Würde, indem sie
ihr die nöthige Bestimmtheit und die sichere Haltung entzieht, ohne
welche es gar keine eigentliche Jurisprudenz giebt...[19]."

Ein weiterer Grund für den Zwiespalt zwischen Theorie und Praxis
liegt darin, daß die Theorie „dem Leben zu sehr entfremdet" ist, „nicht
bloß durch Methode und Behandlung, sondern auch, und zwar hauptsächlich durch ihren Inhalt selbst, indem sie entweder das schon Veraltete lehrt, oder als anwendbares Recht vorträgt, was bloß das Ergebnis wissenschaftlicher Speculation und wissenschaftlichen Fleißes ist,
und, sei es an sich auch noch so richtig, ja vortrefflich, doch den Lebens-
ansichten der Nation, für welche es gelten soll, und den bei derselben

---

[14] Ebenda, S. 485 (§ 291).
[15] Ebenda, S. 486 (§ 291).
[16] Ebenda, S. 501 (§ 298).
[17] Ebenda, S. 501 (§ 298).
[18] C. F. Mühlenbruch, Rechtliche Beurtheilung des Städelschen Erbfalles,
Halle 1828, S. 4.
[19] Ebenda, S. 5.

eingeführten Einrichtung und Verhältnissen nicht entspricht. Ist nun eine solche Theorie das Werk eines geistreichen und hochgeachteten Mannes, so gewinnt sie leicht Eingang in die Schule, und um so eher, je weniger von den Lehrern selbst die Praxis geübt, und also auch gekannt ist"[20].

Entfremdung der Theorie von der Praxis und vom Leben, Hang zum Altertümlichen und zum subjektiv Interessanten, das sind die Schlagwörter, die hier von Mühlenbruch gegen die Historische Schule ertönen.

f) Würdigung

Mühlenbruch versteht die Rechtswissenschaft traditionell als systematische Wissenschaft und nicht als historische und philosophische Wissenschaft zugleich. Geschichte und Philosophie sind nur Hilfsmittel und nicht integrierte Bestandteile der Rechtswissenschaft.

Mühlenbruch gehört dennoch zu der historisch-philosophischen Richtung der Juristen, da es ihm gelingt, die positive Rechtswissenschaft vom materialen Naturrecht zu emanzipieren. Das Naturrecht ist in seiner Rechtslehre Teil der praktischen Philosophie, aber nicht der Rechtswissenschaft insgesamt. Es ist nur noch eine von mehreren Hilfswissenschaften der Rechtswissenschaft. Damit wird die Bedeutung des Naturrechts für die Rechtswissenschaft insgesamt stark relativiert und geht zurück.

3. Carl Friedrich Christian Wenck
(1784 - 1828)

a) Kritik am Zustand der Rechtswissenschaft Ende des 18. Jahrhunderts

Wenck übt Kritik an den philosophisch und historisch einseitigen Juristen: Die ersteren „deduzieren alles a priori und glauben, ein tieferes Studium positiver Gesetze entbehren zu können. Die historisch einseitigen Juristen kleben an dem Buchstaben neuerer und älterer Gesetze. Sie halten jeden Blick über dieselben hinaus für gefährlich; jede freiere Erklärung enthält für sie einen Eingriff in die Gesetze, und ohne mit dem Geist des bestehenden Rechts bekannt zu sein, finden sie allein Gefallen in alterthümlichen Forschungen über Gesetze der grauen Vorzeit"[1]. Zur Naturrechtskrise schreibt er: „Kein Theil der Rechtswissenschaft ist von jeher so mannigfaltiger Verschiedenheit der Ansicht, so vielen Verspottungen und Verdrehungen, so vielen thörichten Behauptungen unphilosophischer Köpfe unterworfen gewesen, als

---

[20] Ebenda, S. 7.

[1] Wenck, Lehrbuch der Encyclopädie und Methodologie der Rechtswissenschaft, Leipzig 1810, § 17 (S. 17).

der, von welchem hier die Rede ist. Jeder hat davon eine andere Idee, und was der Eine als gewiss und unbezweifelt aufstellt, davon behauptet der Andere genau das Gegentheil. Kein Lehr-, kein Handbuch des Naturrechts sieht dem anderen ähnlich[2]." Aus dem alten Naturrecht entwickelte man „ein Aggregat von philosophischen und historischen, moralischen und politischen, wahren und willkührlich erschlichenen Sätzen: und um diese elende Beschaffenheit des Ganzen zu verbergen, trug man so viel positives Recht, als nur möglich, in das Naturrecht über, und suchte dasselbe aus der Vernunft, als ausschließlich nothwendig zu deduciren, oder schob einen Hauptbegriff unter, und räsonnirte aus der Natur desselben. So verlor der Zuhörer über der Menge von Einzelheiten den Überblick des Ganzen und pries wohl noch den Scharfsinn des aus erschlichenen Axiomen ganz richtig demonstrirenden Lehrers"[3].

b) Der Rechtsbegriff

Aus dem Staatsvertrag, der den rechtlichen Zustand und die höchste Gewalt im Staat schafft, entsteht das Recht[4]. Wenck unterscheidet zwei Formen des Rechts: „Recht in objectiver Bedeutung ist die aus dem Staatsvertrag und den Gesetzen abgeleitete Norm, nach welcher die Freiheitsbereiche der Bürger beschränkt, und in diesem Verhältnisse durch Zwangsmittel erhalten werden[5]." „Recht in subjectiver Bedeutung ist der durch den Staatsvertrag oder die Gesetze begründete, vom Staate im Nothfalle durch Zwangsmittel zu unterstützende Einfluss eines Bürgers auf die Tätigkeit des anderen[6]." Wencks Recht in subjektiver Bedeutung ist das subjektive Recht als eine der Voraussetzungen der bürgerlichen Gesellschaft. Das Recht in objektiver Bedeutung weist einige Ähnlichkeit mit Kants Rechtsbegriff auf. Beide gehen von einem bestimmten Freiheitsraum aus; Kant schränkt ihn durch das allgemeine Gesetz ein, Wenck durch den Staatsvertrag.

c) Das Verständnis von Rechtswissenschaft

aa) Die Rechtswissenschaft als Verbindung von philosophischen und historischen Elementen

Werden die Sätze des objektiven Rechts wissenschaftlich angeordnet und auf ein höchstes Prinzip zurückgeführt, so entsteht die Rechts-

---

[2] Ebenda, § 109 (S. 121).
[3] Ebenda, § 111 (S. 123 und 124).
[4] Ebenda, §§ 7, 8, 9 (S. 9, 10 und 11).
[5] Ebenda, § 10 (S. 11).
[6] Ebenda, § 11 (S. 12).

wissenschaft[7]. Wenck bestimmt sie als „die Wissenschaft von den äussern Freiheitsbezirken der Staatsbürger, wie sie nach dem Zwecke der Staaten überhaupt, oder wegen besonderer Umstände in einem gegebenen Staate, sich zur höchsten Gewalt und gegen Einander verhalten oder wenigstens verhalten sollten, und von den Mitteln, durch welche dieses Verhältnis von der höchsten Gewalt erhalten wird oder werden kann"[8].

Der Gegenstand der Rechtswissenschaft wird nach Wenck aus philosophischen und historischen Elementen gebildet. Nur die Vereinigung von philosophischen und historischen Kenntnissen kann zu deutlichen juristischen Begriffen führen und den Juristen über seine eigentliche Bestimmung und die Gründe gesetzlicher Einrichtungen aufklären[9]. „Die ersteren beziehen sich auf richtige Ansicht und Entwickelung der unmittelbar aus dem Rechtsprincipe fliessenden Verhältnisse der Staatsbürger, ohne welche es dem ganzen juristischen Wissen an Haltung und Grundlage fehlt; die letzteren auf Erforschung des positiven Rechts aus seinen Quellen, auf Erklärung dieser Quellen, und Bestimmung des Umfangs ihrer Anwendung[10]." Wenck unterteilt die Rechtswissenschaft in die philosophische Rechtslehre oder das Naturrecht, und die positive Rechtswissenschaft, die historisch und dogmatisch bearbeitet werden soll[11].

bb) Die philosophische Rechtslehre

Nach seiner Kritik an der traditionellen materialen Naturrechtslehre versucht Wenck das Naturrecht wissenschaftlich neu zu begründen. Das Naturrecht oder die philosophische Rechtslehre ist „die Lehre von den nach Abschluss des Staatsvertrages, durch den von allen gewollten Zweck desselben, der äussern Thätigkeit vernünftig, sinnlicher Wesen gesetzten Schranken"[12]. Dieser Staatsvertrag ist ein Postulat der praktischen Vernunft und kein Faktum der Geschichte[13], wie viele Philosophen der Aufklärung annahmen. Zweck des Staatsvertrages ist es, einen rechtlichen Zustand zu schaffen, und den Krieg einer gegen alle, zu beenden. Der Inhalt des Staatsvertrages ist nun von dreifacher Art:

---

[7] Ebenda, § 12 (S. 12).

[8] Ebenda, § 13 (S. 13).

[9] Ebenda, § 28 (S. 25).

[10] Ebenda, § 28 (S. 25).

[11] Ebenda, §§ 108, 109 und 127 (S. 120, 121 u. 154).

[12] Ebenda, § 115 (S. 128).

[13] Ebenda, § 115 (S. 128, erste Anmerkung).

1. „Verzichtleistung aller einzelnen Bürger auf alle positiven und negativen Handlungen gegen die Gesammtheit der Bürger oder den Einzelnen, welche dem Staatszwecke widersprechen . . ."
   (philosophisches Privatrecht)

2. „Einsetzung einer höchsten Gewalt, durch welche die Gesammtheit repräsentirt, der rechtliche Zustand aufrecht erhalten, und jeder Störer mit dem angemessenen Nachtheile belegt werde."
   (allgemeines Staatsrecht)

3. „Vereinigung zum Schutz des Staates vor äusserer Gefahr, dessen Leitung . . . der höchsten Gewalt ebenfalls überlassen wird[14]."
   (Völkerrecht)

Aus diesen Grundsätzen ergibt sich, daß Wenck Anhänger des formalen Naturrechts ist.

d) Die Methoden zur Bearbeitung des positiven Rechts

Aus der Analyse der Struktur eines Rechtssatzes folgert Wenck, daß jede Rechtsnorm sich in doppelter Hinsicht betrachten läßt, nämlich:

„1. in historischer, wo seine Quellen und deren allmählige Veränderungen erforscht werden,

2. in dogmatischer, wo blos sein jetziges Dasein angenommen, und der Umfang seiner Würksamkeit gezeigt wird.

Hieraus fliesst nun notwendig, dass, was bei jedem einzelnen (Rechts)-satze möglich ist, auch bei der positiven Rechtswissenschaft im Ganzen eintreten müsse, und daß es daher eine historische und eine dogmatische Behandlungsart des positiven Rechts gebe[15]."

„Die erste beschäftigt sich vorzüglich mit den Quellen der Rechtssätze und deren Schicksalen, erklärt diese Quellen auch nach den Regeln der philologischen Kritik und Hermeneutik. . . . Die letzte hingegen bleibt bei dem Inhalt der Rechtssätze, besonders der noch anwendbaren, stehen, und erläutert diesen, betrachtet also die Auslegung der Quellen nur als Mittel, den wahren Sinn des bestehenden Rechts zu erkennen, und lässt, wo sie zu diesem Zwecke nicht nothwendig ist, sich weder

---

[14] Ebenda, § 126 (S. 129 und 130).

[15] Ebenda, § 128 (S. 155). Die gleiche Aussage trifft Wenck auf S. 162. (§ 134): „Wenn nun das ganze positive Wissen des Juristen theils rein-historisch, theils historisch-dogmatisch, theils endlich rein-dogmatisch ist, so müssen die dem deutschen Juristen nöthigen positiven Kenntnisse in historische (wovon die historisch-dogmatischen nur eine eigene nothwendige Modification sind) und dogmatische zerfallen, . . ."

auf Auslegung, noch auf historische Anmerkungen ein[16]." Wenck stellt drei Thesen zur Bearbeitung des positiven Rechts auf:

1. Die dogmatische Behandlungsart des positiven Rechts ist offenbar die wichtigste, indem der Zweck des Studiums positiver Rechte nur durch sie erreicht wird, und die historische Methode ohne die dogmatische zu einer wissenschaftlichen Kenntnis des positiven Rechts unmöglich ist.

2. Die historische Behandlungsart hat als unentbehrliche Vorbereitung der dogmatischen einen hohen Wert, indem der wahre Sinn der Rechtssätze nur aus den Quellen erkannt werden mag, die Quellen aber nur nach der historischen Behandlungsart richtig benutzt werden können.

3. Der reine Dogmatiker, der die historische Methode unterläßt, kommt überall zu falschen Resultaten[17].

Die positive Rechtswissenschaft besteht also aus der Verbindung von Rechtsgeschichte und Rechtsdogmatik. Endergebnis der positiven Rechtswissenschaft soll ein wissenschaftliches System des bestehenden Rechts sein[18].

Wenck nennt seine Methode, das positive Recht zu bearbeiten, historisch-dogmatisch und nicht historisch-philosophisch. Er setzt dogmatisch nicht mit philosophisch gleich. Eine philosophische Natur hat nur die Naturrechtslehre.

e) Würdigung

Wenck gehört als Anhänger der formalen Naturrechtslehre, als Kritiker der naturrechtlich-systematischen Richtung und der antiquarischen Jurisprudenz und wegen seines methodologischen Versuchs, die positive Rechtswissenschaft mit Hilfe der historischen und dogmatischen Methode zugleich zu bearbeiten, zu den historisch-philosophischen Juristen[19]. Die positive Rechtswissenschaft hat sich bei ihm von dem materialen Naturrecht emanzipiert.

---

[16] Ebenda, § 128 (S. 155 und 156).

[17] Ebenda, § 128 (S. 156).

[18] Ebenda, § 133 (S. 162). „Die dogmatische Kenntnis besteht ... in einem wissenschaftlichen System der aus den Rechtsquellen sich ergebenden Sätze. Ebenda, § 192 (S. 243).

[19] Stintzing / Landsberg III. 2. Halbband, S. 62, 63, zählt Wenck zur antiquarisch-historischen Gruppe, obwohl Wenck die antiquarischen Juristen kritisiert (§ 17, S. 17).

Obwohl Wenck sich ausdrücklich zur pragmatischen und nicht zur organologischen Geschichtsmethode bekennt[20], sind Ähnlichkeiten mit Savignys genetischer Geschichtsauffassung vorhanden. Für Wenck kann nur die Geschichte allein in dem „ewigen Schwanken zwischen Wahrheit und Irrthum einige Sicherheit gewähren"[21]. Sie ist „der feste Boden"[22]. Er fährt fort: „Auch die Rechtswissenschaft kennt weder einen besseren Prüfstein für vorgeschlagene, noch ein besseres Einweihungsmittel in vorhandene Gesetze, als die Geschichte der Völker und ihrer gesetzlichen Einrichtungen[23]." Für Savigny ist „der geschichtliche Sinn der einzige Schutz gegen eine Art der Selbsttäuschung, die sich im einzelnen Menschen wie in ganzen Völkern und Zeitaltern immer wiederholt"[24]. Allerdings verachtet Wenck nicht die zeitgenössische Philosophie, wie Savigny es getan hat. Für Wenck hat die Philosophie den gleichen Erkenntniswert wie die Geschichtswissenschaft: „Wenn daher die Philosophie die Sonne ist, welche über alle Theile des Wissens Licht und Wärme verbreitet, so ist die Geschichte der feste Boden, ohne welchen alles Licht nichts helfen, und der Mensch im ungeheuern Raume ohne Standpunct untergehen würde[25]."

4. Ignaz Rudhart
(1790 - 1838)

Ignaz Rudhart arbeitete nur eine kurze Zeit als Wissenschaftler an der Universität. Er verließ sie, um in die höhere Verwaltungslaufbahn einzutreten.

---

[20] Wenck, Lehrbuch der Encyclopädie und Methodologie der Rechtswissenschaft, § 79, S. 79. „Weiss man nun diese Principe der verschiedenen Zeitalter gehörig an Einander zu ketten, und die Begebenheiten, als unter diesen Umständen nothwendig, und mit den Principien wie Ursache und Würkung zusammenhängend, zu entwickeln, so wird die Geschichte p r a g m a t i s c h , oder vielmehr: dann erst verdient sie den Nahmen der Geschichte." Siehe auch § 80 (S. 79). „Der Rechtsgelehrte muss, um Gesetze verstehen und zu beurtheilen, die Zeit ganz kennen, in welcher sie abgefasst wurden. Alle Zeitereignisse sind aber nur aus dem, was vorherging, zu erklären, und es ist daher nicht möglich, die historische Kenntniss auf einen Zeitraum oder ein Volk zu beschränken: sie bleibt dann immer unvollkommen, und unpragmatisch."

[21] Ebenda, § 40 (S. 35).

[22] Ebenda, § 40 (S. 35).

[23] Ebenda, § 40 (S. 35).

[24] Savigny, Beruf, S. 115.

[25] Wenck, Encyclopädie und Methodologie der Rechtswissenschaft, § 40 (S. 35).

a) Kritik am Zustand der Rechtswissenschaft Ende des 18. Jahrhunderts

Rudhart geht in seiner Enzyklopädie davon aus, daß die Rechtswissenschaft bisher noch nicht wissenschaftlich bearbeitet worden ist. Das Ansehen der Rechtswissenschaft erscheint ihm gering. „Schon die gemeine Meinung steht dem Stande der Rechtsgelehrten entgegen: manch denkender, energischer Jüngling däucht sich zu talentvoll, als daß er seine Pfunde durch die Rechtswissenschaft vergraben sollte; der Philosoph, Theolog oder Mediciner schätzen sich glücklich gegen den Juristen, welchem jeder wissenschaftliche Geist entfremdet sey[1].“ Schuld darin sind nach Ansicht Rudharts „die Brodjuristen" oder, wie man heute sagen würde, die Fachidioten. „Ausgehend von dem Satze, daß ihre Wissenschaft sich mit weiter nichts befasse, und befassen dürfe, als mit der Anwendung eines gegebenen Gesetzes auf einen bestimmten Rechtsfall zur Entscheidung, studiren sehr Viele nur das, was sie . . . bey dem Examen, oder zu ihrem bequemen Fortkommen im Leben bedürfen; nur dasjenige prägen sie ihrem Gedächtnisse ein, was in ihrem Vaterlande und gerade in dem jetzigen Zeitpuncte als Gesetz gilt, und alles andere . . . ist auch außer ihrer Sphäre gelegen. Da darf man nicht nach dem Geist des Gesetzes fragen, nicht nach dem Standpunkt, von welchem aus das ganze Gesetzbuch, so wie dessen einzelne Bestimmungen in Uebereinstimmung mit dem Nationalcharakter, den politischen Verhältnissen, der Cultur usw. betrachtet werden müssen, noch darf man zu wissen verlangen, wie die Theile des Gesetzbuches innerlich zusammenhängen, oder wie andere Gesetzgebungen diese oder jene Materie auffassen, und noch weniger warum, und ob mit Recht die Legislation solche Bestimmungen ausgesprochen habe?[2].“

Diese Sätze lesen sich wie eine Beschreibung des späteren Gesetzespositivismus, Ende des 19. Jahrhunderts, der die Untersuchung über die soziale und politische Bedingtheit des positiven Rechts, die Rechtsvergleichung und die Zweckmäßigkeits- oder Gerechtigkeitskontrolle des Rechts nicht als Aufgabe der positiven Rechtswissenschaft ansah. In der Kritik Rudharts an dem damaligen Juristenstand, ihrer „Brodgelehrsamkeit", erkennt man aber auch implizit die Reformvorschläge Rudharts: Aufgabe der Rechtswissenschaft ist es, die Frage nach dem Geist der Gesetze, den politischen Ursachen für ihren Erlaß und der Vernünftigkeit des Rechts zu stellen und versuchen zu beantworten, so wie Rechtsvergleichung zu betreiben.

---

[1] Ignaz Rudhart, Encyclopädie und Methodologie der Rechtswissenschaft, Würzburg 1812, § 99 (S. 48).

[2] Ebenda, § 100 (S. 48 und 49).

c) Das Verständnis von Rechtswissenschaft

aa) Die Definition der Rechtswissenschaft

Rudhart definiert die Rechtswissenschaft als „die Realisierung der Idee des Rechts, sie ist das System von Grundsätzen, nach welchem sich die Idee des Rechts entwickelt hat, und entwickeln muß"[3]. Was der Inhalt der Rechtsidee ist, verrät Rudhart nicht. Eine Wissenschaft liegt für ihn nur dann vor, wenn alles Sein der Dinge als „organisch" verstanden wird, denn jedes Ding existiert mit dem anderen nur in einem „organischen" Zusammenhang. Rudhart setzt Organismus mit System gleich[4] und nicht, wie Savigny es getan hat, mit genetischem Geschichtsverständnis. Die Rechtswissenschaft ist daher eine „organische" oder anders ausgedrückt, eine systematische Wissenschaft, denn „es gibt ... keine Wissenschaft ohne System"[5].

Rudhart unterscheidet die positive Rechtswissenschaft von der Naturrechtswissenschaft[6] und definiert die letztere „als die systematische Betrachtungsweise von Rechtsinstituten ihren reinen Begriffen nach, abgesehen von den Eigenheiten, Ansichten und Zutaten einer positiven Gesetzgebung"[7].

Der Grund des Bestehens positiver Rechte ist, daß „die Idee des Rechts realisiert werden soll", und „wie das ganze Leben der Menschheit, objectiv werden muß[8]. „Das Recht hat daher ein historisches Fundament; die positiven Rechte sind ... historische Erscheinungen, ... welche theils die Individualitäten der Zeit aussprechen, und eben darum positiv sind[9]."

Die Grenze zwischen positiver Rechtswissenschaft und Naturrechtswissenschaft zieht Rudhart so: „Die Art und Weise, wie jene reinen und ursprünglichen Begriffe der Rechtsinstitute von den positiven Gesetzen aufgefaßt werden, gehört dem positiven Theile der Rechtswissenschaft an. Was aber der ursprünglich gebildete reine Begriff der Rechtsinstitute enthält, wenn man von den Modifikationen der positiven Gesetze absieht, ist der Gegenstand, der durch das sogenannte Naturrecht behandelt werden soll[10]."

---

[3] Ebenda, § 15 (S. 8 und 9).
[4] Ebenda, §§ 9 und 10 (S. 7).
[5] Ebenda, § 10 (S. 7).
[6] Ebenda, §§ 21 und 22 (S. 10 und 11).
[7] Ebenda, § 169 (S. 103 und 104).
[8] Ebenda, § 22 (S. 10).
[9] Ebenda, § 22 (S. 10).
[10] Ebenda, § 171 (S. 106).

bb) *Die philosophische Rechtslehre*

Bevor Rudhart seine Naturrechtslehre darstellt, übt er scharfe Kritik
an vier verschiedenen Lehren des herkömmlichen Naturrechts:

1. Er wendet sich gegen die Juristen und Philosophen, die einen Naturzustand der Menschheit annahmen, und, um einen rechtlichen Zustand herbeiführen zu können, einen Gesellschaftsvertrag konstru-
   ierten[11].

2. Für eben so irrig hält er „jene Lehr- und Studiermethode des Naturrechts, nach welcher dasselbe als Ergänzung des positiven (Rechts)
   betrachtet, dargestellt und behandelt wird"[12].

3. Er ist Gegner jener Naturrechtslehrer, die allgemeine Rechtsgrundsätze, die in allen Staaten angeblich gemeinsam vorhanden sind,
   induktiv aus den Gesetzen aller Staaten der Welt herausarbeiten
   wollen. Als solche Sätze, die vermeintlich allgemein gültigen Charakter haben, werden von ihm aufgezählt: „Wer verletzt, muß ersetzen; Verträge müssen heilig sein; Kinder sind den Eltern Gehor-
   sam schuldig[13]. Gegen diese allgemeinen Rechtsgrundsätze macht
   Rudhart die Geschichtlichkeit allen Rechts geltend: „Allein man ver-
   gißt gemeiniglich hierbey, daß jeder Zeit und jeder Nation ihre
   Besonderheiten angehören, welche mit der Zeit und mit der Nation
   wiederum verschwinden, daß sich die Gesetzgebung diesen Individualitäten genau anpassen müsse und daß nur dann das Naturrecht
   als Maßstab gelten könne, wenn keine dieser Besonderheiten ein-
   tritt[14]."

4. Außerdem lehnt Rudhart die Anhänger jenes Naturrechtsdenkens
   ab, die es unter ihrer philosophischen Würde halten, sich mit den
   einzelnen Rechtsinstituten oder gar mit deren Detail zu beschäftigen
   und glauben, „alles hänge bloß von der richtigen Aufstellung des
   Begriffes von Recht und dessen Trennung von der Moral ab"[15].

Nach dieser Kritik beschreibt er die Methode zur Behandlung des
Naturrechts, die er für richtig hält: Unter der Naturrechtswissenschaft
darf nichts anderes verstanden werden, „als die systematische Betrachtungsweise von Rechtsinstituten ihren reinen Begriffen nach, abgesehen
von den Eigenheiten, Ansichten und Zuthaten einer positiven Gesetzgebung". Er fragt deshalb nach dem „Wesen" der Rechtsinstitute: „Was

---

[11] Ebenda, §§ 163 und 164 (S. 98 und 99).
[12] Ebenda, § 165 (S. 100).
[13] Ebenda, § 166 (S. 100 und 101).
[14] Ebenda, § 166 (S. 101).
[15] Ebenda, § 167 (S. 102).

ist Ehe? — Was deren Zweck? — ... Was ist Eigenthum? Welches sind dessen mögliche Beschränkungen? Welches sind die nothwendigen Arten der Verträge? — Welches deren Natur?[16]."

Das „Wesen" der Rechtsinstitute ist nach Rudhart identisch mit den reinen, von jeder positiven Zutat freien Begriffen der Rechtsinstitute. Sie können lediglich durch Analyse des Begriffes des Rechts und der Verhältnisse des menschlichen Lebens, ohne Rücksicht auf ein bestimmtes Zeitalter, ermittelt werden[17]. Die reinen Rechtsinstitute, die aus dem Leben selbst hervorgehen, sind Ausdruck ewiger, unabänderlicher Ideen[18]. Rudhart beläßt es bei diesen theoretischen Aussagen, ohne die praktische Gewinnung eines rein naturrechtlichen Rechtsinstitutes vorzuführen. Sein Naturrecht ist nicht kantisch geprägt, was überrascht, da die meisten Juristen der damaligen Zeit von Kants Rechtslehre beeinflußt waren. Es ist unkritisch und enthält keine rechtspolitischen Forderungen des Bürgertums an den aufgeklärt absolutistischen Gesetzgeber.

cc) Die Unterscheidung von Rechtskunde und Gesetzgebungspolitik

Da die Rechtswissenschaft das System von Grundsätzen ist, „nach welchen sich die Idee des Rechts entwickelt hat und entwickeln muß", ist „deutlich ausgesprochen, daß man bey dem Studium der Rechtswissenschaft sein Augenmerk vor allem auf zwey Puncte richten müsse, was nemlich:

1) Rechtens sey, und gewesen sey (Rechtskunde) und
2) was Rechtens sey und gewesen seyn sollte, (Gesetzgebungspolitik)[19]."

Die Rechtskunde stellt die Entwicklung der Rechtsidee dar und ist der historische Teil der Rechtswissenschaft[20]. Sie soll den Geist des Gesetzbuches sichtbar machen. Das erfordert notwendigerweise einen universalhistorischen Standpunkt[21]. Erst wenn man die in dem Gesetzbuch verewigten Charakterzüge der jeweiligen Nationen herausgearbeitet hat, kann man sich mit dem Text des Gesetzes beschäftigen und mit der dogmatischen Arbeit beginnen.

Aufgabe der Gesetzgebungspolitik hingegen ist es, die Frage zu beantworten, wie weit sich jede Gesetzgebung dem Ideal des Rechts

---

[16] Ebenda, § 173 (S. 107).
[17] Ebenda, § 172 (S. 107).
[18] Ebenda, § 164 (S. 99).
[19] Ebenda, § 104 (S. 52 und 53).
[20] Ebenda, § 105 (S. 53).
[21] Ebenda, § 106 (S. 53).

nähert oder sich von demselben entfernt; denn der Jurist muß wissen, ob das, was als Recht gilt, auch mit Recht als solches gelte[22]. Dazu ist erforderlich, daß er das Gesetz, wenn er es im wahren Geist aufgefaßt hat, nach dem Maßstabe der Vernunftgemäßheit und Zweckmäßigkeit zu prüfen und zu untersuchen hat. Die Zweckmäßigkeit eines Gesetzes ergibt sich für Rudhart aus der Übereinstimmung des Gesetzes mit den Sitten, der Kultur und den religiösen und politischen Verhältnissen der Nation[23], es muß also auf einen allgemeinen Konsens stoßen.

c) Die Methoden der positiven Rechtswissenschaft

Rudhart geht ähnlich wie Wenck davon aus, daß die positive Rechtswissenschaft dogmatisch und historisch zu bearbeiten ist[24]. Das Studium der positiven Rechtswissenschaft ist „schon dem Begriffe nach ein geschichtliches, denn alle Erscheinung in der Zeit ist etwas Positives, und wird, in so ferne der Einfluß derselben auf die Entwicklung einer der angenommenen Ideen der Menschheit ersichtlich ist, Datum der Geschichte"[25]. Da das Historische bei Rudharts Verständnis von Rechtswissenschaft eine so große Rolle spielt, ist auf seine Sicht der Geschichte und besonders der Rechtsgeschichte genauer einzugehen.

aa) Die historische Methode

„In der Geschichte, welche die Fortbewegung aller Verhältnisse der Menschheit des Staates und der Staaten in ihrem Verhältnisse zu einander darstellt", lernen wir, so Rudhart, „nicht nur alle Anstalten zur Ausbildung des Rechtes, sondern auch alles kennen, was auf die Entwicklung der Rechtsidee Einfluß hatte[26]."

Aus dieser Beschreibung des Aufgabenbereiches der allgemeinen Geschichtswissenschaft ergibt sich, „daß die Rechtsgeschichte nichts anderes sey, als die zusammenhängende Darstellung derjenigen Begebenheiten, deren umfassender Einfluß auf die, bis auf die Gegenwart gediehene, Entwicklung der Rechtsidee mit Zuverlässigkeit angegeben werden kann"[27]. In der Rechtsgeschichte wird dargestellt, „wie der

---

[22] Ebenda, § 108 (S. 55).

[23] Ebenda, § 110 (S. 56).

[24] Ebenda, § 447 (S. 329).

[25] Ebenda, § 447 (S. 328 und 329).

[26] Ebenda, § 93 (S. 44 und 45).

[27] Ebenda, § 448 (S. 329 und 330). Die Rechtsgeschichte gibt Antwort auf folgende Fragen: „Welche Regierungsformen die Menschheit in den verschiedenen Staaten durchlebt habe, wie das Band der Ehe geknüpft und geheiligt, die Familie in ihrer Existens gesichert und das Aeltern- und hilflose Kind geschützt werde; wie die Gesetzgebung Erwerb und Uebertra-

Rechtszustand des gegenwärtigen Zeitalters entstanden und allmählig
so geworden sey, wie er heutzutage ist. Die Rechtsgeschichte erklärt also
die Gegenwart aus der Vergangenheit, den gegenwärtigen Rechtszustand als Folge jenes der Vorzeit"[28]. Sie beschreibt den Realisierungs-
prozeß der Rechtsidee und stellt die Ursachen zusammen, welche zur
Ausbildung der rechtlichen Verhältnisse beigetragen haben. Bei der
„Erklärung des gegenwärtigen Zustandes aus dem Vergangenen und
der Darstellung ihrer inneren Verbindung müssen alle Verhältnisse der
bestimmten Zeit und der Nation benutzt werden: deren politische Stellung, religiöse und wissenschaftliche Kultur, Verkehr, und mit demselben verwandte Sitte, ihr ganzes statistisches Verhältniß muß berücksichtigt, und wiederum müssen die Facta aus der politischen Geschichte,
aus der Kunst- und Religionsgeschichte, mit einem Worte: aus der
Universalhistorie, in welcher die Entwicklung des Rechtszustandes der
Gegenwart ruht, im Causalnexus und in wirklicher Fortbewegung und
Wirksamkeit dargestellt werden"[29] ... Folgende Umstände haben daher
geschichtlichen Einfluß auf das gegenwärtige Recht: Die Regierungsform, das Verhältnis der Stände, die Kultur, das Gewerbe, besonders
der Handel, die Religion und das Klima[30]. Diese Aussage Rudharts läßt
auf eine Übernahme von Gedanken Montesquieus schließen[31]. Die
Rechtsgeschichte soll also die Entstehung der Gesetze und Rechtsinstitute erklären. Rudharts Geschichtsverständnis enthält kulturgeschichtliche und sozialgeschichtliche Aspekte, die er jedoch nie weiter ausführt.
Auch versucht er an keiner Stelle, die ideengeschichtlichen und sozial-
geschichtlichen Voraussetzungen bestimmter Rechtsinstitute darzulegen.
Auf Grund seiner Befürwortung der Universalhistorie kann man ihn
als Anhänger des pragmatischen Geschichtsverständnisses bezeichnen,
obwohl er den Ausdruck „pragmatisch" nie erwähnt.

bb) Die dogmatische Bearbeitung der Rechtswissenschaft

Die positive Rechtswissenschaft ist nach Rudhart sowohl eine historische[32], als auch eine systematische Wissenschaft[33]. Die „Doctrin" oder,

---

gung des Eigenthumes, und den Verkehr aufrecht erhalte; wie Verbrechen
bestraft und die Rechtsungleichheit in bürgerlichen und peinlichen Verfahren
in Harmonie des Rechts aufgelöst werde; wie das ehedem und in allen
Zeitaltern gewesen, und so geworden sey, wie es heutzutage ist; wie weit
man also hinsichtlich der Realisierung der Rechtsidee vorgerückt sey, und
wie weit man noch zur Vollendung vorzurücken habe."
[28] Ebenda, § 470 (S. 358).
[29] Ebenda, § 470 (S. 358).
[30] Ebenda, § 106 (S. 53 und 54).
[31] Ignaz Rudhart erwähnt Montesquieu namentlich auf S. 56 (§ 110).
[32] Ebenda, § 447 (S. 328).
[33] Ebenda, §§ 10 und 15 (S. 7, 8 und 9).

wie wir heute sagen würden, die Dogmatik, ist für Rudhart nicht nur eine Bearbeitungsweise des positiven Rechts, sondern hat auch Rechtsquellencharakter[34]. Das positive Gesetz muß, „damit man es im Detaille und im wahren Geiste verstehen könne, Gegenstand der Bearbeitung der Rechtsgelehrten werden, und wirklich wird auch das Gesetzbuch so gänzlich von der Doctrin verarbeitet, daß es gleichsam, von einem fremden Organismus ergriffen, seine ursprüngliche Form völlig verliert. In dem von der Doctrin verarbeiteten Gesetzbuche, dem Commentare, wird bey der Behandlung jeder Theorie, der reine Begriff des Rechtsinstitutes, sodann die Ansicht aufgestellt, in welcher das zu erläuternde Gesetzbuch dieselben aufgefaßt hat; das Ganze wird in ein gewisses System oder vielmehr eine schulgerechte Ordnung gebracht, deren Schöpfung in den Begriffen der Rechtsgelehrten gelegen ist; jedes Kapitel, jeder Abschnitt oder Paragraph wird durchgegangen und erörtert, und jedes Wort eines jeden Gesetzes erwogen: was es an sich bedeute, so wie es einfach dastehe, wie es wirke oder seinen Sinn verändere bey der tausendfachen Combination der Fälle"[35]. Aufgabe der Doktrin oder Dogmatik ist es folglich, die Mängel des Gesetzes, die Unbestimmtheit des Ausdrucks und widersprüchliche Aussagen zu beseitigen[36].

d) Würdigung

Rudhart ist nach Tafinger der erste Jurist des 19. Jahrhunderts, der schon vor Savigny (1812) den Terminus des Organischen in seine Rechtstheorie einbaut. Jedoch setzt Rudhart „organisch" mit systematisch und nicht, wie Savigny es getan hat, mit historisch-genetisch gleich. Rudhart ist Anhänger der pragmatischen und nicht der organologischen Methode. Wie Savigny kritisiert er zwar die Ungeschichtlichkeit des traditionellen Naturrechts. Jedoch versucht er es dadurch zu retten, daß er ihm die Aufgabe zuweist, die reinen Begriffe, die den positiven Rechtsinstituten zugrunde liegen, zu entwickeln. Es gelingt ihm nicht, die Emanzipation der positiven Rechtswissenschaft vom materialen Naturrecht herbeizuführen. Die positive Rechtswissenschaft erlangt bei ihm noch keine Autonomie, da die gleichen Rechtsinstitute, wenn auch in modifizierter Form, sowohl im Naturrecht als auch im positiven Recht zu finden sind. Rudhart schätzt, ähnlich wie Savigny, die Philosophie der Aufklärung als Hilfsmittel für die positive Rechtswissenschaft gering ein. So schreibt er: „Die Philosophie, als eine besondere Wissenschaft, übt in dieser Rücksicht eine wahre Despotie über die übrigen Wissenschaften aus[37]."

---

[34] Ebenda, § 122 (S. 62 und 63).
[35] Ebenda, § 122 (S. 62 und 63).
[36] Ebenda, § 122 (S. 63).
[37] Ebenda, § 464 (S. 348).

„Die besonderen Wissenschaften sollen ihren philosophischen oder sogenannten allgemeinen Theil nicht von der Philosophie entlehnen; diese
soll nicht Hilfswissenschaft sein, sondern bey jedem Fache soll von
Grundprincipien ausgegangen und dabey das Positive, das Leben zu
Rathe gezogen werden[38]."

Die verschiedenen Wissenschaften bedürfen also nicht der methodologischen Hilfeleistung der Philosophie, vielmehr haben sie ihre Grund-
strukturen aus sich selbst herauszuarbeiten. Die Philosophie ist daher
keine Metawissenschaft. Eine gewisse Ähnlichkeit besteht auch zwischen
Rudharts und Tafingers Rechtstheorie: Beide gehen von einer Rechtsidee aus, auf die sich die Menschheit in ihrer Geschichte immer mehr
hin entwickelt. Jedoch ist Rudhart im Gegensatz zu Tafinger kein
Kantianer.

Da Rudhart wie Wenck die Forderung aufstellt, die positive Rechtswissenschaft zugleich historisch und dogmatisch zu bearbeiten, ist er
trotz seines materialen Naturrechtsverständnisses zu der historisch-
philosophischen Richtung der Jurisprudenz im 19. Jahrhundert zu
zählen.

5. Anton Friedrich Thibaut
(1772 - 1840)

Thibaut ist neben Feuerbach das führende Mitglied der historisch-
philosophischen Rechtsschule[1]. Er ist Anfang des 19. Jahrhunderts einer
der hervorragendsten deutschen Zivilrechtler[2] und der Nachwelt bekannt als Gegenspieler Savignys in der Auseinandersetzung um die
Kodifikation eines bürgerlichen Gesetzbuches in Deutschland. Thibaut
ist einer der schärfsten Kritiker des Konservativismus und Positivismus
der Historischen Rechtsschule.

a) Das Verständnis von Rechtswissenschaft

aa) Der Rechtsbegriff

Thibaut entwickelt seinen Rechtsbegriff aus der praktischen Vernunft. Jeder Mensch ist für ihn „als vernünftiges Wesen genöthigt, sich
eine letzte Bestimmung zuzuschreiben, und mit dieser seine freyen

---

[38] Ebenda, § 464 (S. 349).

[1] Als philosophisch-historischer Jurist bezeichnet sich Thibaut in Versuche
über einzelne Theile des Rechts. 2. Aufl. 1817, S. 134 und 141 (fortan zitiert als
Versuche) und in „Ueber die Nothwendigkeit eines allgemeinen bürgerlichen
Rechts für Deutschland, 2. Aufl., 1840, S. 121.

[2] Stintzing / Landsberg, Geschichte der deutschen Rechtswissenschaft,
3. Band, 2. Halbband, S. 84.

Handlungen unbedingt in Uebereinstimmung zu setzen. Das Vermögen, wodurch ihm jene letzte Bestimmung vorgezeichnet wird, heißt practische Vernunft . . . Eine solche Handlung, deren Möglichkeit nicht durch die Vernunft begründet ist, heißt unrechtmäßig. Wird hingegen eine Handlung durch die Vernunft geboten oder erlaubt, mithin vermittelst derselben möglich gemacht, so heißt sie rechtmäßig. Der Ausspruch der Vernunft, wodurch die Möglichkeit einer Handlung begründet wird, heißt Gesetz oder das Recht"[3]. Thibaut definiert das Recht als Zwangsrecht[4]. Sein Rechtsbegriff unterscheidet sich nicht von den Rechtsdefinitionen der vorkantischen Zeit und enthält auch keine Gedanken Kants.

bb) Die Definition der Rechtswissenschaft

Die Rechtswissenschaft ist nach Ansicht von Thibaut „ein, einem gemeinschaftlichen höheren Gattungsbegriff untergeordneter Inbegriff gesetzlicher Vorschriften. Ihr Inhalt sind die Gesetze selbst und sie unterscheidet sich von diesen unmittelbar nur durch die systematische Form, in welcher sie jene darstellt"[5]. Auch 37 Jahre später definiert Thibaut die Rechtswissenschaft als eine „wissenschaftliche, d. h. systematische Darstellung" der Rechtsgesetze[6]. Dieser Definition von Rechtswissenschaft liegt Thibauts allgemeines Wissenschaftsverständnis zugrunde: „Eine Wissenschaft in allgemeiner Bedeutung ist alsdann vorhanden, wenn mehrere Begriffe in systematischer Ordnung unter einem gemeinschaftlichen höheren Gattungsbegriff zusammengefaßt sind. Wo die systematische Ordnung (d. h. die Zurückführung auf Arten und Gattungen) und die Zusammenfassung unter einem höchsten Begriff fehlt, findet keine Wissenschaft statt[7]." Dieser formale Wissenschaftsbegriff Thibauts wird von seinen philosophisch gebildeten Zeitgenossen geteilt.

cc) Die Trennung der Rechtswissenschaft
in Naturrecht und positives Recht

Thibaut unterscheidet Naturrecht und positives Recht. Die Wissenschaft „der jetzt geltenden Rechte der Deutschen zerfällt in zwey Hauptgattungen: in die Wissenschaft des natürlichen Rechts und die Wissenschaft der Gesetze, welche zunächst durch die in Deutschland anerkannte gesetzgebende Gewalt verbindliche Kraft erhalten haben und noch jetzt

---

[3] Thibaut, Juristische Encyclopädie und Methodologie, 1797, § 5 (S. 5 und 6).

[4] Thibaut, System des Pandectenrechts, Erster Band, 1. Aufl. 1803, S. 24.

[5] Thibaut, Juristische Encyclopädie und Methodologie, 1797, § 6 (S. 6).

[6] Thibaut, System des Pandektenrechts, 1. Band, 8. Aufl. 1834, S. 3.

[7] Thibaut, Juristische Encyclopädie und Methodologie, 1797, § 1 (S. 1).

als verbindlich angesehen werden"[8]. Das Naturrecht ist durch die Vernunft gegeben und erhält durch sie allein seine verbindliche Kraft. Positives oder bürgerliches Recht liegt vor, „wenn die Gültigkeit desselben zunächst auf dem erklärten Willen eines dritten beruht, dessen Vorschriften von andern als Gesetze anerkannt werden"[9].

b) Die Methoden der Rechtswissenschaft

Zwar definiert Thibaut die Rechtswissenschaft als die systematische Form von Rechtsgesetzen. Die systematische Methode ist für ihn jedoch nur eine Methode unter vielen zur Bearbeitung der Rechtswissenschaft. Thibaut bekennt sich zur Verbindung von historischer und philosophischer Methode in der positiven Rechtswissenschaft.

aa) Die philosophische Methode

Thibaut spricht in seinen zahlreichen Schriften häufig von der Philosophie und der philosophischen Methode. Was er jedoch unter ihr jeweils versteht, ist schwer festzustellen. In Betracht kommen: ein bestimmtes Naturrechtsdenken, die systematische Methode oder ein allgemeines problemorientiertes Räsonieren oder Philosophieren aus der Natur der Sache mit allgemeinen Grundsätzen und Hypothesen.

α) Das Naturrecht in Thibauts Rechtstheorie

Wie viele seiner Zeitgenossen äußert sich Thibaut kritisch über den Zustand der Naturrechtslehre Ende des 18. und Anfang des 19. Jahrhunderts. Er verneint zwar nicht die Möglichkeit eines idealen Naturrechtssystems[10], nennt aber den bestehenden Zustand des Naturrechts traurig[11]. Noch sind nach Thibaut die Mehrzahl der Juristen von der Existenz des Naturrechts überzeugt, jedoch „weichen sie doch völlig von einander ab, so bald es auf die Bestimmung der Fragen ankommt, welches die eigentliche Stimme der Vernunft sey; welche Rechte für Zwangsrechte, welche für Gewissenrechte gehalten werden müssen; wo die Grenzlinie zwischen beyden, und der wahre Grund dieser Unterscheidung liege"[12]. „Schon jetzt ist die Zahl derer, von denen das Daseyn des Naturrechts bezweifelt oder geradezu geleugnet wird, nicht unbeträchtlich, und wird immer mehr zunehmen, je mehr man, um recht

---

[8] Ebenda, § 10 (S. 11).
[9] Ebenda, § 8 (S. 9).
[10] Thibaut, Versuche I, S. 135.
[11] Thibaut, Juristische Encyclopädie und Methodologie, 1797, § 230 b (S. 341).
[12] Ebenda, § 13 (S. 17).

schnell über gleichzeitige Weltbegebenheiten urteilen zu können, die
Feststellung der Hauptgrundsätze als Nebensache behandelt, und, statt
zu beweisen, sein Glaubensbekenntniß darüber in Publico ablegt[13]."
So kann Thibaut ohne weiteres sagen, „daß das Naturrecht als Wissenschaft nicht vorhanden ist"[14]. Daher muß das Naturrecht eine beträchtlich höhere Stufe der Ausbildung erreicht haben, man muß sich zumindest über seine wesentlichen Grundsätze einig sein, „bevor der philosophische Jurist den Gesetzgeber vor sich treten lasse, ihn beurtheilen
und in den Geist desselben eindringen kann"[15]. In dem letzten Satz ist
für Thibaut der philosophische Jurist mit dem naturrechtlich denkenden
Juristen identisch.

Thibauts Rechtstheorie ist vor allem in seinen Frühschriften nicht
unerheblich von naturrechtlichen Gedanken beeinflußt. Später werden
Äußerungen von ihm über das Naturrecht selten. Als junger Jurist
schreibt er: „Das Zwangsrecht heißt Naturrecht, Vernunftrecht oder
natürliches Zwangsrecht in allgemeinster Bedeutung, wenn es allein
durch die Vernunft gegeben ist und allein durch sie seine verbindliche
Kraft erhalten hat[16]." „Jeder Staat hat doch im Ganzen gleiche Zwecke,
jeder Bürger im Ganzen gleiche Anlagen und gleiche Bedürfnisse.
So verschiedenartig auch das Temperament, die Moden und der ganze
Geschmack der verschiedenen Bewohner der einzelnen Länder seyn
mag, so betrifft dieß wahrlich doch im Ganzen nur unwesentliche Dinge,
welche vom Gefühl abhängen, nicht aber den eigentlichen Charakter
und die Gegenstände worüber Vernunft und Verstand zu entscheiden
haben. Über gute Anordnungen der elterlichen Gewalt, über Sicherheit
des Besitzes und Eigenthum, über Erhaltung des Credits, über Erbrecht,
über Festigkeit der Verträge, mit einem Wort über alles, worauf häus-
liches Glück und bürgerlicher Verkehr beruhet, kann nur ein Stimme
seyn, wenn man nachdenken will[17]." Thibaut hält sogar die Möglichkeit
eines materialen Naturrechtssystems für ein nicht unerreichbares
Ideal[18]: „Wir nehmen also an, daß ein vollendetes System des Naturrechts möglich und denkbar ist, und zwar ein solches System, aus welchem die Rechtmäßigkeit oder Unrechtmäßigkeit jedes vorkommenden
Falles entschieden werden kann und muß[19]." Thibaut begründet das

---

13 Ebenda, § 13 (S. 18).

14 Ebenda, § 13 (S. 18).

15 Thibaut, Versuche I, S. 168.

16 Thibaut, Juristische Encyclopädie und Methodologie, 1797, § 8 (S. 9).

17 Thibaut, Recension von Rehbergs Schrift, „Über den Code Napoleon
und dessen Einführung in Deutschland", abgedruckt in Über die Nothwendigkeit eines allgemeinen bürgerlichen Rechts für Deutschland, 2. Aufl. 1840,
S. 76.

18 Thibaut, Versuche I, S. 157.

19 Ebenda, S. 135.

Bestehen des Naturrechts letztlich mit dem Postulat, es müsse „eine practische Vernunft, eine Stimme über Recht und Unrecht im Menschen geben, deren Vorschriften stets dieselben waren, im Wesentlichen stets auf denselben Gründen beruhten"[20]. Er versucht, seine Naturrechtslehre auf induktiv gewonnene allgemeine Erfahrungssätze zu gründen, was beweist, daß er nicht durch Kant beeinflußt worden ist[21]; denn dieser geht von einer apriorischen Rechtslehre aus.

Später schränkt Thibaut den Aufgabenbereich der Naturrechtslehre ein. So wendet er sich gegen diejenigen, die schon zu einer Zeit, wo die Philosophie noch zu keinen sicheren Ergebnissen geführt hat, Naturrechtssysteme konstruieren wollen. Es ist, so Thibaut, dem Juristen unmöglich, aus „willkürlichen Bestimmungen" ein ideales System bilden zu können[22]. Deshalb kritisiert er auch die Wolffianer, die die dogmatischen Prinzipien aus dem Naturrecht entnehmen: „Es kann nicht genug wiederholt werden, daß man sich jetzt mehr wie je bemühen sollte, die Form des positiven Rechts von den natürlichen Begriffen unabhängig zu machen[23]." Damit fordert er eine begriffliche Autonomie der positiven Rechtswissenschaft.

Thieme zählt Thibaut zur jüngeren Richtung des Naturrechts[24]. Für diese ist charakteristisch eine Wendung von der Deduktion zur Empirie, der Verzicht auf ein geschlossenes, starres und materiales Naturrechtssystem, das Argumentieren aus der Natur der Sache, die Kritik an ungerechten positiven Gesetzen und das Aufstellen konkreter rechtspolitischer Forderungen. So besteht auch für Thibaut später die Aufgabe und der Nutzen seiner Naturrechtslehre nur noch darin, über die Rechtmäßigkeit des positiven Rechts zu urteilen[25]. Die Naturrechtslehre hat die Funktion einer Kontrollinstanz des positiven Rechts, deren Beurteilungskriterium die Vernunft ist. Thibaut schreibt: „Da nur eine Wahrheit, nur eine Vernunft denkbar ist, so muß der Werth jedes positiven Rechtes vor dem Richterstuhl der Vernunft entschieden werden[26]."

---

[20] Ebenda, S. 134.

[21] Kiefner, SZ Rom. Abt. 77, S. 377.

[22] Thibaut, System des Pandektenrechts, 1. Aufl. 1803, 1. Bd. Vorrede S. 3.

[23] Thibaut, Versuche I, S. 205. Auf diese kritischen Bemerkungen Thibauts über das Naturrecht geht Kiefner überhaupt nicht ein, so daß er Thibaut letztlich in seiner Beurteilung nicht gerecht wird (SZ Rom. Abt. 77, S. 340). Es fehlt bei seiner Thibaut-Abhandlung der Vergleich zu Savignys rechtstheoretischen Aussagen. Kiefner sieht in seiner Beurteilung auch nicht die Folgen des Sieges der Historischen Rechtsschule — Konservativismus, Formalismus und scheinbare Entpolitisierung des Rechts — über die jüngere Naturrechtslehre.

[24] Thieme, SZ Germ. Abt. 56, S. 217 ff.

[25] Thibaut, Juristische Encyclopädie und Methodologie, 1797, § 139 (S. 227).

[26] Ebenda, § 8 (S. 9).

Das Naturrecht ist für ihn „die einzige Wissenschaft, ... welche dem natürlichen, aber verderblichen Hange des Rechtsgelehrten, sich durch die Gewißheit und Unumstößlichkeit der positiven Gesetze ganz von den Untersuchungen über Recht und Unrecht abziehen zu lassen, einigermaßen zum Gegengewicht dienen kann"[27]. Das Naturrecht soll also Schutz bieten gegen den damals entstandenen Positivismus in der Rechtswissenschaft, dessen geistiger Vater Gustav Hugo mit seiner Philosophie des positiven Rechts ist.

Die naturrechtlich-philosophische Methode Thibauts erschöpft sich nicht in der Kritik am positiven Recht, vielmehr enthält sie auch ein rechtspolitisches bürgerliche Reformen postulierendes Element.

β) Das Systemdenken

Fraglich ist, ob Thibaut die philosophische Methode zur Bearbeitung der Rechtswissenschaft gleichsetzt mit der systematischen, wie es Savigny getan hat. Für Thibaut ist zwar die Logik zur wissenschaftlichen Behandlung des positiven Rechts unentbehrlich, jedoch hat das ausschließliche Streben nach logischer Einheit der Rechtswissenschaft geschadet. Unter den Händen der Axiomatiker ist so mancher Bestandteil der Rechtswissenschaft „leer und geistlos" geworden[28]. Deshalb ist Thibaut überzeugter Gegner der reinen Systembildung durch die demonstrative Methode. „Es ist übrigens unglaublich, wie man sich in dieser Rücksicht von jeher an den Gesetzen versündigt hat, besonders seit der Periode der Axiomatiker, welche überall auf erträumte Grundsätze zu bauen pflegen[29]." Über Nettelbladt, einen der führenden Anhänger des reinen Systemdenkens aus der Schule Christian Wolffs, schreibt Thibaut: „Allein es wäre zu wünschen, daß der Verfasser auch hier seine geisttödtende Philosophie verleugnet und mehr gedacht, als demonstrirt hätte[30]." Denn das positive Recht ist „lange genug durch widernatürliches Zusammenpressen unter eine seynsollende philosophische Form gemißhandelt" worden[31]. Neben dieser pauschalen, mehr emotionellen als rationalen Kritik an der Methode der Systematiker der älteren Naturrechtsschule Christian Wolffs analysiert Thibaut den methodologisch fehlerhaften Ansatz dieses Denkens: „Sollte denn nicht endlich die Logik auch den Juristen allgemein begreiflich machen können, daß ein bloß abstrahirter Gattungsbegriff aufs höchste nur dazu

---

[27] Ebenda, § 230 b (S. 342).

[28] Thibaut, Versuche I, S. 148.

[29] Thibaut, Theorie der logischen Auslegung des römischen Rechts, 2. Aufl. 1806, S. 37.

[30] Ebenda, S. 82.

[31] Thibaut, Versuche I, S. 150.

dient, verschiedenartige Materialien eine gewisse formale Einheit zu geben, die untergeordneten Theile zusammenzuhalten; und daß wir uns in einem ewigen Zirkel umhertreiben, wenn wir aus abstrahirten Grundsätzen besondere Bestimmungen herleiten, und um die Gründe der Grundsätze einzusehen, wiederum unsere Zuflucht zu den Gründen der abgeleiteten Theile nehmen[32]."

Nach der Darstellung von Thibauts Kritik an den Axiomatikern der Wolffschen Schule ist nun auf seine Vorstellung von einem positiven Rechtssystem einzugehen. Nach ihm muß „ein Rechtssystem den Inhalt der Gesetze darstellen können"[33]. Diese systematische Einheit wird hergestellt, indem die höheren Gattungsbegriffe und Grundsätze eben so wie die niedrigsten, auf höhere Begriffe zurückgeführt, oder aus höheren Grundsätzen abgeleitet werden, diese aus noch höheren usw.[34]. „Das vollkommenste System ist dasjenige, welches einen gegebenen Vorrath isolirter, concreter Begriffe auf die kleinste Anzahl allgemeiner Begriffe zurückführt[35]." Der Jurist muß sich, so Thibaut, mit einem formalen System des positiven Rechts begnügen, ein materielles oder ideales System ist bei dem Zustand der Rechtswissenschaft, der Philosophie und der Gesetzgebung nicht durchführbar. „Allein bey dem Zustande aller bisherigen Gesetzbücher würde die Darstellung in einer materiellen Einheit zu einer völligen Verbildung und Umschaffung des positiven Rechts führen. Der Systematiker muß sich also auf eine formale Einheit beschränken, und das Mannigfaltige des positiven Rechts durch Zurückführung auf Arten und Gattungen möglichst zu vereinfachen suchen[36]." Thibaut ist kein Anhänger des rein systematisch-deduktiven Denkens, speziell die demonstrative Methode lehnt er als weltfremd ab. Er arbeitet nur teilweise mit Deduktionen, überwiegend argumentiert er „aus der Natur der Sache", mit allgemeinen Grundsätzen und Hypothesen und wägt mit Hilfe des gesunden Menschenverstandes dogmatische Alternativlösungen nach Zweckmäßigkeit und Vernünftigkeit ab. Daher ist es unzutreffend, Thibauts philosophische Methode zur Bearbeitung der Rechtswissenschaft mit der systematischen allein zu identifizieren. Sie erschöpft sich nicht in der Bildung eines formalen Rechtssystems, vielmehr ist Teil ihrer Aufgabe, Kritik am bestehenden Rechtszustand zu üben, um Reformen aller Art zu veranlassen.

---

[32] Ebenda, S. 150.
[33] Thibaut, System des Pandekten-Rechts, 5. Aufl. 1818, Bd. 1, § 7 (S. 7).
[34] Thibaut, Juristische Encyclopädie und Methodologie, 1797, § 3 (S. 3).
[35] Thibaut, Versuche I, S. 71.
[36] Thibaut, System des Pandekten-Rechts, 5. Aufl. 1818, § 7 (S. 7).

γ) Die Aufgabe der Philosophie als Teil der Rechtswissenschaft

Thibaut spricht häufig anerkennend von dem Wert der Philosophie. „Die Philosophie muß dem Rechtsgelehrten theuer bleiben, wenn ihm die Cultur und Vollendung seiner Wissenschaft möglich seyn, wenn eine gewisse kraftlose Oberflächlichkeit und Mangel an Schärfe und Penetration des Geistes sich nicht überall unter dem erborgten Gewande einer genievollen Leichtigkeit im Denken einschleichen, nicht allgemein für Geist und Helle des Verstandes gehalten werden sollen[37]." Die philosophische Methode hat für Thibaut drei Aufgaben zu erfüllen:

1. Sie entwickelt durch wahrscheinliche (!) Beweise Gründe, um das „Factum" zu erklären[38].

2. Sie ist ein unmittelbares Hilfsmittel der Interpretation[39].

3. Sie gibt dem Historiker einen Maßstab zur Erkenntnis der Vergangenheit und zu ihrer Bewertung[40].

Trotz seines Engagements für die Philosophie überschätzt Thibaut nicht ihre Möglichkeiten. Weil bis jetzt noch keine Einigung unter den besten philosophischen Köpfen möglich war, „so giebt es überhaupt keine Philosophie, als ein System objectiver Wahrheiten; wir haben nur Meynungen, Glauben, Ahndungen"[41]. Die philosophische Wahrheit ist kaum im Werden begriffen, die Philosophie schwankt, kein Satz ist unbestritten[42]. Es steht für Thibaut außer Zweifel, „daß wir gegenwärtig zu einer vollständigen philosophischen Interpretation, d. h. einer solchen, welche auch die verborgenen Gründe einer positiven Gesetzgebung auszuforschen sucht, schlechterdings unfähig sind[43]. Gegen den rein philosophischen Ausleger wendet Thibaut ein: „Der philosophische Ausleger soll also nicht glauben, daß die bloße trockne Analyse eines metaphysischen Grundsatzes, und die Anwendung desselben auf Gegenstände der Erfahrung ihn allein in den Stand setze, in die Gründe des positiven Rechts einzudringen[44]." Bis es zu einem Fortschritt in der Philosophie kommt, „möchte es dem philosophischen Rechtslehrer wohl

---

[37] Thibaut, Versuche I, S. 131.
[38] Ebenda, S. 139.
[39] Ebenda, S. 159.
[40] Ebenda, S. 163. „Will er (der historische Jurist) daher durch Contraste entdecken, durch Aehnlichkeiten wahrnehmen, so verschaffe er sich erst einen Maßstab, an welchen das positive Recht gehalten werden kann."
[41] Ebenda, S. 127.
[42] Ebenda, S. 168.
[43] Ebenda, S. 172.
[44] Ebenda, S. 172.

nur erlaubt seyn, hin und wieder eine einzelne wahrscheinliche Hypothese zu wagen, um sich für die philosophische Interpretation zu üben,
und ein gewisses Interesse für dieselbe rege zu erhalten; aber eigentlichen regelmäßigen Gebrauch davon zu machen, bevor jene Bedingungen nur einigermaßen erfüllt sind, dieß würde eine nicht zu verzeihende
Uebereilung seyn, und unstreitig mehr zu Verfälschungen, als zur Auf-
hellung des Geistes des positiven Rechts beytragen"[45].

Zusammenfassend: Thibaut ersetzt in vielen Fällen das systematische
Verfahren, die Deduktion, durch das Argumentieren mit dem Topos
„der Natur der Sache"[46] und durch die induktive Methode, indem er,
ähnlich wie Pütter und Reitemeier, mit allgemeinen Grundsätzen und
Hypothesen arbeitet. Es gibt für Thibaut dogmatische Probleme, bei
denen „kein Ausweg" möglich ist, „als daß man einen Grundsatz als
Hypothese aufstellt und darum muß doch wohl demjenigen Grundsatz
der Vorzug eingeräumt werden, welcher wenn sonst nichts im Wege
steht, bey gleichen Möglichkeiten der Vernünftigste ist"[47].

Außerdem hat die philosophische Methode die Funktion, Kritik am
bestehenden Rechtszustand zu üben. Insoweit enthält sie auch ein
naturrechtliches Element. Es ist das Naturrecht der Aufklärungszeit
und der Französischen Revolution, zu dem sich Thibaut bekennt.

Sein Philosophiebegriff ist letzten Endes ein Denken mit dem gesunden Menschenverstand, ohne metaphysische Höhenflüge, orientiert an
den Bedürfnissen der juristischen Praxis und weniger ein Reflektieren,
das in erster Linie auf die Errichtung eines formalen oder materialen
Rechtssystems zielt.

bb) Das Geschichtsverständnis

Thibaut ist Anhänger der pragmatischen Geschichtsschreibung. Er
ist scharfer Kritiker der eleganten Jurisprudenz und der organologischen Geschichtsauffassung der Historischen Rechtsschule, die er für
die Nachfolgerin der „eleganten" Jurisprudenz hält[48].

---

[45] Ebenda, S. 173.
[46] Ebenda, S. 71 und S. 76. Weitere Beispiele für den Gebrauch des Topos
„der Natur der Sache" finden sich in Versuche I, S. 132: „Ich werde die
vorliegende Frage zu entscheiden suchen ... aus der Natur der Sache"; und
Versuche I, S. 156: „... dann hat doch der Philosoph, der über die Natur
der Sache nachdachte, vor allen Dingen eine entscheidende Stimme."
[47] Ebenda, S. 172.
[48] Siehe dazu Kiefner, „A. F. J. Thibaut", SZ Rom. Abt. 77 (1960) S. 312.

α) Die Kritik an der eleganten Jurisprudenz

Er kritisiert an ihr das Fehlen jedes Problembewußtseins in der historischen Forschung, also die Frage nach dem, was wert ist, überliefert zu werden. Über ihre methodologische Hilflosigkeit schreibt Thibaut: „Soll der historische Jurist Rechenschaft von diesen Thatsachen geben, die Gründe derselben raisonnirend und zusammenhängend entwickeln: so wird er vergebens die Hilfsquellen der Geschichte durchsuchen; er wird als reiner Historiker nicht einmal im Stande seyn, auch nur Einen gewissen Schritt zu thun. Denn was will er suchen, welches ist sein Gesichtspunct[49]." „Auf allen Fall aber würde der historische Jurist selbst dann, wenn ihm in dem gegebenen Beyspiel alle Gründe zur Erklärung durch die Geschichte geliefert würden, als solcher niemals diese Gründe auffinden, wenn ihm nicht vorher durch die Philosophie das Problem, dessen Erklärung er versuchen soll, aufgestellt ist[50]." Die Geschichte ist also ohne die Philosophie hilflos. Die Philosophie gibt dem Historiker das Problembewußtsein, stellt ihm die Forschungsaufgabe und gibt ihm die Möglichkeit zu allgemeinen Aussagen. Will der elegante oder antiquarische Jurist Unterschiede in der geschichtlichen Entwicklung wahrnehmen, empfiehlt Thibaut ihm: „so verschaffe er sich erst einen Maaßstab, an welchem das positive Recht gehalten werden kann. Ist dieß geschehen, alsdann mag er versuchen, über die auf diese Weise entdeckten Gegenstände historische Nachforschungen anzustellen[51]." In dieser Kritik Thibauts an der eleganten Jurisprudenz erkennt man schon sein pragmatisches Geschichtsverständnis.

β) Das pragmatische Geschichtsverständnis

Thibaut ist im Gegensatz zu Savigny Anhänger der pragmatischen Geschichtstheorie[52]. Thibaut versteht sich als Historiker, obwohl Savigny ihn zu der nichtgeschichtlichen Rechtsschule zählt. 1815 antwortet Thibaut auf diesen Vorwurf: „Uebrigens kann niemand mehr wie ich, den unschätzbaren Werth einer geistvollen historischen Behandlung des Rechts erkennen, und die Rechtsgelehrten verehren, welche in der neuesten Zeit dieser Behandlungsart wieder Eingang verschafft haben[53]." Dreiundzwanzig Jahre später 1838 schreibt Thibaut ähnlich

---

[49] Thibaut, Versuche I, S. 140.

[50] Ebenda, S. 142.

[51] Ebenda, S. 163.

[52] Ebenda, S. 145, Civilistische Abhandlungen, Heidelberg 1814, S. 433, AcP 21 (1838), S. 417.

[53] Thibaut, Rec. von Savignys Vom Beruf unserer Zeit ..., abgedruckt in Ueber die Nothwendigkeit eines allgemeinen bürgerlichen Rechts für Deutschland, 2. Aufl. 1840, S. 100 und 101.

entrüstet wie 1815: „Es ist die kläglichste Lüge, wenn man mir nach-
sagt, daß ich ein Verächter der Rechtsgeschichte sey[54]."

Die Geschichte ist für Thibaut kein Selbstzweck, sondern Hilfsmittel
für die rechtswissenschaftlich dogmatische Erkenntnis: „Der Rechtsgelehrte soll den Sinn der positiven Gesetze verstehen[55]." Den Geist des
positiven Rechts kann aber der Jurist nur in der Geschichte finden:
„Ohne diesen ist das Gesetzesstudium ein geistloses Auffassen todter
Werke, und die Gesetzeskenntniß ein leeres, unzusammenhängendes
Wissen[56]."

Trotz naturrechtlicher Restbestände in seiner Rechtslehre erkennt
Thibaut den Einfluß der Geschichte, die zu der Verschiedenartigkeit
der Gesetze führt, an. Das ist wohl auf Montesquieu zurückzuführen.
So schreibt Thibaut in Anlehnung an diesen: „Die Beschaffenheit der
Gesetze und der wissenschaftliche Zustand des Rechts hängen aufs
genaueste mit dem Zustand der Staatsverfassung, der Cultur, der Lebensart, des Volkscharakters, der äußeren politischen Verhältnisse
... zusammen[57]."

Die Geschichte ist für Thibaut ein Mittel, „den Gedanken an das
Großartige zu verewigen, und durch das Großartige — die Nation —
aufzufrischen, und zu großen Thaten anzuspornen"[58]. Er teilt die Rechtsgeschichte in innere und äußere ein[59]: „Beyde sind dem Rechtsgelehrten als solchem nur in so fern brauchbar, als das anwendbare Recht
dadurch Licht und Leben erhält[60]."

Thibaut empfiehlt in Anlehnung an Reitemeier eine vergleichende
Universalrechtsgeschichte: „So sollen auch unsere Rechtsgeschichten, um
wahrhaft pragmatisch zu werden, groß und kräftig die Gesetzgebungen

---

[54] Thibaut, AcP 21 (1838), S. 403. Gegen die Einordnung als nichthistorischer
Jurist wendet sich Thibaut auch noch an einer anderen Stelle; „Zuvörderst
muß er (Thibaut) den anzüglichen Namen ungeschichtliche Schule verbitten.
Den denkenden Anhängern dieser Schule ist es nie beigekommen, die
Geschichte zu verachten. Sie haben vielmehr volle Kenntniß der Rechtsgeschichte für unentbehrlich gehalten ..." in „Ueber die Nothwendigkeit
eines allgemeinen bürgerlichen Rechts für Deutschland", 2. Aufl. 1840, S. 121.

[55] Thibaut, Juristische Encyclopädie und Methodologie, 1797, § 139 (S. 227).

[56] Ebenda, § 139 (S. 228).

[57] Ebenda, § 141 (S. 229). Ähnlich schreibt er in Versuche I, S. 145: Wie
unendlich hat nicht die Bearbeitung der Geschichte gewonnen, seit dem wir
unsere Verfassung, den Gang unserer Cultur, unsere Sitten und Gebräuche,
uns selbst von allen Seiten beobachteten, und so versuchten, die Bruchstücke,
der Geschichte aneinander zu reihen, Lücken auszufüllen, aus überlieferten
Begebenheiten auf unbekannte Thatsachen zu schließen ..."

[58] Thibaut, AcP, 21 (1838), S. 410.

[59] Thibaut, Juristische Encyclopädie und Methodologie, 1791, § 140 (S. 228).

[60] Ebenda, § 140 (S. 229).

aller anderen alten und neuen Völker umfassen" und, gegen die Historische Rechtsschule gewandt, fährt er fort, „zehn geistvolle Vorlesungen über die Rechtsverfassung der Perser und Chinesen würde in unsern Studierenden mehr wahren juristischen Sinn wecken, als hundert über die jämmerlichen Pfuschereyen, denen die Intestat-Erbfolge von Augustus und Justianus unterlag"[61]. Thibaut wendet sich gegen eine Rechtsgeschichte, die ausschließlich vergangenheitsbezogen ist und aus der wir nichts für die Zukunft lernen können. Er ist Gegner einer Rechtsgeschichte, die uns die Kraft für die Aufgaben der Zukunft nimmt[62]. Vielmehr fordert er eine Rechtsgeschichte, die Hilfsmittel für die Gesetzesinterpretation ist und mit deren Hilfe dogmatische Probleme gelöst werden können.

γ) Die Kritik am Historismus und Positivismus
der Historischen Rechtsschule

Thibauts Hauptverdienst liegt wissenschaftsgeschichtlich in seiner Kritik, die er an der Historischen Rechtsschule, ihrem Programm und ihren Methoden übt. Er entlarvt ihren Positivismus, ihren Traditionalismus und ihre Furcht vor entscheidenden politischen Veränderungen. Thibaut wirft der Historischen Rechtsschule vor: „Daß man uns doch stets durch das, was war, aber nicht immer so bleiben darf, und wird, widerlegen will[63]." Der Konservativismus der Historischen Rechtsschule führt nach Ansicht von Thibaut letzten Endes dazu, daß „am Ende jede Sünde gerechtfertigt" wird[64]. Gegen den Traditionalismus,

---

[61] Thibaut, Civilistische Abhandlungen, 1814, S. 433.

[62] Thibaut, Rec. von Savignys „Beruf", abgedruckt in Ueber die Nothwendigkeit eines allgemeinen bürgerlichen Rechts für Deutschland, 2. Aufl. 1840, S. 102 und 103: „.. Ich denke daher: haltet die Rechtsgeschichte, und vor allen Dingen die Geschichte des, doch immer vorzüglich bedeutenden römischen Rechts, in den höchsten Ehren, damit philosophische Armuth uns niemals verkleinliche, und damit wir den vielfachen Veranlassungen unseres neuen europäischen Zustandes vertraut bleiben, Allein überschätzt die Geschichte nicht, damit in Ansehung ihrer nicht auch stattfinde, was gewöhnlich das wahre Glück des einzelnen Menschen zerstört, nämlich, daß er in wehmütigen Rückerinnerungen an Zeiten, welche nicht besser waren, als die jetzigen, träumend lebt, und darüber das Gute der Gegenwart übersieht und unbenutzt läßt. Der Rückblick auf die Werke der vergangenen Zeit mag unsere Begriffe schärfen, unsere Einbildungen beleben und veredeln; aber wir müssen Muth und Willen behalten, durch unsere eigne Kraft die wesentlichen Grundlagen unseres Glückes zu schaffen; und erst dann wird es recht mit uns werden, wenn wir das Alterthum, so weit es gewiß ist, also im Großen und im Ganzen uns lebhaft vergegenwärtigen, aber im Uebrigen für die Einrichtung der Wirklichkeit unserer Kraft mit heiterer Zuversicht vertrauen. Und dazu kann uns eigne Geschichte alle Gründe der Aufmunterung geben", namentlich für das Fach des äußeren Rechts."

[63] Thibaut, Versuche I, S. 159.

[64] Thibaut, AcP 21 (1838), S. 408.

der sich in Savignys Rechtslehre zeigt, wendet er ein: „Man thue aber bey dem Verehren des Herkömmlichen der Sache nicht zu viel! Die wuchernden Ortsgebräuche und Gewohnheiten sind nur zu oft bloße Rechtsfaulheit . . .[65]."

Er warnt vor der Einseitigkeit einer rein historischen Betrachtungsweise des Rechts: „Allein überschätzt die Geschichte nicht, damit in Ansehung ihrer nicht auch stattfinden, was gewöhnlich das wahre Glück des einzelnen Menschen zerstört, nämlich, daß er in wehmütigen Rückerinnerungen an Zeiten, welche nicht besser waren als die jetzigen, träumend lebte, und darüber das Gute der Gegenwart übersieht und unbenutzt läßt[66]."

Über Savigny, den Gründer der Historischen Rechtsschule, sagt Thibaut polemisch: „Wahrlich, der Eifer des Verfassers für das Bestehende könnte erinnern an das Predigen Anderer zu Gunsten gewisser altdeutscher Volkstrachten, welche genau besehen, nichts weiter sind, als Geschmacklosigkeiten, welche geschmacklose Vorfahren — den Franzosen — abgelernt hatten[67]." Die Folge der Herrschaft der Historischen Rechtsschule in der deutschen Rechtswissenschaft war, so stellt Thibaut 1838 fest, „ein allmählig eingeschlichenes, mystisches, abgespanntes, kopfhängerisches Wesen"[68].

Im Gegensatz zu Savigny, der die Bedeutung der Geschichte für die Rechtswissenschaft überschätzt, schraubt Thibaut sie auf ihre wirklichen vorhandenen Möglichkeiten zurück. So kann er auch über Savigny spotten: „. . . allein an eine historische Wiedergeburt und Erlösung glaube ich nicht[69]."

cc) Die Vereinigung von philosophischer und historischer Methode

Die positive Rechtswissenschaft kann — so Thibaut — „nur dann vollendet dargestellt werden . . ., wenn der historische Geist sich brüderlich mit dem philosophischen zu diesem Endzweck verbindet"[70]. Philosophie und Geschichte müssen „Hand in Hand gehen"[71]. „Nur durch

---

[65] Thibaut, Ueber die Nothwendigkeit eines allgemeinen bürgerlichen Rechts für Deutschland, 2. Aufl. 1840, S. 60.

[66] Ebenda, S. 102.

[67] Ebenda, S. 124.

[68] Thibaut, AcP 21 (1838), S. 408.

[69] Thibaut, Rec. von Savignys „Beruf", abgedruckt in Ueber die Nothwendigkeit eines allgemeinen bürgerlichen Rechts für Deutschland, 2. Aufl. 1840, S. 101.

[70] Thibaut, Versuche I, S. 132.

[71] Ebenda, S. 142.

eine solche historische, vielleicht hin und wieder mit philosophischen Erklärungsgründen verbundene Entwicklung läßt sich Geist und Leben in das positive Recht bringen . . .[72]."

Historische und philosophische Methode sind also miteinander zu verbinden. Sie ergänzen sich. „Die Geschichte zeigt, daß etwas nicht darum geschah; die Philosophie geht weiter und entwickelt — freilich nur immer durch wahrscheinliche Beweise — aus welchen positiven Gründen das Factum zu erklären ist[73]." „Ohne Philosophie giebt es keine vollendete Geschichte, ohne Geschichte keine sichere Anwendung der Philosophie. Beide fließen als Hilfsmittel der Interpretation mannichfaltig in einander, und bedürfen einer fortgesetzten, wechselseitigen Unterstützung. Der Jurist, dem es um Vollkommenheit zu thun ist, wird daher stets bemüht seyn, beides, gründliche historische Kenntnisse und philosophische Einsichten mit einander zu verbinden: denn der historische Theil der Rechtswissenschaft wird sich nie durch eine scharfe Grenzlinie von dem philosophischen trennen lassen. In jedem derselben sind Lücken, welche nur allein durch das Eingreifen des andern ausgefüllt werden können[74]."

Die Methoden zur Bearbeitung der Rechtswissenschaft sind bei Thibaut die philosophische und die historische. Er kommt damit dem Namen nach zu dem gleichen Ergebnis wie Savigny, für den auch der vollständige Charakter der Rechtswissenschaft auf der Verbindung von historischer und philosophischer Arbeitsweise beruht. Was Thibaut und Savigny trennt, ist ihr unterschiedliches Verständnis von Philosophie und Geschichte. Savigny setzt Philosophie mit Systembildung gleich; Thibaut versteht darunter überwiegend das Denken aus der Natur der Sache und mit dem gesunden Menschenverstand. Geschichte ist für Savigny „organisch", d. h. genetisch, für Thibaut pragmatisch.

c) Die Lehre von der Gesetzesauslegung

Thibaut hat sich in zahlreichen Abhandlungen mit Fragen der juristischen Hermeneutik beschäftigt. Er definiert die Hermeneutik als „ein System von Regeln, nach welchen der Sinn einer jeden Rede bestimmt werden kann"[75]. Thibaut glaubt, daß die juristische Auslegungslehre bisher erst in Ansätzen entwickelt ist. Er stellt bei den Juristen seiner Zeit eine methodologische Verwirrung fest und eine Methoden-

---

[72] Ebenda, S. 150.

[73] Ebenda, S. 139.

[74] Ebenda, S. 174.

[75] Thibaut's Juristischer Nachlaß, herausgegeben von Guyet, Zweiter Band, Römisches Civilrecht, 2. Theil, Hermeneutik und Kritik des römischen Rechtes, § 3 (S. 366).

wahl, die vom Ergebnis her bestimmt ist. „Nichts kann für die Cultur
der Rechtswissenschaft und die Anwendung der Gesetze gefahrvoller
und verderblicher seyn, als das unter den Rechtsgelehrten von jeher
herrschend gewesene Schwanken in Ansehung des Gebrauchs der Regeln der Hermeneutik. Nur wenige Schriftsteller finden sich, welche
bey ihren einmal angenommenen Regeln beharren, und durchaus con-
sequent bey der Anwendung derselben bleiben. Die mehrsten halten
sich an den Grundsatz des Zuträglichen und der Bequemlichkeit, und
bilden sich lieber Regeln nach den Fällen, als daß sie diese nach unwan-
delbaren Principien entscheiden sollten[76].“ Thibaut kennt im Gegensatz
zu Savigny, der vier Methoden der Gesetzesauslegung aufzählt (grammatische, logische, historische und systematische), nur zwei, nämlich
die grammatische und die logische.

Die *grammatische Auslegung* untersucht den Sprachgebrauch oder
Wortverstand[77]. Die ganze grammatische Auslegungskunst beruht für
Thibaut einzig und allein auf der Geschichte, denn „woher sollten wir
sonst die Wortbedeutungen, den Geist der Sprache, die Gegenstände,
von denen die Gesetze handeln, kennen lernen?“[78].

Die *logische* Auslegung hat es allein mit dem Grund des Gesetzes und
der Absicht des Gesetzgebers zu tun[79]. Sie „giebt den Geist der Gesetze
an, und findet diesen theils in demjenigen, was der Gesetzgeber wirklich
dachte, theils in den Gründen der Gesetze. Sie zerfällt also in zwey
Hauptarten: Interpretation nach der Absicht des Gesetzgebers und Interpretation nach den Gründen der Gesetze[80].“ Es ist fraglich, ob
Thibaut zu den Anhängern der subjektiven oder objektiven Auslegungstheorie zu zählen ist. So schreibt er beispielsweise: „Die letztere
(die logische Auslegung) muß entwickeln, was der Gesetzgeber, abgesehen von den Worten des Gesetzes, wirklich gedacht hat oder würde
gedacht haben, wenn er dies oder jenes gehörig erwogen hätte; sie geht
also auf die Ausmittelung der wirklichen oder vermutheten Absicht
des Gesetzgebers[81].“ Einmal stellt Thibaut also darauf ab, was der
Gesetzgeber gedacht hat (subjektive Theorie), das andere Mal, was er
gedacht hätte, wenn er dies oder jenes erkannt hätte (objektive Theorie). Die Unterscheidung, die Thibaut zwischen der Auslegung nach dem

---

76 Thibaut, Versuche I, S. 271.
77 Thibaut, System des Pandekten-Rechts, 1. Band, 1803, 1. Aufl., § 36 (S. 46).
78 Thibaut, Theorie der logischen Auslegung des römischen Rechts, 2. Aufl.,
1806, § 9 (S. 34).
79 Ebenda, § 5 (S. 16).
80 Ebenda, § 6 (S. 22).
81 Thibaut's Juristischer Nachlaß, herausg. von Julius Guyet, Zweiter Band,
Zweiter Theil, Hermeneutik und Kritik des Römischen Rechtes 1842, § 6
(S. 369).

Willen des Gesetzgebers und der nach der ratio legis oder dem Grunde des Gesetzes macht, ist schwer herauszuarbeiten. Thibaut bejaht die Anwendung beider Auslegungsarten, stellt jedoch eine Reihenfolge auf. Die logische Auslegung nach dem Grunde, sofern sie nicht mit der Auslegung nach der Absicht des Gesetzgebers zusammenfällt und außerdem allgemein zulässig ist, geht der Auslegung nach der Absicht vor[82]. Unter ratio legis versteht Thibaut „einen Grund, welcher bisher noch nicht als Gesetz galt, aber nun in der Anwendung ein Gesetz veranlaßte"[83]. Thibaut begreift den Grund des Gesetzes nicht als historischen Anlaß zu einer Gesetzgebung.

„Von einer ratio legis muß man doch wieder genau unterscheiden die occasio legis, d. h. die facta, welche den Gesetzgeber veranlaßten, eine Idee zu fassen und gesetzgebend durchzuführen[84]." Der Begriff der ratio legis oder des Grundes des Gesetzes wird in Thibauts Rechtslehre nur dann plausibel, wenn man ihn als allgemeinen Grundsatz auffaßt, der schon (naturrechtlich) apriori gegeben ist, jetzt aber positiv rechtlich verwirklicht wird[85]. Der Grund des Gesetzes beschränkt sich nicht nur auf die Ursachen und Folgen, die der historische Gesetzgeber erkannt hat, sondern umfaßt auch dasjenige, „was der Gesetzgeber auszudrücken nicht die Absicht hatte, was also ohne die besondere Intention desselben, aus allgemeinen Gründen unter das Gesetz gezogen wird"[86]. Der Jurist darf nur dann die logische Auslegung anwenden, wenn die Absicht des Gesetzgebers oder der Grund des Gesetzes sich aus dem Gesetz selbst ergibt[87]. Denn „was läßt sich nicht erträumen, wenn es darauf ankommt, dem Gesetzgeber Absichten unterzulegen, und wohin würde unsere Gesetzesverfassung gerathen, wenn alles, was man über die Gründe des Gesetzes geträumt hat, wirklich zur Anwendung gebracht würde"[88]. „Die den Worten widerstreitende logische Auslegung nach dem Grunde des Gesetzes ist ... ein wirklicher Act der gesetzgebenden Gewalt, läßt sich also an sich vermöge des Begriffs der richterlichen Gewalt dem Juristen nicht einräumen[89]."

---

[82] Thibaut, Theorie der logischen Auslegung des römischen Rechts, 2. Aufl. 1806, § 29 (S. 125).

[83] Thibaut's Juristischer Nachlaß, herausg. von Julius Guyet, 2. Band, 2. Theil, Hermeneutik und Kritik des römischen Rechts, 1842, § 28 (S. 389).

[84] Ebenda, § 28 (S. 389).

[85] Für diese Auslegung des Grund des Gesetzes spricht auch folgende Äußerung Thibauts in Theorie der logischen Auslegung des römischen Rechts, 2. Aufl., 1806, § 16 (S. 59): „Gesetzgebend verfährt der Regent, wenn er aus Gründen, welche bisher nicht als Gesetze galten, eine Vorschrift ableitet und diese als Gesetz publiciert."

[86] Thibaut, Theorie der logischen Auslegung des römischen Rechts, 2. Aufl. 1806, § 2 (S. 14).

[87] Ebenda, § 9 (S. 27 und 30).

[88] Ebenda, § 9 (S. 36).

Im Gegensatz zu vielen Juristen seiner Zeit geht Thibaut von einer festen Reihenfolge der Auslegungsmethoden aus: Zuerst hat sich der Jurist an die grammatische Auslegung zu halten. „Der Wortverstand ist dasjenige, worauf der Jurist zunächst verwiesen ist, und nur dann kann ausnahmsweise die logische Auslegung angewandt werden, wenn alle Bedingungen derselben eintreten. Sind aber diese vorhanden, so ist das Resultat, welches der Geist der Gesetze ergiebt, unbedingt dem Resultat des Wortverstandes vorzuziehen[90]." Die logische Auslegung nach dem Grunde geht der Auslegung nach der Absicht des Gesetzgebers vor. „Denn die ausdehnende Erklärung, von der hier allein die Rede seyn kann, beruht ja ... auf der Hauptidee, daß der Gesetzgeber zugibt, er habe etwas gedacht, was er nicht hätte denken sollen, und der Jurist sey verpflichtet, aus seiner Erfahrung die beschränkte Ansicht der Gesetzgebung zu verbessern[91]."

d) Würdigung

aa) Thibaut und Kant

Guyet und Landsberg zählen Thibaut zu den Kantianern[92]. Sie stützen ihre Meinung vor allem darauf, daß Thibaut während seines Studiums in Königsberg 1793 Vorlesungen bei Kant gehört hatte. Es findet sich jedoch bei Thibaut im Gegensatz zu zahlreichen anderen Rechtstheoretikern der Jahrhundertwende kaum ein Gedankengang, der auf irgendeine Beeinflussung durch Kant schließen läßt[93]. Thibaut spricht zwar ab und wann von praktischer Vernunft. Das ist aber für die damalige Zeit nichts Ungewöhnliches, denn das Wort praktische Vernunft führt Anfang des 19. Jahrhunderts jeder philosophisch interessierte Laie im Mund. Thibaut erwähnt weder den kategorischen Imperativ, noch übernimmt er den kantischen Rechtsbegriff oder geht auf das Verhältnis von Moral und Recht ein. Er mokiert sich vielmehr über die Juristen und Philosophen, die sich als Kantianer verstehen[94], und gesteht ein, daß er nirgendwo als Kantianer raisonniere[95].

---

[89] Thibaut's Juristischer Nachlaß, herausgegeben von Julius Guyet, 2. Band, 2. Theil, Hermeneutik und Kritik des römischen Rechts, 1842, § 28 (S. 388).

[90] Thibaut, Theorie der logischen Auslegung des römischen Rechts, 2. Aufl. 1806, § 29 (S. 124/125).

[91] Ebenda, § 29 (S. 125 und 126).

[92] Guyet, Thibaut's Juristischer Nachlaß, Band 1, 1841, Vorwort S. VII; und Landsberg / Stintzing, III. Band, 2. Halbband, 1910, S. 73.

[93] Kiefner, SZ Rom. Abt. 77, S. 330.

[94] Thibaut, Versuche I, S. 126.

[95] Ebenda, S. 132.

13 Stühler

bb) *Das Verhältnis zu Savigny*

Zwischen Savigny, dem Gründer der Historischen Rechtsschule, und Thibaut, dem historisch-philosophischen Juristen, bestehen große Unterschiede in ihren Ansichten über politische, rechtspolitische und rechtstheoretische Probleme. Während Savigny immer ein Gegner der Französischen Revolution, der Aufklärung und des Liberalismus war, spricht Thibaut davon, daß nicht alle seine Hoffnungen, die er in die Französische Revolution gesetzt hat, durch die späteren Begebenheiten vernichtet worden sind[96]. Über die Idee der Französischen Revolution äußert sich Thibaut positiv, wenn auch enttäuscht über ihre Entartung: „Allein wer kann verkennen, daß auch große liberale, herrliche Ideen von Anfang bis zu Ende der Revolution mit fortwirkten, und daß diese Ideen den segensreichsten Einfluß würden gehabt haben, wenn nicht die Ueberzahl der Regierenden so unsittlich, und in Beziehung auf Gesetzgebung so ungebildet gewesen wäre[97]." Er wendet sich aber auch gegen die „Abspannung und Kleinmüthigkeit" seiner Zeitgenossen[98]. Als aufgeklärter und weltoffener Denker beklagt er die politische Weltfremdheit des deutschen Bürgertums: „In der That es veranlaßt sehr trübe Gedanken, wenn man täglich sehen muß, wie unsere mehrsten politischen Ansichten auf Träumereien hinausgehen. Man erinnert sich recht etwas Ideales, macht nur die einzige kleine Voraussetzung, daß die Weisen und Gerechten die Vollstreckung besorgen, und dann geht alles in Lust und Freuden von Statten[99]." Politisch muß man Thibaut einen Frühliberalen nennen. Dafür spricht auch sein Vorschlag, ein allgemeines bürgerliches Gesetzbuch zu erlassen. Im Gegensatz zu Savigny, der ausschließlich auf den Erkenntniswert der Geschichte vertraut, bekennt sich Thibaut zu vernünftigem Handeln. „Der Verstand wird und muß immer der letzte und einzige Probierstein bleiben[100]." „Nichts thut uns so sehr noth, als daß die Gewalt des regen Verstandes wieder herrschend unter uns werde[101]." Interessant ist die unterschiedliche Wortwahl bei Thibaut und Savigny. Das was

---

[96] Thibaut, AcP 21, S. 406.

[97] Thibaut, Rec. von Rehberg, Ueber den Code Napoleon und dessen Einführung in Deutschland, abgedruckt in Ueber die Notwendigkeit eines allgemeinen bürgerlichen Rechts für Deutschland, 2. Aufl., 1840, S. 60.

[98] Thibaut, Rec. von Savignys „Beruf", abgedruckt in Ueber die Nothwendigkeit eines allgemeinen bürgerlichen Rechts für Deutschland, 2. Aufl. 1840, S. 94.

[99] Thibaut, Rec. von Pfeiffers Ideen zu einer neuen Civilgesetzgebung für deutsche Staaten, abgedruckt in Ueber die Nothwendigkeit eines allgemeinen bürgerlichen Rechts für Deutschland, 2. Aufl. 1840, S. 111.

[100] Ebenda, S. 122.

[101] Ebenda, S. 122.

Thibaut als Vernunft meint, ersetzt Savigny durch den Terminus Willkür[102].

Rechtspolitisch strebt Thibaut eine Reform des positiven Rechtsstoffs durch Kodifikation an und nicht durch die Rechtswissenschaft selbst, wie es Savigny vorschlägt. Sein Handeln begründet Thibaut so: „Das Volk hat lange genug für die Probestücke der Professoren und Advokaten gelebt und Niemand wird ihm die Ueberzeugung geben, daß seine historischen Freunde zu irgend einer Zeit dem Vaterlande eine weise und einfache Rechtsverfassung erringen werden[103]." Die Folgen davon, daß Savignys Reformvorschläge in Deutschland sich durchsetzten, war praxisfernes Professorenrecht. Thibaut hingegen fordert ein bürgerliches Gesetzbuch, das die Bedürfnisse des Volkes berücksichtigt[104]. „Betrachten wir nun aber noch das Recht in seinem innern Seyn und Wesen, so muß sich dem Unpartheyischen von selbst die Ueberzeugung aufdringen, daß ein weises, tief durchdachtes, einfaches und geistvolles Gesetzbuch gerade dasjenige ist, was der Deutsche Bürger zu seiner Stärkung und Erhebung unentbehrlich bedarf, damit die politische Zersplitterung und die mit derselben unzertrennlich verknüpften Kleinlichkeiten ein tüchtiges Gegengewicht erhalten[105]."

In ihrer Rechtstheorie gehen Thibaut und Savigny von einer historischen und philosophischen Methode zur Bearbeitung der Rechtswissenschaft aus, dennoch bestehen große Unterschiede. Savigny ist Anhänger des organologischen Geschichtsverständnisses, das nur die Kulturgeschichte als Geschichte begreift, Thibaut hingegen bekennt sich zur pragmatischen Geschichtsschreibung, die auch sozialgeschichtlich, zumindest nach ihrem Programm, orientiert ist. Die pihlosophische Methode ist bei Savigny identisch mit der systematischen: bei Thibaut ist sie problemorientiertes Denken mit dem Topos „der Natur der Sache", argumentieren mit allgemeinen Grundsätzen und enthält naturrechtliche Elemente.

---

[102] Hattenhauer spricht auf S. 35 der Einleitung zu „Thibaut und Savigny — Ihre programmatischen Schriften", 1973 davon, daß Savigny die Philosophie der Aufklärung haßte.

[103] Thibaut, Rec. von Gönner, Ueber Gesetzgebung und Rechtswissenschaft in unserer Zeit, abgedruckt in Ueber die Nothwendigkeit eines allgemeinen bürgerlichen Rechts für Deutschland, 2. Aufl. 1840, S. 124.

[104] Thibaut, Ueber die Nothwendigkeit eines allgemeinen bürgerlichen Rechts für Deutschland, 2. Aufl. 1840, S. 23 und 24: „Aber ich behaupte noch mehr; eure beste Gelehrsamkeit hat für das bürgerliche Wesen den wahren ächten juristischen Sinn von jeher nicht belegt, sondern getödtet ... Man vergleiche nur die Anwälte in England, wo man durch Römische Antiquitäten wenig geängstigt wird, mit unseren belobten Rechtsfreunden."

[105] Ebenda, S. 34.

13*

cc) *Thibauts Leistungen*

Thibauts rechtstheoretische Verdienste beruhen nicht in der expliziten Formulierung des Schulprogramms der historisch-philosophischen Richtung, sondern in einer scharfen und zutreffenden Kritik an dem Programm der Historischen Rechtsschule, deren immanenten Positivismus und Historismus er entlarvte. Die Flucht der deutschen Zivilrechtswissenschaft in die politische Romantik konnte er nicht verhindern. Das lag sicherlich auch daran, daß das Bürgertum politisch zu unbedeutend und daher ohnmächtig war, um die Kodifikation gegen den Willen der deutschen Fürsten durchzusetzen und damit Thibauts und nicht Savignys rechtspolitischen und rechtstheoretischen Vorstellungen zum Siege zu verhelfen. Thibaut fühlte sich nie als „der Reformer" der Rechtswissenschaft. Bei ihm kommt es nicht wie bei Savigny zu einem Traditionsbruch in der Wissenschaftsgeschichte. Zu sehr achtet er die Leistung der Juristen (der Praktiker) des 18. Jahrhunderts. Als historisch-philosophischer Jurist ist Thibaut frei von den Schwächen der Historischen Rechtsschule und kann deshalb die Bearbeitung von Rechtsgebieten fordern, wie die der Rechtsvergleichung, die von der Historischen Rechtsschule total vernachlässigt worden sind.

6. Paul Johann Anselm von Feuerbach
(1775 - 1833)

Feuerbach ist neben Thibaut der führende Kopf der historisch-philosophischen Richtung. Berühmt wurde er durch seine strafrechtlichen und strafprozessualen Schriften. Er hat als erster den Allgemeinen Teil der Strafrechtswissenschaft entwickelt und ist Vater des bayrischen Strafgesetzbuches von 1813. Weniger bekannt sind seine rechtstheoretischen Arbeiten. Die allgemeine Unkenntnis der rechtsmethodologischen Schriften Feuerbachs in der Rechtsgeschichte der Bundesrepublik Deutschland mag darauf beruhen, daß diese fast ausschließlich von Zivilrechtlern gelehrt wird, die für die Geschichte des Strafrechts und des öffentlichen Rechts nicht das gleiche Interesse aufbringen, wie für die des Zivilrechts.

Rechtstheoretische Äußerungen Feuerbachs finden wir vor allem in vier Aufsätzen: Der Landshuter Antrittsvorlesung von 1804 „Über Philosophie und Empirie in ihrem Verhältnis zur positiven Rechtswissenschaft"[1], der Vorrede zu Unterholzners juristischen Abhandlun-

---

[1] Abgedruckt in „Theorie der Erfahrung in der Rechtswissenschaft", eingeleitet von Klaus Lüderssen, 1968.

gen von 1810 „Blick auf die teutsche Rechtswissenschaft"[2], der Kritik an
Savignys Schrift „Vom Beruf unserer Zeit ..." unter dem Titel „Einige
Worte über historische Rechtsgelehrsamkeit und einheimische deutsche
Gesetzgebung" (Vorrede zu Nepomuk Borsts Schrift „Über die Beweis-
last im Civilprozeß", Leipzig 1816)[3] und im biographischen Nachlaß das
Kapitel „Idee und Nothwendigkeit einer Universaljurisprudenz"[4].

a) Die Kritik an dem Zustand der Jurisprudenz
Ende des 18. und Anfang des 19. Jahrhunderts

1804 teilt Feuerbach die deutsche Rechtswissenschaft in zwei Schulen
ein: die elegante Jurisprudenz und die philosophische Rechtsgelehrsamkeit.

aa) Die elegante Jurisprudenz

Sie bearbeitet die Jurisprudenz ausschließlich mit Hilfe einer histo-
risch-philologischen Methode. Der historische oder elegante Jurist,
„wohnt allein auf dem Felde der Geschichte, Kritik und Literatur, in
gleicher Entfernung von der Philosophie wie von der Praxis: ihm ist die
Frage, was ist einst Recht gewesen, weit wichtiger als das Problem: was
ist jetzt als Recht gültig? die Phrase eines alten Klassikers weit lieber
als sein eigener Gedanke; ..."[5]. Die eleganten Juristen achten nur das
Positive, über dem Gegebenen erkennen sie nichts höheres an, Philosophie ist für sie eine Torheit[6]. Feuerbach räumt ein, daß die elegante
oder antiquarische Jurisprudenz manch Treffliches geleistet hat, in dem
sie den älteren usus modernus durch Quellenforschung zu reinigen
versucht hat; er fügt jedoch kritisch hinzu: Es „ist doch nicht zu läug-
nen, daß ein gewisser Pedantismus, ein Geist der Kleinlichkeit und
des Ungeschmacks einheimisch und vorherrschend in ihr geworden ist.
Nur zu oft behandelte sie das Mittel als den einzigen und letzten
Zweck, häufte Schätze an und ließ sie ungebraucht oder hob Kieseln auf
und ließ Perlen liegen, vergötterte den Buchstaben und tötete den Geist,
trug Steine zusammen und schliff daran fort und fort, ohne zu denken,
was daraus werden sollte[7]." Faßt man Feuerbachs Kritik zusammen, so

---

[2] Hier zitiert nach Anselm von Feuerbach, Kleine Schriften vermischten
Inhalts, 1833.
[3] Hier zitiert nach Anselm von Feuerbach, Kleine Schriften vermischten
Inhalts, 1833.
[4] Biographischer Nachlaß von Anselm von Feuerbach, Hrsg. von Ludwig
Feuerbach, 1853.
[5] Feuerbach, Über Philosophie und Empirie in ihrem Verhältnis zur
positiven Rechtswissenschaft, S. 62.
[6] Ebenda, S. 61.
[7] Feuerbach, Blick auf die teutsche Rechtswissenschaft, S. 158.

wirft er der eleganten Jurisprudenz vor, kein Problembewußtsein bei ihrer Forschungstätigkeit zu besitzen, die Quellenforschung als Selbstzweck ohne rechtspolitisches und rechtsdogmatisches Interesse zu betreiben, letztlich fehle jegliche philosophische Fragestellung, die für die historische Forschungstätigkeit notwendig sei.

bb) Die „philosophische" Rechtswissenschaft

Zu den philosophischen Rechtsgelehrten zählt Feuerbach die Wolffianer und die kantischen Naturrechtslehrer. Er macht bei seiner Kritik an ihnen keinen Unterschied. Über die reinen Systematiker, die Wolffianer, schreibt er: „Als die Philosophie, eigentlich seit Wolff zuerst, auf dem Boden der Jurisprudenz Besitz zu nehmen versuchte, stellte sie sich bescheiden als Gehilfin des Rechtsgelehrten und als Dienerin der Gesetze dar. Was unsicher bloß in der Erfahrung schwankte, wollte sie fest an die Gewißheit ewiger Wahrheiten knüpfen ...;[8]." Er fügte hinzu: Aber bald verließ die Philosophie ihre Rolle als Dienerin der Gesetze. Sie wurde jedoch nicht beachtet, da ihre Demonstration nichts als ein loses Gewebe von Begriffen war, das weder neue Wahrheiten gab, noch die alten befestigte[9]. Aber auch die Kantianer begingen nach ihm den gleichen Fehler. Durch die kantische Revolution ermuntert, trat die Philosophie mit noch größeren Ansprüchen an die Rechtswissenschaft. „Sie wollte nicht Freundin, sondern Gebieterin der Rechtswissenschaft sein; sie wollte nicht bloß lehren, sondern herrschen, nicht bloß Gesetze erleuchten und erklären, sondern selbst Gesetze geben, und schon gegebene, kraft Vollmacht ewiger Vernunft, vernichten ... Das Positive lag als verächtliche Materie zu ihren Füßen und ward zertreten, sobald es nicht zu ihren Formen sich bequemte[10]." Das ist jedoch nicht, so Feuerbach, die wahre Aufgabe der Philosophie. Sie ist, sofern sie sich in die Grenzen einer positiven Wissenschaft begibt, nicht schaffend, sondern nur bildend. „Sie ist da gebunden an einen gegebenen Stoff. Sie kann diesen formen, nach Ideen gestalten und geistig beleben; aber sie kann ... die Materie selbst weder hervorbringen, noch ihr etwas nehmen von dem, was sie ursprünglich in sich selber hat[11]."

Viele Juristen glaubten, sich des Ehrennamens „philosophische Rechtsgelehrte" bedienen zu können, „je mehr sie durch Verachtung eines vermeintlich gemeinen Wissens und durch Überschreitung der

---

8 Ebenda, S. 159.
9 Ebenda, S. 159.
10 Ebenda, S. 160.
11 Ebenda, S. 159 und 160.

Schranken des Positiven ihre wissenschaftliche Erhabenheit zu beglaubigen vermochten"[12]. Sie glaubten, „weil alle positive Gesetzgebung
nicht zuletzt ausgehe und begründet werde von der Rechtsgesetzgebung
der Vernunft, so müsse die Philosophie, als die Repräsentantin der
Vernunft, auch in dem Positiven den Primat vor dem Positiven behaupten, und der Rechtsgelehrte als solcher nicht bloß durch die
Philosophie in dem Positiven, sondern auch als Selbstgesetzgeber über
das Positive herrschen"[13]. Sie „verdrängten das förmlich geltende Recht
durch das philosophisch Gültige, preßten das Positive in die Formen
selbstgemachter oder ... in die Schrauben erlernter Theorien und
warfen den Stoff, wenn er zu spröde war, um sich zu biegen, ohne zu
brechen, unter mitleidigem Klagen über den Rest veralteter Barbareien
und in stolzem Triumph über das Licht der besseren Tage, verachtend
auf die Seite"[14]. Feuerbachs Kritik gipfelt in dem Satz: „Eine solche
philosophische Jurisprudenz proclamirte unter dem Namen von Vernunftherrschaft die Anarchie der Vernunft und drohte zugleich, unter
dem Scheine ewiger Wissenschaft, allem ächtwissenschaftlichen Geist
den Tod[15]." Letztlich wirft Feuerbach den philosophischen Rechtsgelehrten vor, also der naturrechtlich-systematischen Richtung, daß sie
die Eigenständigkeit der positiven Rechtswissenschaft verkennen[16] und
die Geschichte verachten und vernachlässigen.

An seinen Einwendungen gegenüber den eleganten und den philosophischen Rechtsgelehrten zeigt sich sein Anliegen, die positive Rechtswissenschaft durch die Vereinigung von Empirie und Philosophie zu begründen[17]. Bevor die Autonomie der positiven Rechtswissenschaft behandelt wird, sollte aber die Voraussetzung ihrer erfolgreichen Emanzipation vom materialen Naturrecht, nämlich Feuerbachs formales
Naturrechtsverständnis, dargestellt werden.

---

[12] Feuerbach, Über Philosophie und Empirie in ihrem Verhältnis zur
positiven Rechtswissenschaft, S. 63.

[13] Ebenda, S. 63 und 64.

[14] Ebenda, S. 64.

[15] Feuerbach, Blick auf die teutsche Rechtswissenschaft, S. 160.

[16] Feuerbach, Über Philosophie und Empirie in ihrem Verhältnis zur
positiven Rechtswissenschaft, S. 64; diese Eigenständigkeit der positiven
Rechtswissenschaft zeigt sich in folgendem Satz: „Es gilt ja die Bearbeitung
der positiven Rechtswissenschaft; also darf bei ihr über dem Positiven nicht
das Rechtliche, über dem Rechtlichen nicht das Positive übersehen werden.
Als Rechtswissenschaft ist sie befreundet und verschwistert mit der Philosophie, als positive Wissenschaft ist sie gebunden an das freundliche,
heitere Leben der Erfahrung. ..." (ebenda, S. 64 und 65).

[17] Für diese These folgendes Zitat: „Nur erst dann mag eine vollkommene
allseitige Bildung der Jurisprudenz gedeihen, wenn Philosophie, Alterthumskunde und Geschichte zugleich auf ihrem Gebiete einheimisch geworden
sind, und in verständig abgemessener Wirksamkeit, jede an ihrem Theil,
zu gemeinschaftlichen Zwecke wirken." Feuerbach, Blick auf die teutsche
Rechtswissenschaft, S. 161.

b) Das formale Naturrechtsverständnis

Feuerbach definiert das Naturrecht als „die Wissenschaft der durch die Vernunft gegebenen und durch die Vernunft erkannten Rechte der Menschen"[18] oder an anderer Stelle „als das System der durch Gesetzgebung der Vernunft bestimmten Rechte des Menschen, also derjenigen Rechte, welche ihm kraft seiner vernünftigen Natur zukommen und aus reinen Vernunftgründen erkannt werden"[19].

aa) Der Naturrechtsgedanke beim jungen Feuerbach

In den Frühschriften Feuerbachs ist noch nicht erkennbar, ob er später für ein formales oder materiales Naturrechtsverständnis sich entscheiden wird. Für das erstere spricht sein Gesetz der Gerechtigkeit und sein erster Grundsatz des Naturrechts, die beide inhaltsleer sind. Das Gesetz der Gerechtigkeit fordert: „Ich solle mit meinem Freiheitsgebrauch dem Freiheitsgebrauch anderer vernünftiger Wesen keinen Abbruch thun[20]." Der Grundsatz des Naturrechts lautet: „Ich habe zu alle dem ein Recht, wodurch ich ein anderes vernünftiges Wesen, nicht als willkürliches Mittel zu beliebigen Zwecken behandele. Negativ: Ich habe zu alle dem kein Recht, wodurch ich ein anderes vernünftiges Wesen als beliebiges Mittel zu beliebigen Zwecken behandele[21]."

Ein Anzeichen für ein materielles Naturrechtsdenken des jungen Feuerbach ist der Versuch, die Menschenrechte aus der Vernunft des Menschen und seiner Menschenwürde herzuleiten. „Wir müssen einen Codex unserer Menschenrechte haben, oder für die Menschheit ist kein Heil zu hoffen[22]." Diese Menschenrechte schränken die Staatsgewalt ein. „Ich habe Rechte wider den Staat; ich habe das Recht, von ihm zu fordern, daß er mich nicht in meinen Rechten kränke[23]." Im Gegensatz zu Kant bejaht Feuerbach das Bestehen eines Widerstandsrechts[24]. Er be-

---

[18] Feuerbach, Kritik des natürlichen Rechts als Propädeutik zu einer Wissenschaft der natürlichen Rechte, 1796, S. 31.

[19] Feuerbach, Idee und Nothwendigkeit einer Universaljurisprudenz, S. 379.

[20] Feuerbach, Kritik des Natürlichen Rechts, S. 137. Im Anti-Hobbes von 1798, S. 13, definiert Feuerbach das Gesetz der Gerechtigkeit so: „Der Gebrauch der Freiheit eines vernünftigen Wesens darf dem Gebrauche der Freiheit jeden andern vernünftigen Wesen nicht widersprechen."

[21] Feuerbach, Kritik des natürlichen Rechts, S. 294 u. 295.

[22] Ebenda, S. 235.

[23] Ebenda, S. 28.

[24] Feuerbach, Anti-Hobbes oder über die Grenzen der höchsten Gewalt und das Zwangsrecht der Bürger gegen den Oberherrn, 1798, S. 291 bis 300. Erik Wolf verwechselt dies. Nicht Feuerbach, sondern Kant (Metaphysische Anfangsgründe der Rechtslehre, S. 320) spricht sich gegen das Widerstandsrecht aus. (Große Rechtsdenker der deutschen Geistesgeschichte, 4. Aufl. 1963, S. 550.)

gründet es weder durch die Geschichte noch durch die Erfahrung, sondern durch die reine praktische Vernunft des Menschen.

Auch wenn es nicht eindeutig feststellbar ist, ob Feuerbach schon in seinen Frühschriften das Naturrecht als formal, leer und ohne Inhalt begreift, so ist ersichtlich, daß er von einem Naturrecht ausgeht, das von der Moral scharf unterschieden ist und keinen empirischen Inhalt enthält. „Das Naturrecht aber ist eine Vernunftwissenschaft, sie holt ihre Sätze nicht erst aus der Erfahrung her, sie leitet sie aus reinen Grundsätzen apriori ab[25]." Feuerbach leitet sein Naturrecht nicht, wie die meisten Juristen und Philosophen seiner Zeit, aus dem Sittengesetz ab. Das Recht ist nicht durch die Sinnlichkeit bedingt, es ist durch die reine Vernunft gegeben. Da das Recht ein sich auf den Willen beziehender praktischer Gegenstand ist, „und die Vernunft, in wie ferne sie dem Willen etwas bestimmt, praktische Vernunft heißt, so ist das Recht das Produkt der reinen praktischen Vernunft"[26]. Der innere Charakter des Rechts „besteht in einer praktischen Möglichkeit; nicht in einer moralischen, sondern in einer juridischen, durch das eigenthümliche Rechte gebende Vermögen der Vernunft bestimmten Möglichkeit. Es besteht in einem Erlaubtseyn, ... das durch die juridische Funktion der Vernunft positiv bestimmt wird"[27].

bb) Das Naturrecht im Denken des älteren Feuerbach (ab 1800)

Je weiter sich Feuerbach von der kantischen Transzendentalphilosophie entfernt und je mehr er sich der Empirie öffnet, um so formaler wird sein Naturrechtsverständnis. Bedingt ist diese Entwicklung durch seinen Versuch, eine autonome positive Rechtswissenschaft zu konstituieren.

α) Die Kritik am materialen Naturrecht

Die materialen Systeme des Naturrechts sind mißlungen. „Die Meinung, als wenn die Vernunft, außer der bloßen Idee der Gerechtigkeit, auch noch ein ganzes System von Rechtsgesetzen in sich fasse; die Vorstellung von der Wirklichkeit einer Rechtsgesetzgebung, welche unabhängig von aller Erfahrung mit allgemein geltender Nothwendigkeit gebiete ... diese Meinungen waren nichts anders, als eben viele

---

[25] Feuerbach, Kritik des natürlichen Rechts, S. 42.

[26] Ebenda, S. 243.

[27] Ebenda, S. 260. Zu Feuerbachs Rechtsbegriff ausführlicher Gallas, P. J. Feuerbachs „Kritik des natürlichen Rechts", Heidelberger Sitzungsbericht Phil. Hist. Kl. 1964/1.

Grundirrthümer, welche selbst die Idee einer Rechtsphilosophie in ihren Elementen zerstörten[28]."

Der Wert einer Naturrechtswissenschaft wird für Feuerbach schon deshalb verdächtig, weil ihre als scheinbar allgemeingültig ausgesprochenen Rechtsgesetze nur bei den allerwenigsten Völkern gelten, nämlich nur bei den europäischen. Es könnte daher der Eindruck entstehen, als ob der europäische Verstand mit der Weltvernunft identisch sei[29].

Es ist ferner auffallend, „daß die Gegenstände und Lehren unserer Naturrechte mit einem gewissen europäischen Rechte die auffallende Aehnlichkeit engster Verwandtschaft haben, während kaum die leiseste Spur einer Rücksichtnahme auf Rechtsgegenstände oder Rechtsbestimmungen anderer, zumal außereuropäischer Völker darin wahrzunehmen ist. Unsere Naturrechte haben ganz das Ansehen eines auf eine geistige Retorte gebrachten römischen Rechts[30]."

β) Das formale Naturrecht im Rechtsdenken Feuerbachs

Zwar lehnt Feuerbach die Möglichkeit eines inhaltlichen Naturrechts ab, jedoch bejaht er das Bestehen eines formalen Naturrechts, der Gerechtigkeitsidee: „Unabhängig von aller positiven Gesetzgebung liegt in der menschlichen Natur als die letzte Quelle aller Rechte und aller Verbindlichkeiten das Gesetz der Vernunft, das wir vorzugsweise das Rechtsgesetz nennen", es ist „ewig wie die Vernunft selbst, frei von dem Wechsel der Erfahrung, Gesetz aller Gesetzgebung"[31]. Dieses Rechtsgesetz ist zwar allgemeingültig, aber nicht allgemeingeltend[32], weil es nicht von allen Menschen als geltend anerkannt wird. „In dem Gesetze des Rechts erkenne ich noch nicht die Rechte selbst, in ihm habe ich nur das Prinzip und das Kriterium ihrer Erkenntnis; die Frage: worin besteht das rechtliche überhaupt[33]?" Der Inhalt des Rechtsgesetzes, das die Vernunft in sich selbst findet, lautet: Es soll ein rechtlicher Zustand unter den Menschen sein[34]! Feuerbach charakterisiert ihn: In ihm ist das Gebot verwirklicht, „jeder soll den Gebrauch seiner äußern Freiheit auf die Bedingung beschränken, daß derselbe

---

[28] Feuerbach, Blick auf die teutsche Rechtswissenschaft, S. 167.

[29] Feuerbach, Idee und Nothwendigkeit einer Universaljurisprudenz, S. 385.

[30] Ebenda, S. 385.

[31] Feuerbach, Über Philosophie und Empirie in ihrem Verhältnis zur positiven Rechtswissenschaft, S. 65.

[32] Ebenda, S. 65.

[33] Feuerbach, Über Philosophie und Empirie in ihrem Verhältnis zur positiven Rechtswissenschaft, S. 68.

[34] Feuerbach, Blick auf die teutsche Rechtswissenschaft, S. 168.

mit dem Gebrauch der Freiheit aller übrigen zusammen bestehen könne"[35].

Dieses Rechtsgesetz ist unbestreitbar und gültig, aber „was giebt und schafft diese Formel? Sie selbst für sich allein wenig oder nichts; Bedeutung und wahren Inhalt gewinnt sie erst durch das, was man außen in sie hineinlegt. Und fürwahr, dieses Behältnis ist geräumig genug; dasselbe läßt sich mit edlen Metallen wie mit Staub und Steinen füllen und ist diesen wie jenen bequem[36]." Das Rechtsgesetz ist also leer und ausfüllungsbedürftig. Es stellt als Inbegriff des rechtlichen Zustandes die reine Form des Rechts, aber nicht den empirischen (positiven) Stoff dar. Die reine Form des Rechts, man fasse sie wie man wolle, ist immer nur negativ, woraus nie etwas Positives kommen mag, daher ist sie leer an allem eigentlichen Inhalt[37]. Aus dem reinen Vernunftgesetz können keine wirklichen Rechte hergeleitet werden. Zwar mag aus reinen Gesetzen der Vernunft gezeigt werden, welche Rechte möglich sein können, niemals aber können reine Vernunftgesetze wirkliche Rechte geben[38]. Das beruht darauf, daß ein gültiges, aber nicht geltendes Recht, nur ein mögliches, aber kein wirkliches Recht ist. Ein reines Vernunftgesetz ist, weil seine Anerkennung und seine Erkenntnis nur in seinem Selbstbewußtsein ruht, immer bloß ein Gesetz des Gewissens, welches eine äußere Gesellschaftsordnung, zu welcher das Recht gehört, nicht hervorzubringen vermag[39]. Um die allgemeine Geltung der Rechte zu erzielen, ist eine Tat der gesellschaftlichen Wirklichkeit notwendig: der staatliche Gesetzgebungsakt. Denn soll das Rechtsgesetz als bloßes Vernunftgesetz, das den rechtlichen Zustand als

---

[35] Feuerbach, Idee und Nothwendigkeit einer Universaljurisprudenz, S. 388. Auch Ludwig Heinrich Jakob, Philosophische Rechtslehre oder Naturrecht, Halle 1795, bekennt sich zu einer formalen Naturrechtslehre, die er aus einer formalen Kantinterpretation gewinnt: „Ein Recht heißt rein, wenn in demselben von allem Unterschied der Materie oder des Inhalts abstrahirt, und die Materie überhaupt blos durch die Form des Rechts (§ 29) bestimmt ist: Wenn es also ein oberstes Rechtsprincip gibt; so kann dieses kein anderes als ein formales, d. h. ein solches seyn, in welchem die Form des Rechts das allgemeine reale Kennzeichen des Rechts ist, und das was Recht ist, bestimmt."

[36] Feuerbach, Idee und Nothwendigkeit einer allgemeinen Universaljurisprudenz, S. 388.

[37] Feuerbach, Blick auf die teutsche Rechtswissenschaft, S. 169; siehe auch folgende Äußerungen Feuerbachs: „Eine Form, wie die dem Naturrecht zum Grunde gelegte Rechtsform, hat, eben weil sie Form ist, noch keinen Inhalt; ihren Inhalt muß sie erst von aussenher empfinden." (Idee und Nothwendigkeit einer Universaljurisprudenz, S. 393). Und „Nirgends tritt das Wesen unserer formellen Naturrechte, ihrer Leerheit und ihres fruchtlosen Bemühens, aus Luftschichten Wohnungen zu bauen, so handgreiflich vor Augen, als bei der Erbfolge ... (ebenda, S. 390).

[38] Feuerbach, Idee und Nothwendigkeit einer Universaljurisprudenz, S. 387 und 388.

[39] Ebenda, S. 387.

solchen postuliert, in der Wirklichkeit herrschen, so muß es aus dem Reiche der Vernunft in das Reich der Erfahrung, aus der intelligiblen Welt in die Welt der Sinne hinübergetragen werden; „es muß aus einem Vernunftgesetz in ein Positivgesetz, aus einem Gegenstande der Philosophie in ein Objekt des positiven Wissens verwandelt und so die Gerechtigkeit vom Himmel herab auf die Erde in die Versammlung der Menschen eingeführt werden"[40]. Erst im positiven Recht verwirklicht sich das formale Gebot des Rechtsgesetzes, es soll ein rechtlicher Zustand herrschen. Aus der reinen Form des Rechts, die inhaltsleer ist, wird die Materie oder der Stoff des Rechts, das positiv geltende Recht.

c) Normativismus oder Positivismus im Rechtsdenken Feuerbachs

Da Feuerbach das Naturrecht nur für eine formale, leere und deshalb ausfüllungsbedürftige Idee der Gerechtigkeit hält, dessen Inhalt nur in der Forderung besteht, es solle ein rechtlicher Zustand bestehen, ohne zu sagen, wie dieser rechtliche Zustand aussehen soll, könnte man annehmen, Feuerbach wäre neben Gustav Hugo der Vater des reinen Positivismus in der deutschen Rechtswissenschaft. Dafür spricht auch, daß er 1810 über Hugo schreibt: Seine Rechtsphilosophie, die in einem anderen als im bloß metaphysischen Sinne geschrieben sei, verdiene „Aufmerksamkeit, Achtung und Dank"[41].

Obwohl Feuerbach Anhänger eines formalen Naturrechtsverständnisses ist und sein Rechtsgesetz ausfüllungsbedürftig ist, ist es unrichtig, ihn als Positivisten abzustempeln. Zwar erhält jeder Rechtssatz, unabhängig von seinem Inhalt, seine Geltungskraft allein durch den staatlichen Rechtssetzungsakt. Aber Feuerbach unternimmt den Versuch, mit Hilfe der Rechtsphilosophie, die er auch Rechtspolitik oder „Rechtsweisheitslehre" nennt, die „gerechtesten" Gesetze für ein bestimmtes Volk zu einer bestimmten Zeit aufzufinden. Weiterhin dient die Rechtsphilosophie dazu, die große Kluft, die zwischen dem formalen Rechtsgesetz und dem positiven Recht besteht, zu überwinden. „Die Rechtsweisheitslehre ... soll den Übergang von dem Naturrecht zu der positiven Rechtswissenschaft bereiten, indem sie die Darstellung der (aus der Erfahrung abgeleiteten) Bedingungen und Mittel zur wirklichen Geltendmachung des durch die Vernunft geforderten rechtlichen Zustandes zur Aufgabe hat[42]." Die große Frage für Feuerbach ist, „wie,

---

[40] Feuerbach, Über Philosophie und Empirie in ihrem Verhältnis zur positiven Rechtswissenschaft, S. 65 u. 66.

[41] Feuerbach, Blick auf die teutsche Rechtswissenschaft, S. 170.

[42] Feuerbach, Idee und Nothwendigkeit einer Universaljurisprudenz, S. 379; Feuerbach teilt hier die gesamte Rechtswissenschaft, in Naturrecht, Rechtsphilosophie und positive Rechtswissenschaft ein.

d. h. auf welche Art und durch welche Mittel jene Idee von einem
Rechtszustand in der Wirklichkeit darzustellen sei? Diese Fragen be-
stimmen Aufgabe, Inhalt und Zweck der Rechtsphilosophie[43]." Die
Rechtsphilosophie muß notwendigerweise, um diese Frage zu beantwor-
ten, das Gebiet metaphysischer Spekulationen verlassen und in das
Gebiet der Erfahrung hinüberwechseln[44]. Demnach stützt sich die
Rechtsphilosophie als empirische Wissenschaft auf Anthropologie und
Rechtsvergleichung. Sie untersucht mit Hilfe dieser beiden Wissenschaf-
ten die Bedingungen der Gesetze, die den gesellschaftlichen Zuständen
am besten entsprechen.

Der Inhalt der Rechtsphilosophie wird zunächst bestimmt durch die
Idee der Menschheit überhaupt[45]. Ihre höchste Aufgabe ist es, eine
positive Rechtsordnung darzustellen, „welche mit der menschlichen
Natur, und (weil dies das Wesen und die Bestimmung der menschlichen
Natur ist) mit der allseitigen Entwicklung und Ausbildung aller Anlagen und Kräfte des Menschen am genauesten übereinstimme, nicht
nur jenen Naturzweck nicht hindere, sondern (so weit es durch Gesetze
und Einrichtungen geschehen kann) möglichst fördere[46]." Es ist der
vollständige Mensch mit seinen geistigen, sittlichen und sinnlichen
Anlagen, Kräften und Bedürfnissen, an dem sich die Rechtsphilosophie
zu orientieren hat[47]. Feuerbach äußert sich leider nicht präzise genug
über den Inhalt und die Methode seiner empirischen Anthropologie.
Für die Methode der anthropologischen Forschung findet sich nur eine
kurze Anmerkung. Es ist sein Hinweis darauf, daß die Rechtsphilosophie in das Gebiet der Menschen- und Völkerkunde, der Menschen-
und Völkergeschichte führt[48]. Daraus ist zu folgern, daß Feuerbach
durch Beobachtung und Geschichtsforschung historisch und ethnologisch
relativierte Erkenntnisse über die Natur des Menschen gewinnen wollte.
An diesem gesellschaftlich und zeitlich bedingten Wesen des Menschen
sollte sich die Rechtsphilosophie orientieren, um für die Menschen zu
verschiedenen Zeiten in verschiedenen Gesellschaftsformen die ihnen
am meisten entsprechenden Gesetze zu finden.

---

[43] Ebenda, S. 394.
[44] Ebenda, S. 395.
[45] Ebenda, S. 394.
[46] Ebenda, S. 394 und 395.
[47] Ebenda, S. 395.
[48] Ebenda, S. 396; er schreibt auf derselben Seite: „Besonderheit des Orts,
der Zeit und der äußeren Verhältnisse sind die beschränkenden Bedingungen,
unter welchen das Menschengeschlecht in der Wirklichkeit erscheinen kann,
und jene Besonderheiten bestimmen eben so viele eigentümliche Richtungen
seines Strebens und eben so viele Hindernisse oder Förderungsmittel dieses
Strebens.

Die Rechtsphilosophie heißt nicht umsonst in Feuerbachs Rechtslehre Rechtspolitik. Sie wird von ihren metaphysischen Spekulationen befreit, nicht um, wie bei Gustav Hugo, alles positive Recht als möglich, also als vernünftig zu legitimieren, sondern um pragmatische Rechtspolitik mit dem Ziel von Rechtsreformen voranzutreiben. Die Verbesserung und der Fortschritt jeder positiven Gesetzgebung ist ein Versuch und Fortschritt in der Darstellung und Realisierung des Vernunftgesetzes der Gerechtigkeit[49]. Bei Feuerbach äußert sich diese Rechtspolitik oder angewandte Rechtsphilosophie in seinen strafrechtlichen und strafprozessualen Werken, vor allem aber in seinen Gesetzgebungsarbeiten zum ersten modernen Strafgesetzbuch in Deutschland, dem bayerischen Strafgesetzbuch von 1813.

d) Die Konstituierung der positiven Rechtswissenschaft durch die Verbindung von Empirie und Philosophie

Ähnlich wie Savigny, Hugo und Thibaut die positive Rechtswissenschaft durch die Vereinigung von historischer und philosophischer Methode bearbeitet haben, geht Feuerbach von der Verbindung von empirischer Methode, die umfassender als die rein historische ist, da zu ihr die Rechtsvergleichung gehört, und philosophischer Methode aus. Feuerbachs größter rechtstheoretischer und wissenschaftsgeschichtlicher Verdienst ist es, gleichzeitig mit Gustav Hugo noch vor Savigny die moderne positive Rechtswissenschaft begründet zu haben, in dem er sie methodologisch und, vom Wissenschaftsstoff her, unabhängig macht vom Naturrecht. Er sichert ihr ihren autonomen Gegenstand und ihre wissenschaftliche Würde. Diese Leistung Feuerbachs beruht auf zwei Fundamenten: seinem formalen Naturrecht und auf der Verbindung von Empirie und Philosophie.

aa) Das formale Naturrechtsverständnis ist Voraussetzung einer autonomen positiven Rechtswissenschaft

Feuerbach begründet diese These so: Das Gesetz der Vernunft oder wie man es auch nennen kann, das erste Rechtsgesetz, ist zwar allgemeingültig, aber es kann als bloßes Vernunftgesetz nicht allgemeingeltend werden[50]. Der Grund dafür ist, daß es bei der Ableitung der besonderen Rechtssätze von dem ersten Rechtsgesetz durch die Urteilskraft der Menschen zu zahlreichen fehlerhaften Folgerungen kommt. Die Urteilskraft kommt nur zu oft in den verschiedenen Subjekten

---

[49] Feuerbach, Über Philosophie und Empirie in ihrem Verhältnis zur positiven Rechtswissenschaft, S. 71.

[50] Ebenda, S. 65.

mit sich selbst in Widerspruch, weil sie kein eigentümliches Regulativ-
prinzip für die Richtigkeit ihres Gebrauches hat. Sie „ordnet unter
das Prinzip, was sie von ihm ausschließen, schließt aus, was sie ihm
unterordnen sollte, erkennt in dem einen für Recht, was sie dem
anderen als Unrecht zeigt, nennt diesem Verbindlichkeit, was sie in
jenem als Verbrechen verdammt"[51]. Feuerbach lehnt die Existenz eines
materialen Naturrechts aus drei Gründen ab:

1. Das materiale Naturrecht wird nicht von allen Menschen anerkannt,

2. das Urteil der Menschen ist eine Quelle der Uneinigkeit und des Wider-
   spruches und

3. die reine Vernunft kann nur von möglichen, aber nicht von wirklichen
   Rechten sprechen.

Da deshalb kein materiales Naturrechtssystem als wirkliches Recht
Geltung hat, so ist das positive Recht die einzige Möglichkeit, einen
gewissen und sicheren rechtlichen Zustand unter den Menschen hervorzubringen. Er beschreibt den Weg der Emanzipation der positiven
Rechtswissenschaft vom Naturrecht: „Damit ein rechtlicher Zustand
unter den Menschen sei, muß das Recht gewiß sein unter ihnen; damit
es gewiß sei, darf die Trüglichkeit das Schwankende, der mögliche oder
wirkliche Widerspruch menschlicher Urteile nicht mehr Einfluß haben
auf das wirkliche Gelten der Rechte; und damit es keinen Einfluß
habe, ... so muß sich in praktischer Rücksicht das Urteil Aller, mit
Verzicht auf eigene Entscheidung einem einzigen Urteile unterwerfen,
das in höchster Autorität allgemeingültig und allgemeingeltend aus-
spricht, was überhaupt als Recht ohne allen Widerspruch anerkannt
werden soll ... Das Subjekt dieses einzigen Urteils ist der positive
Gesetzgeber; sein Ausspruch das Positivgesetz; die wissenschaftliche
Darstellung des durch Positivgesetz begründeten und also in einem bestimmten Staate allgemeingeltenden Rechts die positive Rechtswissenschaft[52]." Damit das Recht nun allgemeingeltend wird, muß es durch
den Staat gesetzt werden. Nur der Staat hat die wirkliche Rechtset-
zungsbefugnis, weil er als einzig Urteilender über die positive Ausge-
staltung des rechtlichen Zustandes mit sich selbst nicht in Widerspruch
geraten kann. Nur so entsteht sicheres, gewisses, positives Recht, dessen wissenschaftliche Bereitung durch die positive Rechtswissenschaft
geschieht. Der positive Gesetzgeber ist der höchste Interpret des Rechtsgesetzes. Er soll es konsequent auf die besonderen Verhältnisse des
Lebens anwenden[53].

---

[51] Ebenda, S. 68 und 69.
[52] Ebenda, S. 70 und 71.
[53] Ebenda, S. 71.

bb) Der Begriff der positiven Rechtswissenschaft

Die positive Rechtswissenschaft ist eine empirische Wissenschaft. Sie ist „die Wissenschaft der durch den allgemeinen Willen einer bestimmten bürgerlichen Gesellschaft bestimmten Rechte"[54]. Dreißig Jahre später lautet Feuerbachs Definition: „Die positive Rechtswissenschaft hat die durch Willkür (wie Einige sich ausdrücken) oder (um jenem mit dem Rechte wenig befreundeten Worte auszuweichen) die kraft äußerer Gesetze wirklich geltenden Rechte zum Gegenstand[55]."

Feuerbach unterscheidet bei der Jurisprudenz echt kantisch den wissenschaftlichen Stoff von der wissenschaftlichen Form. Erst ihre beiderseitige Vereinigung begründet das Dasein der Wissenschaft.

α) Die Empirie als Erkenntnismittel des Rechtsstoffs

Der Stoff, der von den Juristen rechtsdogmatisch bearbeitet werden soll, sind die positiven Gesetze selbst. „Da der wissenschaftliche Stoff selbst, den der Rechtsgelehrte ausbilden soll, in der Erfahrung gegeben, nur durch die Erfahrung erkennbar und außer ihr gar nicht vorhanden ist, so ist auch dessen Vermehrung sowie dessen Ausbildung nur auf dem Wege der Erfahrung möglich[56]." Die allgemeine Geschichte und die Rechtsgeschichte sind die Wissenschaften, die nach dem Rechtsstoff suchen und ihn von Fehlern säubern.

Feuerbach ist Anhänger der pragmatischen Geschichtsschreibung[57], dennoch verraten einige seiner Aussagen historisch-individualisierende Züge. Auch Savigny hätte sich zu ihnen bekennen können.

Feuerbach schreibt: „Es ist Absicht der Natur, daß die Menschheit in mannigfaltigen Volksgeschlechtern blühe, jedes Volk nach seiner Eigentümlichkeit und origineller Verschiedenheit sich zu allem dem entwickle und ausbilde, was es nach seinen ihm besonderen Anlagen und Kräften werden kann, und darum auch werden soll. Nicht in einförmigem Einerlei, sondern in unerschöpflicher Mannigfaltigkeit, im unendlichen Reichthum der Formen und Gestalten, in endloser Verschiedenheit der Bildungen offenbart sich der große Weltgeist, wie in der leblosen, so in der lebenden Natur[58]." Auch in der Beschreibung der Geschichtlichkeit

---

[54] Feuerbach, Kritik des natürlichen Rechts als Propädeutik zu einer Wissenschaft der natürlichen Rechte, 1793, S. 39.

[55] Feuerbach, Idee und Nothwendigkeit einer Universaljurisprudenz, S. 379.

[56] Feuerbach, Über Philosophie und Empirie in ihrem Verhältnis zur positiven Rechtswissenschaft, S. 74.

[57] Ebenda, S. 78 und 79.

[58] Feuerbach, Die Weltherrschaft das Grab der Menschheit, 1814, hier zitiert, aus Kleine Schriften vermischten Inhalts, 1833, S. 36 und 37.

allen Rechts finden sich Ähnlichkeiten zwischen Feuerbach und Savigny. So schreibt Feuerbach: „Jeder seiner Zeit gemäße Rechtszustand und jede denselben darstellende Gesetzgebung ist in soferne nothwendiger Weise geschichtlich, als die Gegenwart immer durch die Vergangenheit, der jetzige Zustand durch eine Reihe vorhergehender bestimmt wird[59].“ „Aus demjenigen, was einst als Recht gegolten hat, ist hervorgegangen das jetzt geltende Recht, und dieses ist nur darum das, was es ist und wie es ist, weil das Alte, in dem es veraltete, das Neue geboren hat[60].“ Obwohl das bestehende positive Recht und das zukünftige Recht nothwendig mit dem vergangenen geschichtlichen Recht verknüpft ist, unterwirft sich Feuerbach im Gegensatz zu Savigny nicht dem Historismus und Konservatismus einer organologischen Rechtsauffassung. Geschichte wird für ihn nicht zur einzigen Erkenntnisquelle. Feuerbach schätzt neben der Geschichte die Tatkraft der menschlichen Vernunft ... Sie fordert ihn auf, rechtspolitisch als Reformer tätig zu werden. Mit Hilfe von Verbesserung des positiven Rechts versucht er, dem ersten Rechtsgesetz, der Gerechtigkeitsidee, sich zu nähern, er duldet keinen Stillstand in der Entwicklung des positiven Rechts. Das historisch überlieferte Recht ist zu erneuern, den gesellschaftlichen und politischen Zielvorstellungen und Bedürfnissen der Gegenwart anzupassen. Das alte Recht hat, in dem es veraltete, das neue Recht hervorgebracht. Feuerbach bekennt sich zum Entwicklungsgedanken in der Geschichte und will die Gegenwart aus der Vergangenheit kausal erklären und nicht, wie Savigny, nur verstehen. Die Rechtsgeschichte soll den gegenwärtigen Zustand des positiven Rechts aus ihren vorhergehenden Zuständen nach ihrem innern pragmatischen Zusammenhange ableiten, erklären, begreiflich machen und begründen. Sie, diese Geschichte des Rechts, ist also nicht eine Chronik der Veränderungen in dem Äußeren der Gesetzgebung, nicht eine hagere, geistlose Chronologie von Gesetzen und Verordnungen, sondern sie ist eine pragmatische Darstellung der Veränderung der Rechte und Rechtslehre, also die Geschichte der verschiedenen Fortschritte in der positiven Darstellung des Vernunftgesetzes der Gerechtigkeit[61]. Die Rechtsgeschichte muß letzthin als politische Geschichte der Völker verstanden werden. Sie muß Kenntnis nehmen von der Veränderungen in der Staatsverfassung, von den Revolutionen, von den Veränderungen ihrer Sitten und Kultur[62].

---

[59] Feuerbach, Einige Worte über historische Rechtsgelehrsamkeit und einheimische teutsche Gesetzgebung, S. 142.
[60] Feuerbach, Über Philosophie und Empirie in ihrem Verhältnis zur Rechtswissenschaft, S. 76.
[61] Feuerbach, Philosophie und Empirie in ihrem Verhältnis zur positiven Rechtswissenschaft, S. 78.
[62] Ebenda, S. 79.

Feuerbach legt weniger Wert darauf, die Geschichte normativ zu betrachten, aus ihr lernen zu wollen und Fortschrittsgesetze in ihr zu
entdecken. Sein Geschichtsverständnis ist dennoch pragmatisch (zu nennen), nicht nur weil er es selbst so bezeichnet, sondern auch, weil er im
Gegensatz zu den Historisten, eine allgemeine Menschheitsgeschichte
(Universalgeschichte) fordert[63], (was ein Anliegen der Aufklärung war)
und, in Anlehnung an Montesquieu, Geschichte nicht nur als Ideen-
oder Kulturgeschichte, sondern auch als Sozialgeschichte begreift.

β) Die Aufgabe der Philosophie als Ordnungsinstrument des Rechtsstoffs

Der durch die Empirie gesammelte und bearbeitete Rechtsstoff ist
noch nicht die positive Rechtswissenschaft selbst, „er muß auch in Gestalt und Form dargestellt werden"[64]. Hier beginnt nun der Aufgabenbereich der Philosophie[65]. Sie darf sich allerdings nicht an die Stelle
der Geschichte setzen, die den Stoff ermittelt, denn die Philosophie ist,
insofern sie im Bereich der positiven Wissenschaft tätig wird „nicht
schaffend, sondern nur bildend"[66]. „Sie ist da gebunden an einen gegebenen Stoff. Sie kann diesen nach Ideen gestalten und geistig beleben;
aber sie kann, so wenig als der Bildhauer den Marmor schafft, oder die
Seele ihren eigenen Körper zerstören darf, die Materie selbst hervorbringen[67]." Denn die Materie, der Rechtsstoff nämlich, ist ihr empirisch
vorgegeben.

Feuerbach zählt drei *formelle* Bedingungen einer Wissenschaft des
positiven Rechts auf: „Die erste ist die Richtigkeit, genaue Bestimmtheit, scharfe Präzision, lichtvolle Klarheit der rechtlichen Begriffe, die
zweite der innere Zusammenhang der Rechtssätze, die dritte der systematische Zusammenhang der Rechtslehren[68]." Diese frei formellen Bedingungen erfüllt die Philosophie. Sie bringt die rechtlichen Grund-

---

[63] Feuerbach, Blick auf die teutsche Rechtswissenschaft, S. 164.

[64] Feuerbach, Über Philosophie und Empirie in ihrem Verhältnis zur
positiven Rechtswissenschaft, S. 80.

[65] Feuerbach schreibt an anderer Stelle über die Philosophie (Philosophisch-
juristische Untersuchung über das Verbrechen des Hochverrats, Erfurt 1798,
Vorrede III): „So sehr wir aber des wohltätigen Beistandes der Philosophie
bei allen positiven Wissenschaften und nicht weniger bei der positiven
Rechtswissenschaft bedürfen, so hat sie doch ihre Grenzen, die sie bei der
Ausbildung der positiven Wissenschaften schlechterdings nicht überschreiten
darf, wenn ihre Wohltaten nicht Uebelthaten werden sollen. Sie kann die
positive Jurisprudenz nur aufklären, darf sie aber nicht beherrschen."

[66] Feuerbach, Blick auf die teutsche Rechtswissenschaft, S. 159.

[67] Ebenda, S. 159 und 169.

[68] Feuerbach, Über Philosophie und Empirie in ihrem Verhältnis zur
positiven Rechtswissenschaft, S. 80.

oder Elementarbegriffe hervor; sie stellt den inneren Zusammenhang der Rechtssätze durch allgemeine Grundsätze her, die ihnen übergeordnet sind, und sie ordnet die verschiedenen Rechtssätze und Grundsätze zu einem System[69].

Die Grund- und Elementarbegriffe des Rechts erhält die positive Rechtswissenschaft „aus den wohltätigen Händen der alles ergründenden Philosophie"[70]. Diese Grundbegriffe sind der positiven Gesetzgebung oder besser ausgedrückt dem positiven Gesetzgeber entzogen. Der Gesetzgeber muß sich ihnen als apriorische Gegebenheiten unterwerfen. Sie liegen seiner Tätigkeit zugrunde und leiten ihn[71]. Feuerbach zählt als Beispiele solcher Elementarbegriffe Gesetz, Gerechtigkeit, Billigkeit, Recht, Verbindlichkeit für die gesamte positive Rechtswissenschaft; für das Staatsrecht die Begriffe vom Staatsgrundgesetz, Staatsverfassung, Oberherrn, Staatsgewalten und für das Strafrecht den Begriff von Strafe, Strafrecht, Strafzweck, Strafgesetz[72] auf. Diese elementaren Rechtsbegriffe sind keine ontologischen Begriffe, sondern es handelt sich bei ihnen meines Erachtens um reine juristische Denkformen, die jedem Rechtssystem zugrunde liegen. Diese juristischen Denkformen entsprechen den kantischen Kategorien der reinen Vernunft. „Aus Begriffen allein besteht keine Wissenschaft"; vielmehr ist das eigentliche Wissen in der Rechtswissenschaft in den Rechtssätzen enthalten[73]. Es bedarf daher allgemeiner Grundsätze, um die einzelnen Rechtssätze unter Obergesichtspunkten zu ordnen und Lücken in der Rechtsordnung auszufüllen. Denn es gibt „kein Wissen ohne Gründe, keine Wissenschaft ohne Grundsätze! In ihr müssen die einzelnen Sätze durch inneren Kausalzusammenhang untereinander verkettet, das Besondere muß aus dem Allgemeinen, das Allgemeine durch das Allgemeinste begründet, in ihm enthalten, als notwendige Wahrheit von ihm abgeleitet sein. Nur so erhebt sich auch die Jurisprudenz zur Wissenschaft; ohne dieses ist sie nichts als ... ein trauriger abschreckender Schutthaufen roher und zertrümmerter Materialien"[74].

Es ist nun auf die verschiedenartige Gewinnung der allgemeinen Grundsätze in Feuerbachs Rechtslehre einzugehen. Die Grundsätze oder wie er sie auch nennt, die allgemeinen positiven Rechtssätze, sind zunächst in den Gesetzbüchern aufzusuchen[75].

---

[69] Ebenda, S. 85, 86, 87 und 93.
[70] Ebenda, S. 87.
[71] Ebenda, S. 86.
[72] Ebenda, S. 86.
[73] Ebenda, S. 87.
[74] Ebenda, S. 87.
[75] Ebenda, S. 87.

Aber die Methoden, um die sie dort zu ermitteln — so Feuerbach —, weichen von einander ab. Gelegentlich spricht der Gesetzgeber den Grundsatz unmittelbar im Gesetz aus. Das geschieht jedoch selten. Hat er ihn nicht vollständig oder gar nicht ausgesprochen, so muß der Jurist ihn durch Deduktion gewinnen. Wenn jedoch in einem Gesetzbuch nur eine große Anzahl von einzelnen Entscheidungen kasuistisch aufgezählt sind, so hat der Rechtsgelehrte die Aufgabe, das Allgemeine aus dem Einzelnen herauszufinden[76], also die induktive Methode anzuwenden. Feuerbach kennt diesen Ausdruck noch nicht, er nennt die induktive Methode eine „umgekehrte Deduktion". Sie geht von einer empirisch gegebenen Folge zu ihrem (ebenfalls empirischen) Prinzip, als Erklärungsgrund derselben, zurück ... während die eigentliche Deduktion von dem gegebenen Prinzip zu der unbekannten Folge fortschreitet[77]. Es handelt sich also darum, aus verschiedenen und verstreuten Bestimmungen, die nicht ausgesprochene oder angedeutete allgemeine Regel aufzusuchen und auf diese Art den allgemeinen Rechtssatz durch seine Folgen zu begründen[78].

Im Anschluß an das induktive Verfahren, allgemeine Rechtssätze zu finden, geht Feuerbach auf das Problem ein, was zu tun sei, wenn nur für eine einzige gesetzliche Bestimmung die Regel gesucht werden soll oder die Punkte der Übereinstimmung in den verschiedenen einzelnen Fällen so versteckt oder so vage sind, daß sie der Verstand nicht zu fassen und zu ergreifen vermag[79].

Er meint also die Fallkonstellationen, in denen Induktion und Deduktion nicht angewendet werden können.

Hier bleibt dem Rechtsgelehrten nichts anderes übrig, als die Regel unabhängig von dem Gegebenen erst zu finden, sie aber dadurch, daß das Gegebene aus ihr notwendig folgt, als Regel zu rechtfertigen und zu beweisen[80]. Diese „philosophische" Methode beschreibt Feuerbach wie folgt: „Hier muß ich also aus dem Positiven hinaus, um in das Positive hineinzukommen; ich muß nach der Methode des Physikers, wenn er sich die einzelnen Naturerscheinungen erklären will, zuerst diese oder jene allgemeine Rechtsregel als Hypothese versuchen, sie mit den daraus zu erklärenden Folgen zusammenhalten, ihr Verhältnis zu diesen erwägen und je nachdem sie nun mit diesen disharmonieren oder in nothwendigen Kausalnexus mit demselben zusammenstimmen, als nichtig verwerfen oder sie als erprobt anerkennen[81]."

---

[76] Ebenda, S. 88 und 89.
[77] Ebenda, S. 89.
[78] Ebenda, S. 90.
[79] Ebenda, S. 90.
[80] Ebenda, S. 90 und 91.
[81] Ebenda, S. 91.

Die positiven Gesetze, der gesamte vorhandene Rechtsstoff, wird durch das Rechtssystem geordnet und „geformt". Denn der „Inbegriff von gegebenen und in sich verbundenen Erkenntnissen tritt erst dann in den vollen Rang einer Wissenschaft ein, wenn er sich auch noch die Form des äußeren oder systematischen Zusammenhanges angeeignet hat"[82]. Die positive Rechtswissenschaft wird erst durch die systematische Anordnung zur Wissenschaft.

γ) Die Verbindung von philosophischer
und empirischer Methode

Die Einseitigkeit und Beschränktheit der deutschen Rechtswissenschaft beruht nach Ansicht von Feuerbach darauf, daß Philosophie und Geschichte durch stetige Mißverständnisse noch immer von einander getrennt sind[83]. Nichts hat der positiven Jurisprudenz so sehr geschadet, wie der Kampf zwischen den empirischen Juristen — unter ihnen faßt Feuerbach die dogmatischen und die eleganten Juristen zusammen — und den philosophischen Juristen. Das Wesen der positiven Wissenschaft besteht hingegen darin, daß Empirie und Philosophie sich friedlich vereinigen und sich gegenseitig unterstützen[84]. Die Jurisprudenz kann nicht eher wahre Wissenschaft werden, „wenn sie nicht wenigstens zur Linken von der vernünftigen Philosophie, zur Rechten von der verständigen Empirie geführt werde"[85]. In der Landshuter Antrittsvorlesung von 1805 spricht Feuerbach noch ausdrücklicher davon, daß Empirie und Philosophie in Verbindung stehen müssen. „Das empirische Wissen gibt der Jurisprudenz den Körper, das philosophische gibt ihr den Geist; ohne jenes ist sie ein Gespenst, das nicht der Mühe wert ist, daß man nach ihm greift, weil es unter den Händen verfliegt, — ohne dieses ist sie ein Gerippe ohne Mark und Fleisch, oder vielmehr ein Leichnam ohne Seele und Leben; ohne Philosophie bleibt die Jurisprudenz in der Dummheit, ohne empirische Gelehrsamkeit wird sie rasend; der Rechtsgelehrte ohne ein ausgebreitetes empirisches Wissen wird höchstens ein philosophischer Schwätzer, der Empiriker ohne Philosophie ist ein Barbar oder ein Pedant...[86]". Philosophie und Empirie müssen sich deshalb verbinden, um den Gegenstand der modernen positiven Rechtswissenschaft zu konstituieren. Die Empirie liefert den „Stoff" des Rechts. Die Philosophie gibt die „Form" dem Rechtsstoff,

---

[82] Ebenda, S. 93 und 94.

[83] Feuerbach, Blick auf die teutsche Rechtswissenschaft, S. 161.

[84] Feuerbach, Über Philosophie und Empirie in ihrem Verhältnis zur positiven Rechtswissenschaft, S. 64.

[85] Feuerbach, Civilistische Versuche, 1803, Vorrede S. IV.

[86] Feuerbach, Über Philosophie und Empirie in ihrem Verhältnis zur positiven Rechtswissenschaft, S. 98 und 99.

in dem sie die rechtlichen Elementarbegriffe hervorbringt, allgemeine Grundsätze entwickelt und letztlich Rechtsbegriffe und allgemeine Grundsätze zu einem Rechtssystem zusammenfaßt.

Feuerbach geht auch konkret auf das Verhältnis von Philosophie und Empirie zur Dogmatik ein. Das Verhältnis der Rechtsgeschichte zur Rechtsdogmatik ist so innig, „daß diese ohne sie nicht nur nicht begriffen, sondern nicht einmal in vielen ihrer wichtigsten Hauptteile verstanden werden kann, da eine bedeutende Menge juristischer Begriffe ihre Merkmale aus der Geschichte entliehen und also das Historische in das Dogmatische selbst hinüberziehen muß"[87]. Die Tätigkeit des empirischen Dogmatikers und des historischen Rechtsgelehrten müssen sich daher notwendig in einer Person vereinigen[88].

e) Feuerbach und Savigny

aa) Die Kritik an der Historischen Rechtsschule

Feuerbach ist neben Thibaut und Gönner der schärfste Kritiker der Historischen Rechtsschule. Er wendet sich gegen ihre Kodifikationsfeindlichkeit, ihr organologisches Geschichtsverständnis und ihre Philosophiefeindlichkeit. Vor allem in seiner Vorrede zu Nepomuk Borsts Schrift „Über die Beweislast im Civilprozeß" aus dem Jahre 1816 geht Feuerbach unmittelbar auf Savignys Vorschlag zur Reform der nach beider Ansicht sich in einer Krise befindlichen Rechtswissenschaft ein. Feuerbach glaubt, daß es nicht möglich ist, wie Savigny behauptet, das positive Recht nur mit Hilfe der Geschichte zu finden, zu verbessern und lebendig zu erhalten. Feuerbach kommt im Gegensatz zu Savigny zu dem Ergebnis, daß die Rechtswissenschaft bisher überwiegend historisch war. Darin sieht Feuerbach jedoch gerade den Nachteil für das Rechtsleben der Gegenwart: „Aber daß unsere Rechtswissenschaft, selbst in ihrer unmittelbaren Beziehung auf das Leben, historisch-antiquarisch ist, daß sie diese nach dermaliger Beschaffenheit der Rechtsquellen sein muß: das ist eben das Übel, dem nun einmal durch diese geschichtliche Rechtswissenschaft selbst eben so wenig abzuhelfen ist, als eine Krankheit durch weitere Vervollkommnung dieser Krankheit gleichsam aus sich selbst geheilt werden mag[89]." Feuerbach glaubt, daß durch eine Propagierung des historischen Gedankens in der Rechtswissenschaft, die rechtlichen Bedürfnisse und Interessen der Gegenwart nicht befriedigt werden können und daher zwangsläufig benachteiligt

---

[87] Ebenda, S. 78 und 79.

[88] Ebenda, S. 75.

[89] Feuerbach, Einige Worte über historische Rechtsgelehrsamkeit und einheimische teutsche Gesetzgebung, in Kleine Schriften vermischten Inhalts, 1833, S. 141/142.

werden müssen. Er wendet sich gegen die zu hohen Erwartungen der
Historischen Rechtsschule an die Geschichte. Denn die Geschichte erklärt
nur, „wie Etwas nach und nach geworden, wie und was dieses Etwas
sey, lehrt die Geschichte nicht. Was der Geschichte angehört, ist schon
dem Leben abgestorben". „Oder" fährt Feuerbach mit einer provozie-
renden Frage gegenüber Savigny fort, „ist es etwa das Recht, welches
die geschichtliche Rechtswissenschaft lehrt, wirklich das volksthümliche,
lebende?[90]". Gegen den Vorschlag Savignys, durch Erforschung und
Reinigung des römischen Rechts die Rechtswissenschaft zu reformieren,
schreibt Feuerbach spottend: „Der römische Rechtsgelehrte saß bekanntlich nicht als Geschichts- und Alterthumsforscher hinter alten Denk-
mälern und Manuscripten ... sein Wissen war Erkenntnis aus dem
Buche des bürgerlichen Lebens ... Aus der Erforschung hetruischer,
altitalischer, griechischer Alterthümer sog das römische Recht seine
Lebenssäfte nicht, obgleich dieser Alterthümer dem Römer weit näher
lagen als uns die seinigen[91]."

Die Kritik Feuerbachs findet ihren Höhepunkt in einem Brief an
seinen Sohn Eduard (1832): „Die historischen Juristen kommen mir nun
vollends wie Leute vor, die die Knochen einer Mumie benagen und die
Fasern am Mumienkasten zählen[92]."

bb) Das Alternativprogramm zur Historischen Rechtsschule

Im Gegensatz zu Savigny fordert Feuerbach eine Reform der Rechtswissenschaft durch Rechtsvergleichung und Kodifikation und nicht durch
Rechtsgeschichte und gewohnheitliche Rechtsfortbildung. In Feuerbachs
Rechtslehre hat die Rechtsvergleichung die gleiche Bedeutung wie die
„organische" Rechtsgeschichte in der Rechtslehre Savignys. Da eine als
geschichtlich sich verstehende Rechtswissenschaft das Recht nicht reformieren kann, propagiert Feuerbach die Universaljurisprudenz. Die allgemeine Rechtswissenschaft oder Universaljurisprudenz besteht methodologisch aus Vergleichung des gegenwärtigen und vergangenen Rechtszustandes[93]. Nach Reitemeier und Thibaut nimmt Feuerbach die Forderung nach Rechtsvergleichung und Universaljurisprudenz wieder auf.
Er bemüht sich vergeblich, eine Schrift über „Darstellung und Ideen
zu einer Weltgeschichte der Gesetzgebung" zu verfassen[94]. Bruchstücke

---

[90] Ebenda, S. 143, 144.
[91] Ebenda, S. 145 und 146.
[92] Feuerbach, Biographischer Nachlaß, Buch 2, S. 336.
[93] Feuerbach, Blick auf die teutsche Rechtswissenschaft, S. 164.
[94] Feuerbach schreibt in Kleine Schriften vermischten Inhalts, S. 164 über
dieses vergebliche Bemühen: „Der Verfasser hatte zur Ausführung dieser
Idee bereits eine Reihe von Jahren hindurch große Zürüstung gemacht, be-

sind jedoch davon später von seinem Sohn Ludwig, dem kritischen Religionsphilosophen, veröffentlicht worden. Vor allem der Einleitungsaufsatz „Idee und Nothwendigkeit einer Universaljurisprudenz" gehört zu dem eindrucksvollsten, was rechtstheoretisch im 19. Jahrhundert in der Rechtswissenschaft geschrieben worden ist.

Feuerbach kritisiert scharf das Fehlen jeglicher Rechtsvergleichung in der deutschen Rechtswissenschaft. Bis jetzt gibt es so viele Rechtswissenschaften, wie es Staaten und Völker gibt: deutsche Rechtswissenschaft, französische, englische, dänische usw. ... „Diese stehen, jede in sich abgeschlossen, losgerissen neben einander, ohne alle Verbindung und Berührung[95]." Unsere deutschen Rechtsgelehrten erforschten nur das einheimische Recht. Sie glaubten, daß es nicht der Mühe lohnte, „auch auf fremde Völker hinzusehen und deren Sitten und Gesetze mit einiger Aufmerksamkeit zu untersuchen, um das Einheimische, wo nicht mit neuen Materialien zu bereichern, doch unter neuen Gesichtspunkten, mit geschärftem Auge, in neuem Lichte zu betrachten"[96].

Feuerbach wirft Savigny, der die Rechtsvergleichung als Reforminstrument überhaupt nicht in Betracht zieht, vor: „Geschichtliche Erforschung eines einzelnen Rechtssystems kann nicht als Ersatz für den Mangel einer allgemeinen Rechtswissenschaft gelten." Denn so fährt er fort: „Die vollständigste Geschichte der Entwicklung des vollkommensten aller Rechtssysteme (des römischen) lehrt uns immer nur Römisches, ein winzig kleines Bruchstück aus der Geschichte der Menschheit[97]." An einem sich selbst genügenden Rechtssystem haftet „Einseitigkeit und das Gebrechen innerer Unvollständigkeit"[98]. Daher „spreche doch nie von dem Geist einer Gesetzgebung, wer mehr nicht als diese Gesetzgebung und allenfalls noch die besondere Geschichte ihrer Entwicklung kennt"[99]. Damit verneint Feuerbach die Möglichkeit des historischen Juristen, mit seinem organologischen Geschichtsverständnis den Geist der Gesetze feststellen zu können.

Die Rechtsvergleichung ist eine empirische Wissenschaft. „Alle Wissenschaft besteht in der Erkenntnis des Allgemeinen und Nothwendigen in seinem Verhältniß zum Besonderen und Zufälligen. Allein zu solcher Erkenntnis über Erfahrungsgegenstände führt nur die verglei-

---

deutende Materialien zusammengebracht und zum Teil schon manches ausgearbeitet, als eine Menge widriger Umstände ihn nöthigten, diesem Werk für immer seine Thätigkeit zu entziehen."

[95] Feuerbach, Idee und Nothwendigkeit einer Universaljurisprudenz, S. 380.
[96] Feuerbach, Blick auf die teutsche Rechtswissenschaft, S. 162.
[97] Feuerbach, Idee und Nothwendigkeit einer Universaljurisprudenz, S. 398.
[98] Ebenda, S. 382.
[99] Feuerbach, Blick auf die teutsche Rechtswissenschaft, S. 163.

chende Kenntnis des Verschiedenen[100]." „Die reichste Quelle aller Ent-
deckungen in jeder Erfahrungswissenschaft ist Vergleichung und Combination. Nur durch mannigfaltige Gegensätze wird das Entgegen-
gesetzte vollständig klar; nur durch Betrachtung der Ähnlichkeiten und
Verschiedenheiten und der Gründe von beiden wird die Eigenthümlichkeit und innere Wesenheit jedes Dinges erschöpfend ergründet[101]."
Das Rechtssystem eines jeden einzelnen Volkes ist nur der Ast oder
auch das Zweiglein eines einzigartigen Wunderbaumes, „der in den
Tiefen der Menschheit wurzelt und mit seinen Ästen und Zweigen die
ganze Welt beschattet"[102]. Durch die Vergleichung des gegenwärtigen
und vergangenen Rechtszustandes aller Völker findet man den Geist
der Gesetze. Durch ihn ergeben sich die allgemeinen Grundsätze des
positiven Rechts des betreffenden Volkes. Feuerbach sieht sich als Nachfolger Montesquieus, der der erste und bisher der letzte gewesen ist,
der versucht, den Geist der Gesetze aufzuspüren[103]. Es bleibt die Frage,
wo die Rechtsvergleichung methodologisch einzuordnen ist. Ist sie eine
Methode der jeweiligen nationalen positiven Rechtswissenschaften oder
ist sie der Rechtsphilosophie zuzuordnen? Feuerbachs Antwort lautet:
Jede einzelne positive Rechtskunde ohne allgemeine, vergleichende
Rechtswissenschaft ist ein Leib ohne sein Haupt, alle Rechtsphilosophie
ohne solche allgemeine Rechtswissenschaft ist ein Gebäude ohne
Grund[104]. Die allgemeine Rechtswissenschaft oder Universaljurisprudenz, deren Gegenstand durch die Methode der gegenwärtigen und
historischen Rechtsvergleichung konstituiert wird, steht zwischen der
Rechtsphilosophie und der einzelnen positiven Rechtswissenschaft. Die
Rechtsphilosophie, die untersucht, wie die Vernunftidee von einem
rechtlichen Zustand am besten und geeignetsten darzustellen und zu
verwirklichen ist, benötigt für ihre rechtspolitischen Forderungen den
durch die Rechtsvergleichung gefundenen Geist der Gesetze, ebenso wie
die positive Rechtswissenschaft ihn für die Auslegung der Gesetze benötigt.

Stellt man eine Pyramide der verschiedenen Wissenschaften des
Rechts in der Rechtslehre Feuerbachs auf, so steht an der Spitze das
Natur- oder Vernunftrecht mit dem formalen Gebot, es soll ein recht-
licher Zustand sein. Daran schließt sich die Rechtsphilosophie oder

---

[100] Feuerbach, Idee und Nothwendigkeit einer Universaljurisprudenz,
S. 382.

[101] Feuerbach, Blick auf die teutsche Rechtswissenschaft, S. 163.

[102] Feuerbach, Idee und Nothwendigkeit einer Universaljurisprudenz,
S. 381.

[103] Feuerbach, Blick auf die teutsche Rechtswissenschaft, S. 164, 169, 170.

[104] Feuerbach, Idee und Nothwendigkeit einer Universaljurisprudenz,
S. 397.

Rechtspolitik, die die empirischen Bedingungen und Mittel zur wirklichen Geltendmachung des durch die Vernunft geforderten rechtlichen Zustandes zur Aufgabe hat[105]. Die nächste Stufe bildet die allgemeine positive Rechtswissenschaft (Universaljurisprudenz). Das Fundament dieser Pyramide sind die vielen einzelnen nationalen und positiven Rechtswissenschaften.

f) Würdigung

Feuerbach war Zeit seines Lebens ein großer Verehrer Kants. In seiner philosophischen Dissertation über „Kritik des natürlichen Rechts als Propädeutik zu einer Wissenschaft der natürlichen Rechte" schreibt er: „Niemand kann den königsbergischen Weisen inniger verehren, niemand mit tieferer Dankbarkeit die Verdienste erkennen, die sich dieser große Denker um Philosophie und Menschheit, um Welt und Nachwelt erworben hat, als ich[106]." Feuerbach, der in Jena bei Reinhold die kritische Philosophie studiert hatte, ist in seinen Frühschriften (bis 1800) Anhänger der kantischen Transzendentalphilosophie. Wie Gustav Hugo bekennt er sich im Gegensatz zu Tafinger zu einer formalen Kantinterpretation. Er übernimmt den kantischen Rechtsbegriff, wenn auch in einer etwas abgewandelten Form: „Jeder soll den Gebrauch seiner äußeren Freiheit auf die Bedingung beschränken, daß derselbe mit dem Gebrauch der Freiheit aller übrigen zusammenstehen könne[107]." Er nimmt den kategorischen Imperativ als Fundament in sein Naturrechtsverständnis hinein[108] und unterscheidet schon vor Kants Metaphysik der Sitten (1797) strikt das Recht von der Moral[109]. In seinem „Anti-Hobbes" wendet sich Feuerbach gegen die Ablehnung des Widerstandsrechts durch Kant[110]. Nach seiner Landshuter Antrittsvorlesung von 1804 löst sich Feuerbach immer mehr von seinem eigenen formalen Naturrechtsdenken. 1810 schreibt er: „Sie (die Naturrechtssysteme) waren größtenteils ein bloßer Formalismus, der weder in seinen Grün-

---

[105] Ebenda, S. 379.

[106] Feuerbach, Kritik des natürlichen Rechts, 1796, Vorrede S. XXV.

[107] Feuerbach, Idee und Nothwendigkeit einer Universaljurisprudenz, S. 398. Kants Rechtsdefinition lautet: „Das Recht ist der Inbegriff, unter denen die Willkür des einen mit der Willkür des andern nach einem allgemeinen Gesetze der Freiheit zusammen vereinigt werden kann" Metaphysische Anfangsgründe der Rechtslehre, 1797, S. 230.

[108] Feuerbach, Kritik des natürlichen Rechts, S. 35 und 36. „Der Grundsatz der Moral heißt: „Handle nach solchen Maximen, die als allgemeines Gesetz gedacht, sich nicht selbst widersprechen, und von denen du wollen kannst, daß sie allgemeines Gesetz werden."

[109] Ebenda, Vorrede S. XI, XII, S. 260, 261.

[110] Feuerbach, Antihobbes oder über die Grenzen der höchsten Gewalt und das Zwangsrecht gegen den Oberherrn (1798, S. 291 bis 300).

den die Speculation befriedigte, noch mit seinen Folgen dem Leben
diente[111]." In seinem erst nach seinem Tode veröffentlichten Aufsatz
„Über Idee und Nothwendigkeit einer Universaljurisprudenz" liest man:
„Das Naturrecht, so ferne es Rechte darzustellen unternimmt, ist daher
eine mit dem Rechtsbegriff und sich selbst uneinige Wissenschaft; und
so ferne sie auf das Lehren von blos möglichen Rechten und Gesetzen
sich beschränkt, eine leere Wissenschaft: folglich in jener wie in dieser
Gestalt keine Wissenschaft[112]." Je mehr sich Feuerbach von dem trans-
zendentalphilosophischen Weg Kants entfernt, desto mehr öffnet er sich
der Empirie (der Geschichte und der Rechtsvergleichung). Seine gesetzgeberischen Arbeiten weisen Feuerbach als einen Anhänger der Aufklärung aus. Auf ihn geht die moderne rechtsstaatliche Strafrechtswissenschaft zurück, die er auf dem Satz „nulla poena sine lege" auf-
baut[113]. Auch veranlaßte er die Aufhebung der Folter in Bayern (1806).
Politisch gehört er zu den gemäßigt liberalen Kräften. Er ist unter den
deutschen Juristen einer der besten Analytiker der politischen Verhältnisse und besitzt politisches Gespür. Dies ergibt sich beispielsweise aus
seiner Beurteilung des code civil[114]. Als dieser 1810 auf Befehl Napoleons in Bayern eingeführt werden sollte, hatte Feuerbach die Aufgabe,
ihn zu überarbeiten, um ihn den bayerischen Verhältnissen anzupassen.
Er zieht folgendes Resumé seiner gesetzgeberischen Vorarbeit: „Ich
wollte nur im Allgemeinen zeigen, daß sich unsere alten Gesetze, Einrichtungen und Verhältnisse mit Napoleons Gesetzbuch freundlich nicht
vertragen, und daß mit der Idee der Einführung dieses Gesetzbuches
nothwendig die Aufgabe vorgelegt sey: was und wie viel von unseren
alten Besitzrechten aufgegeben, an unserem bisherigen politischen Zustand geändert und verbessert werden wolle, könne und dürfe?[115]".
Die geplante Einführung des code civil hätte Feuerbach und seinen

---

111 Feuerbach, Blick auf die teutsche Rechtswissenschaft, S. 167.

112 Feuerbach, Idee und Nothwendigkeit einer Universaljurisprudenz,
S. 393.

113 Wolfgang Naucke, Zeitschrift für die gesamte Strafrechtswissenschaft,
1975, Paul Johann Anselm von Feuerbach zur 200. Wiederkehr seines Geburtstags am 14. November 1775, S. 861 bis 887, besonders S. 862, 874 und
881. Siehe auch Stintzing / Landsberg, III, 2. Halbband, S. 119 und 120.

114 Feuerbach schreibt 1812 in „Themis oder Beyträge zur Gesetzgebung"
über den code civil: Man darf sagen, es war der Zweck der französischen
bürgerlichen Gesetzgebung einerseits die Revolution vollkommen zu be-
endigen, andererseits die wohlthätigen Resultate der Revolution zu verewigen. Wir Teutschen hingegen, wir stehen mit unserer Verfassung, mit
allen unseren Einrichtungen und Gesetzen größtentheils noch auf dem
Punkt, auf welchem Frankreich vor der Erschütterungen seiner großen
Revolution gestanden hat" (S. 92). „Wohin Napoleons Gesetzbuch kommt,
da entsteht eine neue Zeit, eine neue Welt, ein neuer Staat" (S. 61).

115 Ebenda, S. 69.

politischen Freunden die Möglichkeit geboten und das Mittel in die Hand gegeben, den feudalen Staat zu zerstören und ihn in einen bürger-lich-liberal-aufgeklärten umzuwandeln. Doch zu einer Übernahme des code civil nach Bayern kam es wegen des Sturzes Napoleons nicht.

Feuerbach hat für die moderne Rechtswissenschaft, die für ihn eine empirische und philosophische Wissenschaft zugleich ist, eine über-ragende Bedeutung. Er, und nicht Savigny, ist ihr „Vater"[116]. Er hat sie zur gleichen Zeit wie Gustav Hugo von der Vorherrschaft des materia-len Naturrechts befreit, ohne wie Gustav Hugo dem naiven Positivismus zu erliegen. Die Rechtsphilosophie als pragmatische Reformen anstre-bende Rechtspolitik tritt bei ihm an die Stelle der starren Naturrechts-systeme. Als Gegner der Historischen Rechtsschule hat er überzeugende Alternativvorschläge zur Reform der Rechtswissenschaft gemacht: näm-lich Rechtsvergleichung und Kodifikation. Der Vorwurf Savignys, außer den historischen Juristen gäbe es nur philosophische Juristen, die den Wert der Geschichte für die Rechtswissenschaft nicht erkennen würden, kann Feuerbach nicht treffen.

Feuerbach geht, ähnlich wie Savigny, von einer philosophisch-empiri-schen Methode zur Bearbeitung der Rechtswissenschaft aus. Jedoch ver-steht er unter der philosophischen Methode keine reine Systematik, sondern das Entwickeln von rechtlichen Elementarbegriffen (juristische Denkkategorien), das Gewinnen von allgemeinen Grundsätzen durch Deduktion, Induktion und Hypothesenbildung mit anschließender Fol-genanalyse und letztlich die Einordnung der Rechtsbegriffe und all-gemeinen Rechtssätze zu einem Rechtssystem.

Die empirische Methode Feuerbachs besteht in der Verbindung von pragmatischer Geschichtstheorie und Rechtsvergleichung im Gegensatz zu Savignys „organischer" Auffassung von Rechtsgeschichte. Feuerbach ist seinem Gegner Savigny an philosophischer Bildung und rechtstheo-retischer Aussagekraft weit überlegen, was z. B. ein Vergleich zwischen der Marburger Methodenlehre Savignys von 1802/03 und Feuerbachs Landshuter Antrittsvorlesung von 1804 „Über Philosophie und Empirie in ihrem Verhältnis zur positiven Rechtswissenschaft", zeigt. Feuerbachs Schrift ist originell und hat keine Vorgänger, Savignys Marburger

---

[116] Wieacker zählt Feuerbach zu den Juristen, die schon vor Savigny die Konzeption einer „philosophischen" positiven Rechtswissenschaft durch-zusetzen begannen.
(Wandlungen im Bilde der historischen Rechtsschule, S. 10 und 11.) An anderer Stelle (Privatrechtsgeschichte der Neuzeit, 2. Aufl. S. 375), gehört Feuerbach nach Ansicht Wieackers mit Gustav Hugo und Savigny zusammen zu den Neubegründern der Rechtswissenschaft.

ben Dutzend anderer Enzyklopädien und Methodologien der damaligen Methodenlehre hingegen unterscheidet sich nur gering von einem hal-Zeit. Feuerbach war der „philosophisch" tiefste Denker unter den Juristen am Anfang des 19. Jahrhunderts[117].

---

[117] Obwohl oder vielleicht gerade weil Feuerbach der „philosophischste" Kopf unter den Juristen des 19. Jahrhunderts war, ist sein Verhältnis zur Jurisprudenz keine reine Liebesbeziehung. „Die Jurisprudenz war mir von meiner frühesten Jugend in der Seele zuwider, und auch jetzt bin ich von ihr als Wissenschaft nicht angezogen ... um Deine Mutter und Dich ernähren zu können, da wandte ich mich ... von meiner geliebten Philosophie zur abstoßenden Jurisprudenz." (Brief an seinen Sohn Anselm vom 23. 3. 1820, juristischer Nachlaß, Buch 2, S. 137 und 138.)

An seinen eigenen Vater schreibt er über seinen Sohn Karl: „Die Juristerei, vor welcher ich allen meinen Kindern ein Grauen beigebracht habe, hat er auch schon längst aufgegeben" (Brief vom 25. 11. 1819, Juristischer Nachlaß, Buch 2, S. 127).

„Aufklärung" kommt nicht vor: Svarez, Klein etc.?
Verhä dazu?
S. 224 (144/15)

Resumé

Es orientiert sich an den in der Einleitung auf den Seiten 5 und 6 aufgeführten fünf Problembereichen. Dabei wird als erstes untersucht, ob Savigny die ungeschichtliche Schule zutreffend charakterisiert hat.

I. Die Charakteristik der „nichthistorischen" Schule durch Savigny

S. 63

Vor dem Gesamturteil sollten zwei Fragen beantwortet werden:

Hat es eine ungeschichtliche Schule in der von Savigny beschriebenen Art überhaupt gegeben?

War die alleinige Inanspruchnahme der Bezeichnung „geschichtlich" für die Historische Rechtsschule rechtens?

wollte nicht
Das Ergebnis war nur: machen
polit Gründe?

Indem Savigny eine ungeschichtliche Schule der Historischen Rechtsschule gegenüberstellt, vereinfacht er und erkennt nicht die vorhandenen Gegensätze in der „nichthistorischen" Rechtsschule. Ein Freund-Feind-Denken hindert ihn daran, notwendige Differenzierungen hier vorzunehmen. So faßt er unter ihr die Axiomatiker, die Anhänger einer materialen Naturrechtslehre und der pragmatischen Geschichtsschreibung in der Rechtsgeschichte zusammen, wobei doch seine Vorwürfe allein auf die naturrechtlich-systematische Richtung zutreffen.

Bei der Kritik — 1814 - 1815 — an den Naturrechtslehren des 18. Jahrhunderts übersieht Savigny, daß seine Angriffe gegen ein Naturrechtsdenken gerichtet sind, das bereits um 1800 schon nicht mehr herrschend war:

Thieme

1. Um 1800 tritt an die Stelle des statischen und materialen Naturrechtssystems Christian Wolffs und seiner Schüler ein relatives, hypothetisches und historisches Naturrecht, nämlich das der Göttinger Rechtsschule (Pütter, Reitemeier). Dieses Naturrechtsdenken verzichtet auf den Anspruch, zeitlos zu sein, öffnet sich der Geschichte und nimmt Abschied von der Idee eines geschlossenen Naturrechtssystems. An dessen Stelle tritt das Argumentieren mit dem Topos der Natur der Sache und mit induktiv gewonnenen, aus dem positiven Recht abgeleiteten allgemeinen Grundsätzen[1].

---

[1] Thieme, Die Zeit des späten Naturrechts, SZ Germ. Abt. 56 (1936), S. 221, 230 bis 239.

2. Schon *vor* der Veröffentlichung von Savignys Schrift „Vom Beruf unserer Zeit für Gesetzgebung und Rechtswissenschaft" (1814) haben vor allem Gustav Hugo und Anselm Feuerbach die Möglichkeit eines materialen, statischen Naturrechtssystems verneint und die bis 1780 herrschende naturrechtlich-systematische Richtung kritisiert.

3. Das materiale Naturrechtsdenken ist von einigen Juristen (Feuerbach, Wenck, Kohlschütter und Zachariä) Ende des 18. und Anfang des 19. Jahrhunderts durch die Lehre vom formalen Naturrecht ersetzt worden.

Savigny rechnet jedoch nicht nur die Anhänger der naturrechtlich-systematischen Richtung zur ungeschichtlichen Schule, sondern auch die Göttinger Rechtsschule mit Ausnahme von Gustav Hugo und die historisch-philosophische Richtung um Thibaut und Feuerbach, die sich alle zur pragmatisch-geschichtlichen Methode in der Rechtsgeschichte bekennen. Dieser Methode bestreitet Savigny jedoch den Anspruch, sich geschichtlich zu nennen; vielmehr ist sie in seinen Augen in Wirklichkeit ungeschichtlich, da sie nur „eine moralisch-politische Beispielssammlung" sei[2]. Die Anhänger der pragmatischen Geschichtstheorie erkennen, so Savigny, nicht, daß die Geschichte „der einzige Weg zur wahren Erkenntnis unseres eigenen Zustandes" ist[3].

Diese Behauptung wird in der Tat von Thibaut bestritten. Zur Geschichte muß für ihn die Vernunft, die Philosophie, als Erkenntnismittel hinzukommen[4]. So wehrt er sich zu Recht gegen die Bezeichnung ungeschichtlicher Jurist: „Zuvörderst muß er den anzüglichen Namen ungeschichtliche Schule verbitten. Den denkenden Anhängern dieser Schule ist es nie beigekommen, die Geschichte zu verachten. Sie haben vielmehr volle Kenntniß der Rechtsgeschichte stets für unentbehrlich gehalten, damit die Rechtsverfassung mit Geist aufgefaßt und fortgebildet werden könne, und nur dadurch zeichnen sie sich aus, daß sie Kenntniß der Welt und richtigen Gebrauch der Vernunft stets mit einander zu verbinden suchten[5]."

Die Behauptung Savignys, nur die organologische oder genetische Methode führe zu einem wahren Geschichtsverständnis, ist Ausdruck

---

[2] Savigny, Zeitschrift für geschichtliche Rechtswissenschaft Bd. 1 (1815), S. 3.

[3] Ebenda, S. 4.

[4] Thibaut, Rezension von Savignys Einleitungsaufsatz in der Zeitschrift für geschichtliche Rechtswissenschaft, Bd. 1, in Ueber die Nothwendigkeit eines allgemeinen bürgerlichen Rechts für Deutschland, 2. Aufl., 1840, S. 121.

[5] Ebenda, S. 121; er fährt fort: „Will man also daraus die Rechtsgelehrten nach scharf begrenzten Schulen scheiden, so hätte der Verfasser die Namen wählen sollen: die bloß-geschichtliche und die nicht-bloß-geschichtliche, oder die *geschichtlich-philosophische Schule*. So gesprochen, bekennt sich Rec. nun gern zu der letzteren ..." (a.a.O., S. 121).

eines doktrinären wissenschaftlichen Absolutheitsanspruchs, den man heute kaum noch aufrecht erhalten kann. Vielmehr versucht die gegenwärtige Theoriediskussion in der deutschen Geschichtswissenschaft nach einer hundertfünfzig-jährigen Herrschaft des Historismus, die methodologischen Aspekte der „ungeschichtlichen"/pragmatischen Methode wieder aufzunehmen und zu verwerten[6]. Die alleinige Inanspruchnahme der Bezeichnung „geschichtlich" für die genetische Methode der Historischen Rechtsschule durch Savigny kann vor allem deshalb nicht gebilligt werden, da er für diese diffamierende Behauptung keine Begründung, sondern nur ein weltanschaulich-politisches Bekenntnis geliefert hat. In ihm appelliert er an die Ressentiments des verschreckten deutschen Bürgertums gegen die Aufklärung und die Französische Revolution.

Danach läßt sich sagen:

Savignys Charakteristik der „nichthistorischen" Rechtsschule ist nicht zutreffend, einmal, weil er zu wenig differenziert, und zum anderen, weil es schon vor der Gründung der Historischen Rechtsschule eine pragmatisch-geschichtliche Methode in der Rechtswissenschaft gegeben hat, der man nicht so leicht, wie es Savigny getan hat, den Namen „geschichtlich" absprechen kann.

Savignys Urteil über die „nichthistorische" Rechtsschule hat zu einer Verengung der Rechtsgeschichte auf Dogmen- und Quellengeschichte geführt, unter Vernachlässigung der Sozialgeschichte. So wurde das Recht überwiegend nur als Kulturprodukt, aber nicht mehr, wie noch bei den Anhängern der pragmatischen Geschichtsschreibung, auch als Produkt von sozialen, ökonomischen und politischen Faktoren verstanden.

II. Die programmatischen Aussagen der an der Diskussion um die Begründung der modernen Rechtswissenschaft teilnehmenden Juristen

Über den *krisenhaften Zustand,* in der sich die deutsche Rechtswissenschaft Ende des 18. Jahrhunderts befand, besteht Einigkeit zwischen Seidensticker als Vertreter der eleganten Jurisprudenz, der Göttinger Rechtsschule (Pütter, Reitemeier, Hugo und Hufeland) und der historisch-philosophischen Richtung (Wenck, Rudhart, Mühlenbruch, Zachariä, Thibaut und Feuerbach). Nur die Anhänger der naturrechtlich-systematischen Richtung (Schott, Dabelow, Gildemeister, Buhle, Gönner,

---

[6] Manfred Asendorf, Deutsche Fachhistorie und Sozialgeschichte in „Ansichten einer künftigen Geschichtswissenschaft", 1974, S. 31 und 32.

Eisenhart, Terlinden, Kohlschütter und Schmalz) verharren auf dem methodologischen status quo der Rechtswissenschaft. Sie verteidigen die Idee eines materialen, geschlossenen Naturrechtssystems, das den gleichen Umfang wie das positive Rechtssystem hat. Trotz aller Kritik bearbeiten sie das positive Recht weiterhin allein mit Hilfe der systematisch-deduktiven Methode und lehnen eine Reform der Rechtswissenschaft gänzlich ab.

Seidensticker wirft ihnen deshalb eine Vernachlässigung der Eigenständigkeit der positiven Rechtswissenschaft und vor allem der Bedeutung der Rechtsgeschichte vor.

Die Göttinger Rechtsschule kritisiert unter den Mitgliedern der naturrechtlich-systematischen Richtung besonders die Anhänger der demonstrativen Methode Christian Wolffs und deren — insgesamt gesehen — geringe Einschätzung der Rechtsgeschichte für die Bewältigung rechtsdogmatischer Probleme.

Für Reitemeier ist die Rechtswissenschaft erst bruchstückhaft entwickelt und noch unfertig. Nach Hufeland bedarf sie einer gänzlichen Reform und gründlichen Verbesserung; denn noch steht sie weit von dem Ideal entfernt, das sie eigentlich zu erreichen hat. Für Hugo ist die Rechtswissenschaft des 18. Jahrhunderts in ihrer Entwicklung stehen geblieben.

Während sich die Göttinger Rechtsschule mit ihrer Kritik vor allem an den Schwächen der naturrechtlich-systematischen Strömung orientiert, weist die historisch-philosophische Richtung auch auf die fehlerhafte Einseitigkeit der eleganten Jurisprudenz hin. So wenden sich vor allem Thibaut und Feuerbach, die beiden überragenden Köpfe dieser Schule, gegen die methodologische Hilflosigkeit der antiquarischen Jurisprudenz, ihren Pedantismus und Geist der Kleinlichkeit. Sie entlarven zudem die Zirkelschlüsse der Axiomatiker aus der Schule Christian Wolffs und wehren sich gegen die Naturrechtslehrer, die versuchen, die Herrschaft über die positive Rechtswissenschaft zu erlangen. Diese preßten nämlich „das förmlich geltende Recht durch das philosophisch Gültige ... in die Formen selbstgemachter oder ... in die Schranken erlernter Theorien und warfen den Stoff, wenn er zu spröde war, um sich zu biegen, ohne zu brechen ..., verachtend auf die Seite"[7].

Rudhart kommt bei seinem Urteil über den Zustand der Rechtswissenschaft zu einem ähnlichen Ergebnis wie Reitemeier: Die Rechtswissenschaft ist immer noch nicht wissenschaftlich begründet und ihr Ansehen gering. Schuld daran sind nach seiner Ansicht „die Brodjuristen".

---

[7] Feuerbach, Über Philosophie und Empirie in ihrem Verhältnis zur Rechtswissenschaft, S. 64.

Auch Wenck übt Kritik an den philosophisch und historisch einseitigen Juristen und weist außerdem auf die krisenhafte Lage der Naturrechtslehre hin, die sich darin äußert, daß kein Naturrechtslehrbuch
dem andern ähnlich sieht.

Aus dem Voranstehenden ergibt sich: Viele Rechtsgelehrte haben
schon vor Savigny erkannt, daß die deutsche Rechtswissenschaft Ende
des 18. Jahrhunderts in einer Krise steckte. Es bedurfte also nicht des
Gründers der Historischen Rechtsschule, um kritisches Bewußtsein zu
wecken und den Willen zur Reform zu vermitteln.

Die Stellungnahmen zum *Rechtsbegriff* sind unabhängig von der
jeweiligen Schulzugehörigkeit. So definiert beispielsweise Thibaut das
Recht als Zwangsrecht, während Feuerbach auf den kantischen Rechtsbegriff zurückgreift.

Es stehen sich zwei gegensätzliche Bestimmungen des Rechtsbegriffs
gegenüber: Einmal wird das Recht durch das Kriterium des Zwangs
definiert („der Gegenstand der Rechtsgelahrtheit besteht in Zwangsrechten und Zwangspflichten"[8]); das andere Mal wird der kantische
Rechtsbegriff in mehr oder wenig veränderter Form verwandt. Kant
nimmt zwar den Terminus Zwang nicht in seine Rechtsdefinition unmittelbar hinein (Recht ist für ihn „der Inbegriff der Bedingungen,
unter denen die Willkür des einen mit der Willkür des andern nach
einem allgemeinen Gesetz der Freiheit zusammen vereinigt werden
kann"), jedoch ist für ihn mit dem Recht, die Befugnis zu zwingen,
verbunden[9]. Zu dem kantischen Rechtsbegriff bekennen sich Hufeland,
Schmalz, Feuerbach, Tafinger, Mühlenbruch und Zachariä. Das Recht
als „Zwangsrecht" definieren Pütter, Schott, Terlinden, Eisenhart,
Wenck und Thibaut. Beide Rechtsbegriffe haben einen formalen Charakter und verzichten auf weitere inhaltliche Bestimmung. Entschei-
dender Unterschied zwischen ihnen ist, daß der kantische von der Idee
der sittlichen Freiheit ausgeht, wohingegen der andere das Recht gleichsetzt mit Zwang. Der letztere entstammt also noch der Zeit des Absolutismus, während der kantische Rechtsbegriff den Geist der Aufklärung
und der Französischen Revolution atmet.

Von diesen beiden am häufigsten vorkommenden Rechtsdefinitionen
weichen die Rechtsbegriffe Dabelows und Kohlschütters ab. Während
Dabelow das Recht durch einen Zirkelschluß definiert: „Recht ist ein
Inbegriff von Regeln und Normen, welche Rechte und Verbindlichkeiten

---

[8] Terlinden, Versuch einer Vorbereitung zu der heutigen positiven in
Teutschland üblichen gemeinen Rechtsgelahrtheit für angehende Rechtsgelehrte, 1787, § 66 (S. 155).
[9] Kant, Metaphysik der Sitten, S. 231.

bestimmen"[10], ist für Kohlschütter das Recht „die in einem Gesetz gegründete Anforderung des Menschen an andere, Achtung für seine Würde durch die äußeren Handlungen zu beweisen"[11].

Die Auseinandersetzung um die methodologische Neubegründung der Rechtswissenschaft hat die Diskussion um den Rechtsbegriff nur wenig tangiert. Feststeht, daß um 1800 der kantische Rechtsbegriff und die Trennung von Recht und Moral sich allgemein durchgesetzt haben.

Bei der Behandlung der Frage nach dem *Verständnis der Rechts-wissenschaft* der an der Methodendiskussion teilnehmenden Juristen sind zwei Bereiche zu trennen:

1. Die Definition der Rechtswissenschaft und

2. das Verhältnis der positiven Rechtswissenschaft zur Naturrechts-lehre.

Bei der Auseinandersetzung um die Reform der Rechtswissenschaft haben sich drei verschiedene Definitionen der Rechtswissenschaft her-auskristallisiert:

An Hand des Kriteriums des Zwanges (sie ist „die Wissenschaft der geschichtlichen Wahrheiten, in so ferne sie sich auf Zwangsrechte be-ziehen"[12], als systematische Erkenntnis der Rechtsgesetze und letztlich rein formal („die Rechtsgelehrsamkeit ist die Wissenschaft der voll-kommenen äusserlichen Rechte und Verbindlichkeiten")[13].

Vor allem die Anhänger der naturrechtlich-systematischen Richtung, die auch schon überwiegend das Recht an Hand des Kriteriums des Zwangs definiert haben, sprechen von der Rechtswissenschaft als einer wissenschaftlichen Bearbeitung von Zwangsrechten und Zwangspflich-ten (so Schott, Eisenhart, Schmalz, Terlinden und sowie die beiden Göt-tinger Rechtsgelehrten Pütter und Hugo). Von der systematischen Methode her bestimmen Hufeland, Tafinger, Rudhart, Zachariä, Müh-lenbruch und Thibaut die Rechtswissenschaft. Eine rein formale Defini-tion hingegen geben Dabelow, Gildemeister, Wenck und Feuerbach.

Besteht für die Anhänger der naturrechtlich-systematischen Richtung und die Göttinger Rechtsschule mit Ausnahme von Gustav Hugo die Rechtswissenschaft aus der positiven Rechtswissenschaft und einer

---

[10] Dabelow, Einleitung in die deutsche positive Rechtswissenschaft, 1793, § I.

[11] Kohlschütter, Propädeutik, Encyclopädie und Methodologie der positi-ven Rechtswissenschaft, 1797, § 10 (S. 18).

[12] Eisenhart, Die Rechtswissenschaft nach ihrem Umfange, ihren einzelnen Theilen und Hülfswissenschaften nebst einer juristischen Encyclopädie, 1796, § 2.

[13] Gildemeister, Juristische Encyclopädie und Methodologie, 1783, § 3.

materialen Naturrechtslehre, so emanzipiert sich die positive Rechtswissenschaft bei Seidensticker, Gustav Hugo und den Juristen der geschichtlich-philosophischen Strömung von diesem Naturrecht. Es verliert somit seinen Status als Rechtsquelle und damit auch die Funktion der Lückenfüllung des positiven Rechts. Die Naturrechtslehre wird von einem ehemals integrierten Bestandteil der Rechtswissenschaft zu einer ihrer Hilfswissenschaften. Dennoch bleibt sie dem Juristen unentbehrlich, „nicht eben, um das positive Recht daraus zu ergänzen, und seine Mängel zu beseitigen, sondern um in seiner Sphäre philosophiren zu lernen"[14].

Das konservative Naturrechtsdenken der Schott, Gildemeister, Dabelow, Schmalz usw., das das bestehende positive Recht als vernünftig legitimieren will, wird abgelöst um 1800 durch eine kritische Naturrechtslehre (Thibaut, Buhle und der junge Feuerbach), die den Anspruch erhebt, das positive Recht auf Zweckmäßigkeit und Gerechtigkeit hin zu untersuchen und zu kontrollieren. Aber auch dieses Naturrecht der wenigen deutschen Juristen, die sich zur Aufklärung bekennen, ist nur scheinbar kritisch und revolutionär. So wird im Privatrecht kein einziges Rechtsinstitut verworfen, weil es gegen die Rechtsidee, die Freiheit, verstößt. Keiner verurteilt die Leibeigenschaft vieler Bauern als eine mildere Form der Sklaverei.

An die Stelle des geschichtsfeindlichen Naturrechtssystems Christian Wolffs und seiner Schüler tritt bei Pütter, Reitemeier und einigen Mitgliedern der historisch-philosophischen Richtung ein relatives, hypothetisches oder historisches Naturrecht. Seine allgemeinen Grundsätze werden nun nicht mehr durch Deduzieren, sondern durch Rechtsvergleichung, Universalgeschichte und induktive Methode ermittelt. Dabei wird auf die Bildung eines axiomatisch-deduktiven Naturrechtssystems nun verzichtet.

Als die Überzeugungskraft der materialen, unhistorischen Naturrechtssysteme auf die deutsche Jurisprudenz immer mehr nachläßt, entwickeln einige Rechtsgelehrte eine *Theorie des allgemeinen positiven Rechts* (Reitemeier) oder eine *Philosophie des positiven Rechts* (Hugo, Zachariä und Buhle). Was jedoch von den einzelnen Autoren jeweils unter einer Theorie oder Philosophie des positiven Rechts verstanden wird, ist unterschiedlich. Reitemeier versucht mit seiner Theorie des allgemeinen positiven Rechts, die allgemeinen Grundsätze der staatlichen Gesetzgebungen verschiedener Zeitepochen aufzuspüren. Gustav Hugo hingegen sieht die Aufgabe seiner Philosophie des positiven Rechts darin, das positive Recht unabhängig von jeglicher seiner Er-

---

[14] Mühlenbruch, Lehrbuch der Encyclopädie und Methodologie des positiven in Deutschland geltenden Rechts, 1807, § 299 (S. 503).

scheinungsformen vor dem Richterstuhl der Vernunft zu legitimieren. Nach Zachariä ist die Philosophie des positiven Rechts „eine Wissenschaft der Principien, aus welchen das positive Recht, seinen Inhalt nach abzuleiten ist oder mit anderen Worten, aus welches es sich erklären läßt, warum dieser Inhalt in einem jeden Falle so und nicht anders beschaffen war"[15]. Buhle wiederum unterscheidet eine kritische und eine historische Philosophie des positiven Rechts. Die erstere entscheidet über die Gültigkeit des positiven Rechts vor der Vernunft; die letztere ist bestrebt, den historischen Ursprung staatlicher Gesetze zu erklären und deren Wert oder Unwert in bezug auf die gesellschaftlichen Bedürfnisse zu bestimmen[16].

Bei der Theorie oder Philosophie des positiven Rechts handelt es sich nicht eigentlich um ein neues Ideal der Rechtswissenschaft, sondern um die Ablösung der allgemeinen Rechtstheorie, die bisher das Naturrecht geliefert hat, durch eine positive Theorie[17]. Für die Entwicklung des Verhältnisses zwischen Naturrecht und positiver Rechtswissenschaft ist abschließend noch folgendes charakteristisch: Die materiale Naturrechtslehre der naturrechtlich-systematischen Richtung wird um 1800 durch die Idee eines nur noch formalen Naturrechts ersetzt. Anteil daran haben vor allem Gustav Hugo und Feuerbach, die mit Hilfe der kantischen Erkenntniskritik nachgewiesen haben, daß es unmöglich ist, aus empirischen Erkenntnissen ein materiales Naturrechtssystem zu konstruieren.

Als Folge der Kritik an dem materialen Naturrechtsverständnis und der Herrschaft der formalen Naturrechtsidee entsteht die Autonomie der positiven Rechtswissenschaft, die Hugo und Feuerbach schon vor Savigny herbeigeführt und methodologisch begründet haben.

Die Diskussion um die *methodologische Erneuerung der Rechtswissenschaft* hat ihren Ausgangspunkt in der Trennung der historischen und philosophischen (systematischen) Methode, der Gegnerschaft zwischen der antiquarischen Jurisprudenz und der naturrechtlich-systematischen Richtung. Endpunkt der Methodendiskussion in der Rechtswissenschaft ist um 1800 die Konstituierung der positiven Rechtswissenschaft durch die Verbindung von historischer und philosophischer Methode bei Gustav Hugo, und der historisch-philosophischen Richtung um Thibaut und Feuerbach. Diese Auseinandersetzung geht um die unterschiedliche Begriffsbestimmung von historisch und philosophisch und das Verhältnis von historischer und philosophischer Methode zueinander.

---

[15] Zachariä, Die Wissenschaft der Gesetzgebung, 1806, S. 65.
[16] Buhle, Ideen zur Rechtswissenschaft, Moral und Politik, S. 136 und 154.
[17] Wieacker, Die Ausbildung einer allgemeinen Theorie des positiven Rechts in Deutschland, Festschrift für Michaelis, 1972, S. 354 und 355.

So verstehen die naturrechtlich-systematischen Juristen unter der philosophischen Methode die deduktiv-systematische.

Für die Göttinger Rechtsschule hingegen ist sie ein Argumentieren mit induktiv gewonnenen allgemeinen Rechtsgrundsätzen, die nicht mehr auf ein geschlossenes Rechtssystem hin orientiert sind.

Die historisch-philosophische Richtung wiederum sieht in der philosophischen Methode ein Sammelsurium, das aus dem Topos der Natur der Sache und der Argumentation mit allgemeinen Grundsätzen und juristischen Hypothesen besteht. Hinzu kommt die systematisch-deduktive Methode, die aber im Gegensatz zu Schott, Dabelow und Gildemeister nicht zu einem materialen Rechtssystem führt, sondern an der Idee eines formalen Wissenschaftssystems orientiert ist. Aus einem logisch-stringenten Lehrsystem des Rechts wird ein nach übergreifenden Gesichtspunkten geordnetes Rechtssystem, das auf dem Postulat der formalen Einheit aller Wissenschaft beruht.

Versteht die elegante Jurisprudenz unter historisch nur die unkritische praxisferne Quellenforschung, die innere Rechtsgeschichte also, so bestimmen die Göttinger Rechtsschule und die historisch-philosophische Richtung die historische Methode als pragmatisch-geschichtlich und empirisch im Anschluß an Montesquieu. Dieses Geschichtsverständnis enthält nicht nur kulturgeschichtliche Aspekte des Rechts, sondern geht auch auf die soziale und ökonomische Bedingtheit aller Rechtsordnungen ein. Ergebnis der pragmatischen Geschichtstheorie ist auch die Trennung von innerer und äußerer Rechtsgeschichte (Quellen- und Dogmengeschichte) in der Rechtswissenschaft.

Die Diskussion um die methodologische Erneuerung der Rechtswissenschaft von 1780 bis 1810 hat die *Lehre von der Gesetzesauslegung* kaum beeinflußt. Nur wenige Rechtsgelehrte äußern sich zu Fragen der juristischen Hermeneutik. Thibaut ist der einzige unter ihnen, der erkennt, daß die Lehre der Gesetzesinterpretation sich in krisenhaftem Zustand befindet. Er diagnostiziert bei seinen juristischen Zeitgenossen eine methodologische Verwirrung. An Stelle der von Savigny aufgeführten vier Elemente der Auslegung (grammatisch, logisch, historisch und systematisch) kennen die Juristen Ende des 18. und Anfang des 19. Jahrhunderts nur zwei: das grammatische (philologische) und das logische (so Zachariä, Kohlschütter und Thibaut) oder das grammatische und das historische Element (so z. B. Reitemeier). Die systematische Auslegungsmethode hingegen ist ihnen allgemein unbekannt.

Die grammatische Interpretation bestimmt den Sinn der Worte, die logische ist die Auslegung entweder nach dem Grund und Zweck des Gesetzes oder nach der Absicht des Gesetzgebers. Der subjektiven Auslegungstheorie folgen Reitemeier, Zachariä und Hufeland, der objektiven Schott, Gildemeister und wohl auch Thibaut.

Hufeland, Zachariä und Thibaut stellen auch eine Reihenfolge der jeweils anzuwendenden Methode für die Gesetzesauslegung auf. Für sie ist die juristische Hermeneutik nicht eine „Kunst" wie für Savigny. Deshalb können auch feste Regeln aufgestellt werden. Für Hufeland und Zachariä geht die grammatische Interpretation der logischen vor; denn die logische Auslegung ist im Grunde selbst eine Gesetzgebung, die nicht Aufgabe des Richters sein kann[18]. Nach Thibaut hat der Jurist mit der grammatischen Auslegung zu beginnen. Nur dann, „wenn die Absicht des Gesetzgebers oder der Grund des Gesetzes sich aus dem Gesetz selbst ergibt"[19], darf die logische Auslegung angewandt werden, die dann der grammatischen vorgeht, da „das Resultat, welches der Geist der Gesetze ergiebt, unbedingt dem Resultat des Wortverstandes vorzuziehen"[20] ist.

Die Lehre der Gesetzesauslegung hat bis zu Savignys Marburger Methodenlehre kaum einen Fortschritt gemacht. Erst durch den Gründer der Historischen Rechtsschule wurde ihre Reform eingeleitet.

III. Die Gemeinsamkeiten und Unterschiede zwischen der Historischen Rechtsschule Savignys und der historisch-philosophischen Richtung

Um 1815 standen sich zwei verschiedene Reformbestrebungen in der deutschen Rechtswissenschaft gegenüber: die Historische Rechtsschule um Savigny und die schon früher entstandene historisch-philosophische Richtung. Beide Strömungen haben viele Anregungen aus der Göttinger Rechtsschule übernommen: Die Kritik an der naturrechtlich-systematischen Richtung, an der demonstrativen Methode Christian Wolffs und an der Idee eines materialen Naturrechtssystems, das die Eigenständigkeit des positiven Rechts verdrängt hat. Die Göttinger Rechtsgelehrten haben als erste den krisenhaften Zustand der Rechtswissenschaft Ende des 18. Jahrhunderts erkannt und dieses kritische (und sich um Reformen bemühende) Bewußtsein der Historischen Rechtsschule und den Juristen um Feuerbach und Thibaut vermittelt. Dabei baut Savigny auf den Positivismus Gustav Hugos seine organologische Rechtslehre auf, während die historisch-philosophische Richtung vor allem die prag-

---

[18] Zachariä, Die Wissenschaft der Gesetzgebung, 1806, S. 318.
[19] Thibaut, Theorie der logischen Auslegung des römischen Rechts, 2. Aufl., 1806, § 2 (S. 14).
[20] Ebenda, § 29 (S. 124 und 125).

matisch-geschichtliche Methode und die Idee der Rechtsvergleichung von Pütter, Reitemeier und Hufeland übernimmt.

Bevor auf die Unterschiede zwischen der Historischen Rechtsschule und der historisch-philosophischen Richtung eingegangen wird, sollen noch kurz ihre Gemeinsamkeiten dargestellt werden:

1. Beide Strömungen gehen davon aus, daß die Rechtswissenschaft reformiert werden muß.

2. Der Rechtsbegriff und die Bestimmung des Verhältnisses zwischen Recht und Moral und ihre Idee eines formalen Wissenschaftssystems weisen jeweils einen Einfluß Kants auf.

3. Die Rechtswissenschaft ist für sie eine philosophische und historische Wissenschaft zugleich, die autonom ist von der materialen Naturrechtslehre.

4. Die historische und philosophische Methode sind zu verbinden, um die positive Rechtswissenschaft zu bearbeiten.

Diese Gemeinsamkeiten verdecken jedoch nicht wesentliche Unterschiede und verhindern auch nicht, daß Savigny Feuerbach und Thibaut „ungeschichtliche" Juristen nennt.

Während Savigny das bestehende Recht durch seine Geschichte legitimieren und nicht nur seine Entstehung erklären will, genügt dies Feuerbach und Thibaut nicht. Für sie muß die Philosophie als Prüfstein der Vernunft hinzutreten, um die Existenzberechtigung eines beliebigen Rechtsinstituts zu belegen; denn die historische Rechtfertigung allein reicht nicht hin, um etwas als vernünftig aufzuzeigen. Die Rechtfertigung für vormalige Zeiten, darauf weist 1819 auch schon Hegel hin, darf nicht mit einer Rechtfertigung für die Gegenwart verwechselt werden[21]. Ähnlich drückt Thibaut seine Kritik aus: „Daß man uns doch stets durch das was war, aber nicht immer so bleiben darf, und wird, widerlegen will[22]." Zwar gehen die Historische Rechtsschule und die historisch-philosophische Richtung gemeinsam terminologisch davon aus, die positive Rechtswissenschaft mit Hilfe der philosophischen und historischen Methode zu bearbeiten, doch verstehen sie unter „historisch" und „philosophisch" jeweils etwas anderes. „Historisch" heißt für Savigny genetisch, für Thibaut, Feuerbach, Zachariä und Wenck pragmatisch. Greift der Gründer der Historischen Rechtsschule auf die Geschichtsphilosophie Herders und Schellings zurück, so übernehmen die zuletzt genannten Juristen das geschichtliche Denken Montesquieus. Savignys organologisches Geschichtsverständnis betrachtet im Anschluß

---

[21] Hegel, Rechtsphilosophie, Edition Ilting, 4. Band, S. 88 und 89.
[22] Thibaut, Versuche I, S. 159.

an die Entstehung des Historismus in der deutschen Geschichtswissenschaft das Recht nur unter kulturgeschichtlichen Aspekten. Hingegen ist es für die pragmatische Geschichtstheorie auch durch soziale, ökonomische und politische Faktoren beeinflußt. Savigny subsumiert unter „philosophisch" die systematische Methode. Die historisch-philosophische Richtung hingegen versteht unter der „philosophischen" Bearbeitung des positiven Rechts nicht nur die Anwendung der systematisch-deduktiven Methode allein, sondern auch die der induktiven Methode, das Argumentieren aus der Natur der Sache und die Rechtsfortbildung durch allgemeine Grundsätze und Hypothesen. Trotz dieser Unterschiede orientieren sich beide Reformalternativen Anfang des 19. Jahrhunderts an der Idee eines formalen Rechtssystems und nicht an dem axiomatisch-deduktiven Systemmodell der Wolffianer. Strebt Savigny eine Reform der Rechtswissenschaft durch Rechtsgeschichte und wissenschaftliche, d. h. systematische Rechtsfortbildung an, so sprechen sich seine Antipoden Thibaut und Feuerbach für Rechtsvergleichung, Universalrechtsgeschichte und die Idee der Kodifikation aus. Ein weiterer Unterschied zwischen der Historischen Rechtsschule und der historisch-philosophischen Richtung besteht in ihrem Verhältnis zur Naturrechtslehre. Lehnt Savigny diese zumindest in der Theorie gänzlich ab, so gehen Zachariä, Wenck und Feuerbach von einem formalen Naturrecht aus, während in den Rechtslehren Thibauts und Rudharts sogar noch Relikte des vorkantischen Naturrechts vorhanden sind. Da Savigny auf die Philosophie als Erkenntnismittel und Bewertungsmaßstab des Rechts verzichtet und nur der Geschichte vertraut, liegt seiner Rechtslehre die fatalistische Theorie der Normativität des Faktischen zugrunde. Gegen diese Art des Positivismus schützen sich Feuerbach und Thibaut, indem sie die Aufgabe der Rechtsphilosophie oder des Naturrechts darin sehen, das bestehende positive Recht auf Gerechtigkeit und Vernünftigkeit hin zu überprüfen. Die Naturrechtslehre wird bei ihnen zu einer Theorie der bürgerlich-liberalen, progressiven Rechtspolitik. Ihre Rechtslehren sind kritisch und nicht wie die Savignys apologetisch.

Die Diskussion um die Erneuerung der Rechtswissenschaft zwischen der historisch-philosophischen Richtung — Thibaut und Feuerbach einerseits und Savigny andererseits — ist auch ein Streit um die Bewertung der Französischen Revolution von 1789. Während Savigny sich als ihr Gegner und scharfer Kritiker erweist, sympathisieren Thibaut und Feuerbach mit den Ideen der Revolution.

Dient Savignys Rechtstheorie der Verteidigung der „Legitimität" im Bereich des Privatrechts und der Bewahrung des überlieferten Rechts als eines „historisch bewährten" Rechts, so reden Thibaut, aber auch Feuerbach den rechtspolitischen Interessen des Bürgertums das

Wort[23]. Die Absage an die Vorschläge Feuerbachs und Thibauts zur Reform der Rechtswissenschaft und der Sieg des konservativen Programms der Historischen Rechtsschule ist politisch und nicht durch die Stärke der Argumente bedingt.

IV. Die rechtswissenschaftsgeschichtliche Tradition, in der Savignys Rechtslehre steht

Nachdem in Kapitel A V dieser Arbeit die Ansicht Savignys über Möser, Rehberg und Hugo, die er als seine Vorläufer ansieht, dargestellt worden ist, war nun zu prüfen, ob diese drei Männer wirklich durch ihre rechtstheoretischen Aussagen Wegbereiter der Historischen Rechtsschule sind.

Justus Möser (1720 - 1794), ein Osnabrücker Staatsmann, hat als einer der ersten die Idee einer Kodifikation des bürgerlichen Rechts abgelehnt, an der Philosophie der Aufklärung Kritik geübt und die Idee der Französischen Revolution bekämpft.

Der Kodifikationsgedanke, der Erlaß allgemeiner Gesetze und Verordnungen stoßen bei ihm auf Widerstand, da sie die ständische Freiheit gefährden. „Allein allgemeine Polizeiordnungen, allgemeine Forstordnungen, allgemeine Gesetze über Handel und Wandel, über Acker- und Wiesenbau und über andere Teile der Staats- und Landwirtschaft sind mehrenteils stolze Eingriffe in die menschliche Vernunft, Zerstörung des Privateigentums und Verletzung der Freiheit[24]." An anderer Stelle schreibt Möser: „Die Gesetzgebung macht das menschliche Geschlecht immer einförmiger, raubt ihm seine wahre Stärke und erstickt in den Werken der Natur, wie in den Werken der Kunst, manches Genie[25]." Deshalb gibt er dem Gewohnheitsrecht eindeutig den Vorrang vor dem Gesetzesrecht: „Und wenn ich ein allgemeines Gesetzbuch zu machen hätte, so würde es darin bestehen, daß jeder Richter nach den Rechten und Gewohnheiten sprechen sollte, welche ihm von den Eingesessenen seiner Gerichtsbarkeit zugewiesen würden[26]." In allen seinen Schriften nimmt Möser Stellung gegen die Philosophie der Aufklärungszeit aus Furcht vor ihrem revolutionären Gehalt; denn „die philosophischen Theorien untergraben alle ursprünglichen Contracte, alle Privilegien und Freiheiten[27]."

---

[23] Wilhelm, Zur juristischen Methodenlehre im 19. Jahrhundert, S. 73.

[24] Justus Möser, Patriotische Phantasien, Teil II, herausgegeben von J. W. J. von Voigt, geb. Möser, 1775 - 1786, S. 20.

[25] Justus Möser, Patriotische Phantasien, Teil III, S. 67.

[26] Justus Möser, Patriotische Phantasien, Teil II, S. 23.

[27] Ebenda, S. 23.

Schon vor Savignys Kritik im Einleitungsaufsatz des ersten Bandes der Zeitschrift für geschichtliche Rechtswissenschaft wendet sich Möser gegen die pragmatische Geschichtsschreibung. In der Vorrede zur „Osnabrückischen Geschichte" schreibt er: „Meine Abneigung gegen alle moralischen Betrachtungen ist unter der Arbeit gewachsen[28]." Meinecke zählt Möser deshalb zu den Gründern des frühen Historismus in Deutschland[29].

Als Befürworter des Feudalismus sieht Möser in der Französischen Revolution eine Gefahr für die von ihm verteidigte Ständegesellschaft. Darum lehnt er auch die Erklärung der Menschenrechte mit der folgenden Begründung ab: „Es mag ein Recht der Menschheit geben oder nicht, so ist doch jetzt in Europa kein Staat bekannt, welcher darauf gegründet wäre, und" fährt er ironisch fort, „ich will die Franzosen für das erste Volk in der Welt erkennen, wenn sie auf dem Wege ihrer Theorie vom Rechte der Menschheit etwas Fruchtbares und Dauerhaftes zu Stande bringen[30]."

Aus dieser skizzenhaften Darstellung der Stellungnahmen Mösers zu philosophischen, juristischen und politischen Fragen erkennt man, daß Savignys Rechtslehre durch Möser beeinflußt worden ist.

Ähnlich wie Möser wehrt sich *August Wilhelm Rehberg* (1757 - 1836) gegen die Philosophie der Aufklärungszeit, die Französische Revolution und deren Produkt, den Code Napoleon.

Ein materiales Naturrechtsverständnis mit revolutionären Forderungen führt nach Rehberg „eine gänzliche Auflösung der bürgerlichen Verfassungen" herbei[31]. Diese Naturrechtslehre mit ihrer Freiheits- und Gleichheitsidee postuliert nämlich die Ablösung der feudalen Ständegesellschaft durch den bürgerlich-liberalen Staat.

Rehberg geht wie Savigny von der Geschichtlichkeit allen Rechts aus und weist auf die Abhängigkeit der gegenwärtigen Rechtsordnung vom Rechtszustand der Vergangenheit hin: „Jede Generation erhält von ihren Vorältern einen Schatz von angehäuften unsichtbaren Reichthümern dieser Art, und vererbt sie wieder auf ihre Nachkommen ... Der vorhandene rechtliche Zustand liegt aber allemal der neuen Gesetzgebung zugrunde; muß ihr zum Grunde liegen[32]."

---

[28] Justus Möser, Vorrede zur Osnabrückischen Geschichte, Bd. 2, 1768, S. III.

[29] Meinecke, Zur Entstehung des Historismus, 1959, S. 303 ff.

[30] Justus Möser, Patriotische Phantasien, Teil III, S. 293.

[31] Rehberg, Über das Verhältnis der Theorie zur Praxis, S. 128.

[32] Rehberg, Über den Code Napoleon und dessen Einführung in Deutschland, Hannover 1814, S. 8 und 9.

Außerdem wendet sich Rehberg gegen die Französische Revolution und den Code Napoleon. Die Französische Revolution hat für ihn „ein System vollkommener Insubordination und Anarchie hervorgebracht"[33]. Folge und Zweck dieser Revolution waren „die Zerstörung der Sittlichkeit"[34]. Der Code Napoleon als Produkt der Französischen Revolution ist zudem vollkommen darauf angelegt, die großen Zwecke der Revolution zu befördern, nämlich „die gänzliche Vernichtung aller bisher bestandnen Socialverhältnisse unter den Menschen und die gränzenlose Ausdehnung der Herrschaft des französischen Volkes" herbeizuführen[35].

Die Übernahme des französischen Gesetzbuchs nach Deutschland würde — so Rehberg — „alles Eigenthümliche in den innern Verhältnissen" zerstören und „die Deutschen zu verächtlichen und verachteten Werkzeugen der Franzosen machen"[36]. Savigny übernimmt diese Argumente aus Rehbergs Kritik am Code Napoleon.

Trotz mancher Differenzen zu Savigny (vgl. Kapitel C III 4 h) ist *Gustav Hugo* der erste Wegbereiter der Historischen Rechtsschule. Hugo hat die philosophische Grundlage der Historischen Rechtsschule mit seiner „Philosophie des positiven Rechts" gelegt. Er charakterisiert nämlich sämtliche bestehenden Rechtsinstitute als unvernünftig, um dann ihre Geltung durch ihre Geschichte, ihre Positivität zu begründen, da die Philosophie als Wissenschaft der Vernunfterkenntnisse keinen Maßstab besitzt, um über Gerechtigkeit und Zweckmäßigkeit eines Rechtsinstituts urteilen zu können. Die Geschichte ersetzt also in Hugos Rechtslehre die frühere Legitimationsleistung des materialen Naturrechtsverständnisses. In Hugos Kampf gegen das materiale Naturrechtsverständnis liegt der Grund dafür, daß Savigny sich nicht genötigt sah, sich intensiv mit den Naturrechtslehren des 18. und 19. Jahrhunderts auseinander zu setzen. Savigny benutzt Hugos positivistische Rechtslehre als Fundament seiner „organischen" Rechtslehre. Dabei stützt er sich auf die methodologische Begründung Hugos für die Autonomie der positiven Rechtswissenschaft, nämlich die Kritik am materialen Naturrecht und die Sicht der positiven Rechtswissenschaft als einer zugleich philosophischen und historischen Wissenschaft.

Aus dem voranstehenden ergibt sich: Möser, Rehberg und Hugo sind die deutschen Juristen, die sowohl nach Savignys Betrachtungsweise als auch objektiv wegen ihrer Kritik an der Philosophie der Auf-

---

[33] Rehberg, Untersuchungen über die Französische Revolution, 1. Theil, 1793, S. 162.

[34] Rehberg, Über den Code Napoleon und dessen Einführung in Deutschland, S. 201.

[35] Ebenda, S. 91.

[36] Ebenda, S. 91.

klärungszeit, ihrer Liebe zur geschichtlichen Betrachtung des Rechts und ihrer Ablehnung der Kodifikationsidee und der Französischen Revolution als *Wegbereiter* der Historischen Rechtsschule anzusehen sind.

V. Thesen zu dieser Arbeit

1. Die Diskussion um die Erneuerung der Rechtswissenschaft beginnt um 1780, also schon dreißig Jahre vor der Gründung der Historischen Rechtsschule durch Savigny (1815).

2. Neben dem konservativen Reformmodell Savignys gibt es eine liberale und kritische Alternative, die historisch-philosophische Richtung.

3. Savignys Verdienste im methodologischen Bereich sind die Entwicklung der genetischen Methode und seine Lehre von der Gesetzesauslegung. Zwar sprechen auch Tafinger, Rudhart und Hummel[37] von „organischer" Methode, jedoch setzen sie „organisch" mit mechanisch-systematisch gleich und nicht — wie Savigny — mit einem entwicklungsgeschichtlich, historisch individualisierendem Prinzip.

4. Savigny gehört zu den Juristen Anfang des 19. Jahrhunderts, die den Gegenstand der autonomen positiven Rechtswissenschaft konstituieren, indem sie sie zugleich als historische und philosophische Wissenschaft begreifen und als ihr eigentliches Ziel die Vereinigung dieser beiden Elemente erklären. Jedoch haben schon vor Savigny vor allem Gustav Hugo und Anselm von Feuerbach um 1800 unter kantischem Einfluß durch ihre Kritik an der materialen Naturrechtslehre und durch die Verbindung von historischer (empirisch-pragmatischer) und philosophischer Methode zur Bearbeitung des Rechts die methodologische und gegenständliche Selbständigkeit der positiven Rechtswissenschaft begründet[38]. Deshalb kann das Urteil der meisten Rechtshistoriker der Gegenwart über Friedrich Carl von Savigny, die in ihm den „Gründungsheros" der deutschen Rechtswissenschaft sehen, zumindest von Savignys rechtstheoretischen Leistungen her nicht länger aufrechterhalten werden.

---

[37] Alfred Hummel, Propädeutik zur gründlichen Kenntniß des heutigen positiven Rechts und dessen Quellen, Erster Band, Giessen, Vorrede S. IX, Zweyter Band, Vorrede S. III und XIII.

[38] Wieacker weist darauf hin, daß schon vor der Marburger Methodenlehre von 1802 und 1803 die Konzeption einer philosophischen „positiven Rechtswissenschaft" sich durchzusetzen begann. Wandlungen im Bilde der Historischen Rechtsschule, S. 10 und Privatrechtsgeschichte der Neuzeit, 2. Aufl., 1967, S. 369.

5. Nicht Friedrich Carl von Savigny, sondern Anselm von Feuerbach
   hat aufgrund seiner rechtstheoretischen Schriften den entscheidenden Anteil an der Reform der Rechtswissenschaft. Feuerbachs Verständnis von der zugleich philosophischen und historischen (empirischen) Rechtswissenschaft, seine Forderung nach Rechtsvergleichung und Kodifikation, seine gesetzgeberischen Arbeiten und seine
   Sicht der Rechtsphilosophie als Theorie einer bürgerlich-liberalen,
   aufklärerischen Rechtspolitik zeichnen ihn vor allen Juristen des
   beginnenden 19. Jahrhunderts aus.

Literaturverzeichnis

Asendorf, Manfred: Deutsche Fachhistorie und Sozialgeschichte, Ansichten einer künftigen Geschichtswissenschaft, 1974, S. 24 ff.

Bergbohm, Karl: Jurisprudenz und Rechtsphilosophie, 1892.

Bethmann-Hollweg, Moritz-August von: Erinnerungen an F. C. von Savigny als Rechtslehrer, Staatsmann und Christ, Zeitschrift für Rechtsgeschichte, Bd. 6, S. 42 ff.

Böckenförde, Ernst-Wolfgang: Die historische Rechtsschule und das Problem der Geschichtlichkeit des Rechts, Collegium Philosophicum, Studien Joachim Ritter zum 60. Geburtstag, 1965, S. 9 ff.

Blühdorn, Jürgen: Zum Zusammenhang von „Empirie" und „Positivität" im Verständnis der deutschen Rechtswissenschaft zu Beginn des 19. Jahrhunderts in „Positivismus im 19. Jahrhundert", 1971, S. 123 ff.

— Naturrechtskritik und „Philosophie des positiven Rechts" zur Begründung der Jurisprudenz als positiver Fachwissenschaft durch Gustav Hugo, Tijdschrift voor rechtsgeschiedenis, Bd. 41 (1973), S. 1 ff.

Coing, Helmut: Geschichte und Bedeutung des Systemgedankens in der Rechtswissenschaft, 1956.

— Grundzüge der Rechtsphilosophie, 2. Aufl., 1969.

Dabelow, Christoph-Christian, Einleitung in die deutsche positive Rechtswissenschaft, 1793.

— System der heutigen Rechtsgelahrtheit, Halle 1794.

Dilthey, Wilhelm: Das achtzehnte Jahrhundert und die geschichtliche Welt, Gesammelte Schriften, III. Bd., 1927, S. 209.

Eisenhart, Ernst Ludwig August: Die Rechtswissenschaft nach ihrem Umfange, ihren Theilen und Hülfswissenschaften nebst einer juristischen Encyclopädie, Helmstädt 1795.

Engisch, Karl: Einführung in das juristische Denken, 4. Aufl., 1968.

Feuerbach, Paul Johann Anselm von: Kritik des natürlichen Rechts als Propädeutik zu einer Wissenschaft der natürlichen Rechte, 1796.

— Anti Hobbes, oder über die Grenzen der höchsten Gewalt und das Zwangsrecht der Bürger gegen den Oberherrn, 1798.

— Philosophisch-juridische Untersuchung über das Verbrechen des Hochverraths, Erfurt 1798.

— Philosophie und Empirie in ihrem Verhältnis zur Rechtswissenschaft, 1814, wieder abgedruckt in Theorie der Erfahrung in der Rechtswissenschaft des 19. Jahrhunderts, Einleitung von Klaus Lüderssen, 1968, S. 61 ff.

— Blick auf die teutsche Rechtswissenschaft (1810), wieder abgedruckt in Kleine Schriften vermischten Inhalts, 1833, S. 152 ff.

Feuerbach, Paul Johann Anselm von: Die Weltherrschaft das Grab der Menschheit (1814), wieder abgedruckt in Kleine Schriften vermischten Inhalts, 1833, S. 28 ff.

— Einige Worte über historische Rechtsgelehrsamkeit und einheimische deutsche Gesetzgebung (1816), wieder abgedruckt in Kleine Schriften vermischten Inhalts, 1833, S. 133 ff.

— Idee und Nothwendigkeit einer Universaljurisprudenz in Biographischer Nachlaß von Anselm von Feuerbach, herausgegeben von Ludwig Feuerbach, 1853, S. 378 ff.

Gagner, Stén: Studien zur Ideengeschichte der Gesetzgebung, 1965.

Gallas, Wilhelm: P. J. Feuerbachs „Kritik des natürlichen Rechts", Sitzungsbericht der Heidelberger Akademie der Wissenschaften, Phil. Hist. Kl. Jg. 1964 Abhandlung 1.

Gmür, Rudolf: Savigny und die Entstehung der Rechtswissenschaft, 1962.

Gönner, Nicolaus Thaddäus: Über die Nothwendigkeit einer gründlichen Reform des in Teutschland geltenden Privatrechts in F. L. Wirschingers Versuch einer neuen Theorie über das Juramentum in litem, Landshut 1810.

— Über Gesetzgebung und Rechtswissenschaft in unserer Zeit, Erlangen 1815.

Hattenhauer, Hans: Einleitung zu Thibaut und Savigny, 1973, S. 9 ff.

Hegel, Georg Wilhelm Friedrich: Grundlinien der Philosophie des Rechts oder Naturrecht und Staatswissenschaft im Grundrisse (1821) Edition Ilting 1. und 4. Bd., 1975.

Hippel, Fritz von: Zur Gesetzmäßigkeit juristischer Systembildung, Berlin 1930.

— Gustav Hugos juristischer Arbeitsplan, 1935.

Hollerbach, Alexander: Der Rechtsgedanke bei Schelling, 1957.

Hufeland, Gottlieb: Beyträge zur Berichtigung und Erweiterung der positiven Rechtswissenschaften, Jena 1792.

— Lehrsätze des Naturrechts, 2. Aufl., 1795.

— Einleitung in die Wissenschaft des heutigen Privatrechts, 1796.

— Lehrbuch der Geschichte und Encyclopädie aller in Deutschland geltenden positiven Rechte, Jena 1796.

— Abriß der Wissenschaftskunde und Methodologie der Rechtsgelahrtheit, Jena 1797.

— Institutionen des gesammten positiven Rechts oder systematische Encyclopädie der sämmtlichen allgemeinen Begriffe und unstreitigen Grundsätze aller in Deutschland geltenden Rechte, 1803.

— Lehrbuch des in deutschen Ländern geltenden gemeinen oder subsidiarischen Civilrechts, 1806.

— Über den eigenthümlichen Geist des Römischen Rechts, 2 Theile, Giessen 1815 - 1817.

Hugo, Gustav: Civilistisches Magazin, 1. Bd., Berlin 1791.

— Civilistisches Magazin, 2. Bd., Berlin 1797.

Hugo, Gustav: Civilistisches Magazin, 3. Bd., Berlin 1812.

— Civilistisches Magazin, 4. Bd., Berlin 1815.

— Beyträge zur civilistischen Bücherkenntniß der letzten vierzig Jahre, 1. Bd. 1828.

— Beyträge zur civilistischen Bücherkenntniß der letzten vierzig Jahre, 2. Bd. 1829.

— Encyclopädie, 2. Aufl., 1799.

— Encyclopädie, 6. Aufl., 1819.

— Lehrbuch des Naturrechts als eine Philosophie des positiven Rechts, 2. Aufl., 1799.

— Lehrbuch des Naturrechts, 3. Aufl., 1809.

— Lehrbuch des Naturrechts, 4. Aufl., 1819.

— Lehrbuch der Geschichte des Römischen Rechts, 2. Aufl., 1799.

Hummel, Alfred: Propädeutik zur gründlichen Kenntniß des positiven Rechts und dessen Quellen, Erster Band 1805.

Iggers, Georg G.: Deutsche Geschichtswissenschaft. Eine Kritik der traditionellen Geschichtsauffassung von Herder bis zur Gegenwart, 2. Aufl., 1972.

Jacob, Ludwig Heinrich: Philosophische Rechtslehre oder Naturrecht, Halle 1795.

Jonas, Friedrich: Geschichte der Soziologie, Bd. 1, 2. Aufl., 1976.

Kambartel, Friedrich: „System" und „Begründung" als wissenschaftliche und philosophische Ordnungsbegriffe bei und vor Kant, Philosophie und Rechtswissenschaft, 1969, S. 99.

Kant, Immanuel: Kritik der reinen Vernunft, 1781.

— Kritik der praktischen Vernunft, 1788.

— Metaphysische Anfangsgründe der Rechtslehre, 1797.

Kantorowicz, Hermann: Was ist uns Savigny? 1914.

Kaufmann, Erich: Über den Begriff des Organismus in der Staatslehre des 19. Jahrhunderts, Heidelberg 1908.

Kiefner, Hans: Geschichte und Philosophie des Rechts bei A. F. Thibaut. Zugleich Versuch eines Beitrages über den beginnenden Einfluß Kants auf die deutsche Rechtswissenschaft, SZ Rom. Abt. 77 (1960) S. 304.

— Der Einfluß Kants auf Theorie und Praxis des Zivilrechts im 19. Jahrhundert, in Philosophie und Rechtswissenschaft, 1969, S. 5.

Kohlschütter, Christian: Propädeutik, Encyclopädie und Methodologie der positiven Rechtswissenschaft und Vorlesungen, 1797.

— Vorlesungen über den Begriff der Rechtswissenschaft, Leipzig 1798.

Koschaker, Paul: Europa und das römische Recht, 1947.

Kriele, Martin: Theorie der Rechtsgewinnung, 1967.

Kunkel, Wolfgang: Rezension von Wieacker, Privatrechtsgeschichte der Neuzeit, 1. Aufl., 1952 in SZ Rom. Abt. 71 (1954), S. 509.

— Savignys Bedeutung für die deutsche Rechtswissenschaft und das deutsche Recht, JZ 1962, S. 458.

Larenz, Karl: Methodenlehre der Rechtswissenschaft, 3. Aufl., 1975.

Laufs, Adolf: Rechtsentwicklung in Deutschland, 1973.

Manigk, Alfred: Savigny und der Modernismus im Recht, Berlin 1914.

Marx, Karl: Das philosophische Manifest der historischen Rechtsschule (1838), Marx Engels-Werke Bd. 1, 1972, S. 78.

Meinecke, Friedrich: Zur Entstehung des Historismus, 1959.

Möser, Justus: Patriotische Phantasien, herausgegeben von J. W. J. von Voigt, geb. Möser, Berlin 1775 - 1786.

— Vorrede zur Osnabrückischen Geschichte, Bd. 2, 1768.

Mühlenbruch, Carl Friedrich: Lehrbuch der Encyclopädie und Methodologie des positiven in Deutschland geltenden Rechts, Halle 1807.

— Rechtliche Beurtheilung des Stadelschen Erbfalles, Halle 1828.

Naucke, Wolfgang: Paul Johann Anselm von Feuerbach, Zur 200. Wiederkehr seines Geburtstags am 14. November 1775, ZStW 75 (1975), S. 861.

Pütter, Johann Stephan: Neuer Versuch einer juristischen Encyclopädie und Methodologie, 1767.

— Literatur des teutschen Staatsrechts, Bd. 1, 1776.

— Beyträge zum teutschen Staats- und Fürstenrecht, Göttingen 1777.

Radbruch, Gustav: Paul Johann Anselm Feuerbach, ein Juristenleben, 1934.

Rehberg, August Wilhelm: Untersuchungen über die Französische Revolution, 1793.

— Über das Verhältnis der Theorie zur Praxis (1794), wieder abgedruckt in Kant / Gentz / Rehberg, Über Theorie und Praxis, 1967, S. 127.

— Ueber den Code Napoleon und dessen Einführung in Deutschland, Hannover 1814.

Reitemeier, Johann Friedrich: Encyclopädie und Geschichte der Rechte in Deutschland, Göttingen 1785.

— Allgemeines Deutsches Gesetzbuch, Frankfurt an der Oder 1801.

— Über Gesetzgebung, insbesondere in den Deutschen Reichsstaaten, 1806.

Rudhart, Ignaz: Ueber das Studium der Rechtsgeschichte, Würzburg 1811.

— Encyclopädie und Methodologie der Rechtswissenschaft, Würzburg 1812.

Rudorff, Adolf August Friedrich: Friedrich Carl von Savigny, Erinnerungen an sein Wesen und Wirken, Zeitschrift für geschichtliche Rechtswissenschaft, Bd. 2 (1863), S. 1 ff.

Savigny, Friedrich Carl von: Juristische Methodenlehre, herausgegeben von Wesenberg, nach dem Vorlesungsskriptum von J. Grimm vom Wintersemester 1802/03, 1951.

Savigny, Friedrich Carl von: Vom Beruf unserer Zeit für Gesetzgebung und Rechtswissenschaft, 1. Aufl., 1814.

— Über den Zweck dieser Zeitschrift, Zeitschrift für geschichtliche Rechtswissenschaft, Bd. 1 (1815), S. 1 ff.

— Recension N. Th. v. Gönner: Über Gesetzgebung und Rechtswissenschaft in unserer Zeit, Zeitschrift für geschichtliche Rechtswissenschaft, Bd. 1 (1815), S. 373 ff.

— Stimmen für und wider neue Gesetzbücher, Zeitschrift für geschichtliche Rechtswissenschaft, Bd. 3 (1817), S. 2 ff.

— System des heutigen Römischen Rechts, Bd. 1, 1840.

— System des heutigen Römischen Rechts, Bd. 3, 1840.

— Der zehnte Mai 1788, Vermischte Schriften, Bd. 4 (1850), S. 195 ff.

— Recension des Lehrbuchs der Geschichte des Römischen Rechts von Gustav Hugo, 1806, Vermischte Schriften Bd. 5 (1850), S. 1 ff.

— Die Preußische Städteordnung, Vermischte Schriften, Bd. 5 (1850), S. 183 ff.

Schönfeld, Walter: Grundlegung der Rechtswissenschaft, 1951.

Schmalz, Theodor: Das reine Naturrecht, 1792.

— Encyclopädie des gemeinen Rechts, Königsberg 1792.

— Encyclopädie der Cameralwissenschaften, Königsberg 1797.

— Handbuch der Rechtsphilosophie, 1807.

— Berichtigung einer Stelle in der Bredow-Venturischen Chronik für das Jahr 1808 — Über politische Vereine, Berlin 1815.

— Handbuch der Rechtsphilosophie, Halle 1831.

— Die Wissenschaft des natürlichen Rechts, Leipzig 1831.

Schott, August Friedrich: Entwurf einer juristischen Encyclopädie und Methodologie zum Gebrauch akademischer Vorlesungen, 6. Aufl. 1794, herausgegeben von Fr. Kees.

Schuler, Theo: Jacob Grimm und Savigny, SZ Germ. Abt. 80 (1962), S. 251.

Schwarz, Andreas B.: Zur Entstehung des modernen Pandektensystems, SZ Rom. Abt. 42 (1921), S. 578.

Schwarz, Karl Gerhard: Erinnerungen an die, welche sich der Rechtsgelehrsamkeit auf eine gründliche Art widmen wollen, Lüneburg 1778.

Seidensticker, Johann Anton Ludwig: Geist der juristischen Literatur aus dem Jahre 1796, Göttingen 1797.

— Entwurf eines Systems des Pandectenrechts zu Vorlesungen, Jena 1807.

Stintzing / Landsberg: Geschichte der deutschen Rechtswissenschaft, Abt. 3, Halbband 1, München und Leipzig 1898.

— Geschichte der deutschen Rechtswissenschaft, Abt. 3, Halbband 2, München und Berlin 1910.

Stoll, Adolf: Der junge Savigny, 1927.

— Friedrich Karl von Savigny, Professorenjahre in Berlin, 1929.

Strauch, Dieter: Recht, Gesetz und Staat bei Friedrich Carl von Savigny, 1960.

Tafinger, Wilhelm Gottlieb: Versuch einer juristischen Methodologie zum Gebrauch bey seinen Vorlesungen, 1796.

— Encyclopädie und Geschichte der Rechte in Teutschland, 2. Aufl., 1800.

— Die Rechtswissenschaft nach den Bedürfnissen und Verhältnissen der neuesten Zeit, 1806.

Terlinden, R. F.: Versuch einer Vorbereitung zu der heutigen positiven in Teutschland üblichen gemeinen Rechtsgelahrtheit für angehende Rechtsgelehrte, Münster und Osnabrück 1787.

Thibaut, Anton Friedrich: Juristische Encyclopädie und Methodologie, 1797.

— System des Pandectenrechts, Erster Band, 1. Aufl., 1803.

— System des Pandectenrechts, 5. Aufl., 1818.

— System des Pandectenrechts, Erster Band, 8. Aufl., 1834.

— Theorie der logischen Auslegung des römischen Rechts, 2. Aufl., 1806.

— Versuche über einzelne Theile des Rechts, 2. Aufl., 1807.

— Civilistische Abhandlungen, Heidelberg 1814.

— Über die sogenannte Historische und Nicht-Historische Rechtsschule, AcP 21 (1838), S. 391 ff.

— Recension von Rehbergs Schrift „Über den Code Napoleon und dessen Einführung in Deutschland, (1814) abgedruckt in „Über die Nothwendigkeit eines allgemeinen bürgerlichen Rechts für Deutschland", 2. Aufl., 1840, S. 76 ff.

— Recension von Savignys Schrift „Vom Beruf unserer Zeit ...", (1814) abgedruckt in „Über die Nothwendigkeit eines allgemeinen bürgerlichen Rechts für Deutschland", 2. Aufl., 1840.

— Über die Nothwendigkeit eines allgemeinen bürgerlichen Rechts für Deutschland, 2. Aufl., 1840, S. 30 ff.

— Recension von Pfeiffers Schrift „Ideen zu einer neuen Civilgesetzgebung für deutsche Staaten, (1814) abgedruckt in „Über die Nothwendigkeit eines allgemeinen bürgerlichen Rechts für Deutschland", 2. Aufl., 1840, S. 111 ff.

— Recension von Savignys Einleitungsaufsatz in der Zeitschrift für geschichtliche Rechtswissenschaft, Bd. 1, (1815) abgedruckt in „Über die Nothwendigkeit eines allgemeinen bürgerlichen Rechts für Deutschland", 2. Aufl., 1840, S. 121 ff.

— Thibaut's Juristischer Nachlaß, herausgegeben von Guyet, Zweiter Band, Römisches Civilrecht, 2. Theil, Hermeneutik und Kritik des römischen Rechts, 1842.

Thieme, Hans: Die Zeit des späten Naturrechts, SZ Germ. Abt. 56 (1936), S. 202.

— Savigny und das deutsche Recht, SZ Germ. Abt. 80 (1962), S. 1.

Unterholzner, Karl August Dominc.: Allgemeine Einleitung in das juristische Studium, 1812.

Vahlen, Alfred: Savigny und Unterholzner, vierundzwanzig Briefe von F. K. von Savigny, aus dem Nachlaß von K. A. D. Unterholzner, herausgegeben 1941.

Viehweg, Theodor: Einige Bemerkungen zu G. Hugos Rechtsphilosophie, Festschrift Konrad Engisch, 1969, S. 85 ff.

Weber, Heinrich: Gustav Hugo, 1935.

Welzel, Hans: Naturrecht und materiale Gerechtigkeit, 4. Aufl., 1962.

Wenck, Carl Friedrich Christian: Lehrbuch der Encyclopädie und Methodologie der Rechtswissenschaft, Leipzig 1810.

Wesenberg, Karl: Neuere deutsche Privatrechtsgeschichte, bearbeitet von Günter Wesener, 2. Aufl., 1969.

Wieacker, Franz: Friedrich Carl von Savigny, SZ Rom. Abt. 72 (1955), S. 1 ff.

— Wandlungen im Bilde der historischen Rechtsschule, 1965.

— Privatrechtsgeschichte der Neuzeit, 2. Aufl., 1967.

— Die Ausbildung einer allgemeinen Theorie des positiven Rechts in Deutschland, Festschrift für Karl Michaelis, 1972, S. 354 ff.

Wilhelm, Walter: Zur juristischen Methodenlehre im 19. Jahrhundert, 1958.

— Savignys überpositive Systematik, Philosophie und Rechtswissenschaft, 1969, S. 123 ff.

Wolf, Erik: Große Rechtsdenker der deutschen Geistesgeschichte, 4. Aufl., 1963.

Zachariä, Karl Salomo: Über die wissenschaftliche Behandlung des Römischen Privatrechts, Wittemberg 1795.

— Grundlinien einer wissenschaftlichen juristischen Encyclopädie, Leipzig 1795.

— Die Wissenschaft der Gesetzgebung — Als Einleitung zu einem allgemeinen Gesetzbuch, Leipzig 1806.

— Anfangsgründe des philosophischen Privatrechts — Nebst einer Einleitung in die philosophische Rechtswissenschaft überhaupt, Leipzig 1804.

— Versuch einer allgemeinen Hermeneutik des Rechts, Meissen 1805.

Zahn, Manfred: Stichwort System, Handbuch philosophischer Grundbegriffe, Bd. 5, 1794, S. 1464.

Zwilgmeyer, Franz: Die Rechtslehre Savignys, eine rechtsphilosophische und geistesgeschichtliche Untersuchung, Leipzig 1929.

Schriften zur Rechtsgeschichte

DUNCKER & HUMBLOT / BERLIN

Schriften zur Rechtstheorie

Seit Sommer 1976 sind erschienen:

DUNCKER & HUMBLOT / BERLIN